競爭之死

高度壟斷的資本主義，
是**延誤創新、壓低工資、拉大貧富差距**的元凶

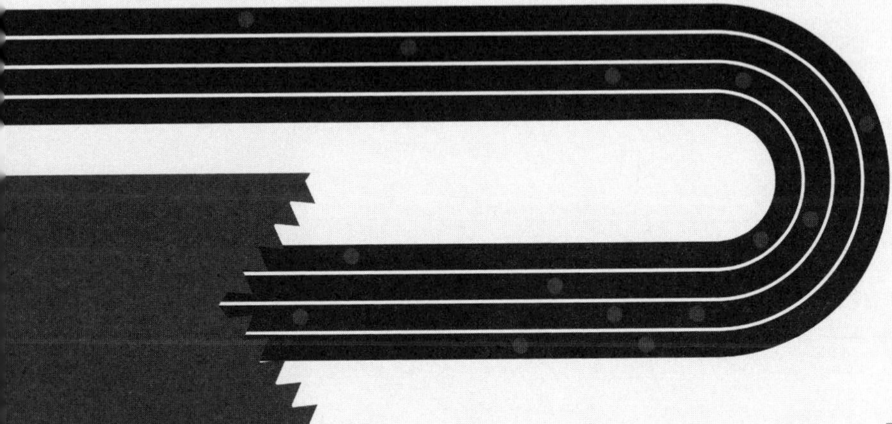

by

Jonath
Teppe

Denis
Hearn

The Myth *of* Capitalism

Monopolies and the Dea of Competiti

網路世界遭Google、臉書、蘋果和亞馬遜把持；
Visa及萬事達卡占據**信用卡支付**市場；
四大**航空公司**宰制美國的天空；
五間**銀行**握有全美近半的銀行資產……
你以為的自由競爭只是假象！

強納森・坦
丹妮絲・赫
——著
吳慧珍、曹嬿
——譯

全球重量級人士推薦

「坦伯在這本《競爭之死》中寫道：『資本主義若沒了競爭，算不上是資本主義。』他說的一點也沒錯。除非消費者因哄抬價格而受害，大部分經濟學家都將反壟斷行動斥為多餘沒有必要，就這樣過了數十年，我們慢慢覺醒到壟斷資本主義復辟的事實，即便壟斷企業的核心產品免費（Google、臉書正是代表性例子），還是具殺傷力。但扼殺競爭的元凶不光是科技巨頭，坦伯在他引人入勝的筆戰論述中，點出航空、銀行、牛肉、啤酒、醫療保險、網路服務乃至殯葬業等產業，都有過度集中的問題。若你想了解社會日益不平等的真正原因，且把皮凱提丟一旁，改看坦伯的著作，適合這個很難做跨黨派訴求的時代。」

——尼爾・弗格森（Niall Ferguson），史丹佛大學胡佛研究所（Hoover Institution）米爾班克家族資深研究員（Milbank Family Senior Fellow）、《金錢崛起》（*The Ascent of Money*）作者

「坦伯與赫恩寫了一本令人驚豔且重要的著作，透過他們自身與眾多學者的研究，記錄美國產業供給面集中化加劇的現象，導致競爭減少，市場生態不變，政治權力從消費者和勞工轉移到資本

所有者身上。這些後果進而衍生為社會不平等，生產力成長減緩，監管模式轉為偏袒企業。過去零星可見這類企業擴張型態的描述，唯獨本書將其整合起來，期盼能發揮影響力，顯然也名副其實。」

——麥可．史班斯（Michael Spence），紐約大學史登商學院經濟學教授，二〇〇一年諾貝爾經濟學獎得主

「當今美國資本主義究竟出了什麼問題？為何對菁英階級有利，卻對其他每一個人有害？問題出在不平等嗎？坦伯與赫恩說服我們相信，不平等是一種症狀，不是疾病。問題不在競爭過度，而是競爭太少。兩位作者的論述可讀性很強又極具說服力，再佐以大量近期的數據與研究，讓人充分掌握本書精要。」

——安格斯．迪頓爵士（Sir Angus Deaton），普林斯頓大學，二〇一五年諾貝爾經濟學獎得主

「過去四十年來，獨占和寡頭壟斷毫不留情擴張的現象，本書做了廣泛深入的研究分析。坦伯令人信服的論述證明，當代出現最麻煩的總體經濟趨勢，包括社會不平等加劇、生產力放緩，根源於政府未能遏阻科技巨頭與企業巨獸擴張。本書淺顯易懂，但也咄咄逼人指稱，壟斷者只從資金角度思考的草率想法，已讓體制的各個層面腐化，從政界、主管機關到學界無一倖免。」

——肯尼斯．羅格夫（Kenneth Rogoff），哈佛大學公共政策Thomas D. Cabot講座教授暨經濟學教授，暢銷書《這次不一樣》（*This Time is Different*）作者

「經濟成長趨緩，社會不平等惡化，對西方經濟體造成雙重毒害，顯然美國也不能倖免於難，如今這雙重毒害威脅到自由民主自身的生存。發生的原因何在？有人歸咎於自由市場資本主義氾濫。在這本研究透徹、文筆清晰的著作，作者證明事實恰恰相反。過去四十年有問題的並非自由市場資本主義，而是資本主義以掠奪成性的壟斷形式橫行。資本主義者偏好壟斷，唯有國家政府介入才能恢復我們需要的競爭，但也得靠知悉內情的大眾指引才能成事。這確實是本重要著作，可以閱讀、學習，然後行動。」

——馬丁．沃夫（Martin Wolf），《金融時報》首席經濟評論員

「坦伯與赫恩提出充分理由讓我們相信，美國經濟與資本主義漸行漸遠，對生產力成長產生不良後果，也加劇社會不平等。在他們的故事中，壟斷和寡頭扮演反派角色，諸多例子顯示，是政府政策助長這股惡勢力擴張，不是對產業日趨集中視而不見，就是主動幫一把，立規鞏固這種現象。在滿腔熱情驅使下，他們舉的事例生動活潑，儘管以詳實並帶分析性的筆觸呈現，仍讓人享受到閱讀樂趣。更重要的是，本書沒給人絕望的藉口，反倒提出具體的政策建議以供身體力行。」

——傑森．佛爾曼（Jason Furman），哈佛大學甘迺迪政府學院，白宮經濟顧問委員會前主席

「我們面對亞馬遜、臉書、Google這類企業勢力所引發的疑慮，以歷史知識自我武裝不失為明智的做法。本書以輕鬆活潑的筆調講述獨占、雙頭壟斷、寡占的理論與實務，讀起來興味盎

然，為一重要論點奠定堅實基礎，即當前經濟的諸多弊端，都要歸因於權力集中在愈來愈少數的大企業身上。」

——提姆．歐萊禮（Tim O'Reilly），歐萊禮媒體（O'Reilly Media）創辦人兼執行長

「坦伯與赫恩的分析一針見血，對現代資本主義的現實、矛盾和神話，有不同以往的全新洞見。他們也提出多項具說服力的政策措施來促進競爭，這會在整個政治光譜和社會引起迴響。只要是對改造我們經濟體系有濃厚興趣的決策者及世界公民，本書值得你們關注：應顧及多數人的福祉，不是少數者的財富。」

——陸克文（Kevin Rudd），第二十六任澳洲總理，亞洲社會政策研究所總裁

「金權政體的觸角迅雷不及掩耳四處延伸，資本主義的掠奪型態引發毀滅性衝擊，本書對這些現象有深入的剖析。掠奪型資本主義阻撓競爭，賦權給極少數分子（富可敵國的寡頭），摧毀資本主義仰賴的資源，下場是弄出一個失敗的全球經濟體系，成了死的經濟。本書助我們了解到，以本身是可再生資源的制度，也就是活的經濟，取代掠奪型資本主義有多重要。」

——約翰．柏金斯（John Perkins），前首席經濟學家，《紐約時報》暢銷書《經濟殺手的告白》（*Confessions of an Economic Hitman*）、《經濟殺手的告白2：美利堅帝國陰謀》（*The Secret History of the American Empire*）作者

目錄

兩家企業合併後，效率理應提高，仰賴規模經濟的優勢，提供物美價廉的產品給顧客。將省下來的成本分享給消費者，是很美妙的說法，但不是事實。研究顯示，企業合併後的營運效率未見提升，反因產業集中、競爭者減少，而提高價格。講白一點，企業利潤增加不是因為經營績效有多好，而是他們漲價。

矽谷之所以能大放異彩，其中一項主因在於加州沒有「競業禁止條款」的束縛。然而現在的蘋果、臉書、Google等科技公司，卻承諾互不挖角。連速食連鎖店都赫見這類條款，煎漢堡的員工能掌握多少營業祕密？這類規範的唯一功用是限制勞工流動，削弱他們對資方的議價能力。

二〇〇六年，拉夫夫婦創辦線上比價網站Foundem，可篩選出哪個網站會變相收取運費，哪個網站的標價最低，用戶在測試階段就蜂擁而至，Foundem在Google的搜尋結果名列前茅。但正式上線後短短兩天，訪客量突然急遽下滑。在Google的搜尋結果掉到第十五頁，訪客從Google流失。Google這麼做的原因不難理解：他有自己的產品搜尋網站要推。

前言 待你如垃圾，只因你別無選擇

二〇一七年四月九日，芝加哥歐海爾機場（O'Hare Airport）驚傳乘客被強行拖下飛機事件。搭乘聯航快運（United Express）三四一一航班的亞裔醫生杜成德（David Dao），遭機場航警粗暴地拖離機艙，只因聯航超賣機位，但他隔日有病患要看診，抵死拒絕讓位下機。同機乘客拍下他被強拖下機的濺血畫面，從影片中可聽到同機乘客不可置信地驚呼：「我的天哪！」「不！不該這樣。」「看看你們對他幹了什麼好事。」沒人敢相信他們眼前所見的事實。

影片顯示航警將這位醫生強拖到走道，他的嘴角還流著血。這支影片流出後迅速蔓延，震驚國際視聽，然而聯航執行長非但沒有道歉，還反過來指責該名乘客行為挑釁。但聯航執行長不敵排山倒海的眾怒，最終還是低頭致歉，與受害苦主杜成德醫生私下達成和解。

杜成德的委任律師湯瑪斯．迪米崔歐（Thomas Demetrio）告訴記者，他的委託人杜成德透露在一九七五年西貢淪陷，搭船逃離越南時，他滿懷恐懼；而被航警暴力驅趕，那種驚恐和慘烈程度，比起當年他倉皇從越南逃難所經歷的，有過之無不及。[1]

幾年前發生的這場公共關係災難，讓聯合航空股價跌得慘兮兮，但很快又反彈回去。金融分析師異口同聲表示，那起暴力趕客事件，對聯航來說不痛不癢。聯航公布二〇一六年全年淨利二十三億美元，業績好到讓聯航董事會在同年宣布回購自家股票二十億美元，這種財務動作令你樂得往自己身上灑香檳。研究分析師也駁斥趕客事件會重創聯航，他們說：「或許因為航空業整併的關係，消費者沒有太多選擇，只好搭聯合航空（UAL），合併會讓大多數航線減少競爭。」[2]上網查查新聞網站，讀者就會茅塞頓開，明瞭「航空公司可以把你當垃圾一樣對待，因為它們是寡占市場」這類標題是怎麼回事。[3]一旦投資人開始著眼於聯航在航空市場的主宰地位，股價確實會走高。

分析師說得一點都沒錯。美國的天空已從有眾多航空公司競爭的開放性市場，演變成輕鬆愜意的寡頭壟斷市場，由四大航空瓜分市占率。說美國天空被四大航空業者把持，還誇大了真正的競爭程度。美國的航空公司大多控制地方交通樞紐，這類被單一航空業者掌控大半航班的機場，稱作「要塞樞紐機場」，絕無諷刺意味，在這裡獨大的業者沒受到什麼競爭威脅，幾乎到了獨占的地步，他們在機場有專屬停機位，不排斥使出掠奪性訂價手段，將新進者擋在市場門外。全美前一百大機場中的四十座，皆由單一航空公司掌握過半市占率，[4]聯合航空就是最好的例子。聯航在全美多座主要機場都處於支配地位，掌控休士頓機場六〇%左右的市占率，在紐華克機場

（Newark）的市占率五一％，在華盛頓杜勒斯機場（Washington Dulles）的市占率四三％，在舊金山機場的市占率三八％，在芝加哥機場的市占率三一％。[5]其他航空公司這種情況更明顯，達美航空（Delta）在亞特蘭大機場的市占率高達八〇％，在費城機場的市占率也有七七％，在達拉斯／沃斯堡機場（Dallas-Fort Worth）的市占率同樣有七七％。[6]居然有這麼多航線，讓你完全沒有選擇的餘地。

聯航事件暗喻了二十一世紀美國資本主義，一家高獲利企業讓消費者濺血，竟然還一副無所謂的樣子，只因消費者別無選擇。

消費者要是親眼見到大公司害人染血，或飽受病痛折磨的患者被醫院所騙，他們一定察覺到這些企業極不對勁。

全世界的人很難不這麼想，一定是什麼地方出了岔子，所以美國與歐洲的民粹主義才會高漲到無以復加的地步，偏狹心態復辟，亟欲顛覆既有秩序。究竟出了什麼問題，雖然左派與右派各說各話，但他們唯一的共識是制度出現腐化。

資本主義是人類歷史上最偉大的制度，能助人脫貧並創造財富，但如今我們在美國見識到的「資本主義」，與所認知的競爭市場相去甚遠。我們今日看到的是怪異畸形版的資本主義，諾貝爾經濟學獎得主喬瑟夫．史迪格里茲（Joseph Stiglitz）等經濟學家，稱之為「偽資本主義」。這種扭曲再現的資本主義，與真正的資本主義天差地遠，就好比迪士尼賣座片《神鬼奇航》

（*Pirates of the Caribbean*）中的海盜，跟真正的海盜有天壤之別。

假若我們有的只是山寨版資本主義，那麼本尊又該是什麼德性？我們應該擁有什麼樣的資本主義？

按照字典的定義，資本主義的理想狀態，「是一種奠基於生產工具、分配和交換私有化的經濟制度，特徵是在競爭狀態下，資本主義者自由運作或管理個人資產來獲利。」

關於資本主義的定義，部分時至今日仍廣具號召力。例如直到如今，我們仍將世上的私有財產視為理所當然，而共產主義的本質就是反對私有財產。卡爾・馬克思（Karl Marx）起草的《共產黨宣言》（*The Communist Manifesto*）提到：「共產黨的理論一言以蔽之，就是廢除私有財產。」一九八九年柏林圍牆（Berlin Wall）倒塌之後，共產主義垮台，普遍被貼上狼狽慘敗的不名譽標籤。私有財產之戰獲勝。

資本主義定義中更不容懷疑的部分在後頭：資本主義的特徵是「在競爭狀態下，資本主義者自由運作或管理個人資產來獲利。」我們即將輸掉競爭的戰役，產業發展演變成高度集中在極為少數的業者手中，談不上真正的競爭。

資本主義若少了競爭，就不算是資本主義。

競爭之所以重要，是因為可防止不公不義，以免財富從消費者或供應者移轉到壟斷者手中。要是沒了競爭，消費者或勞工就沒那麼多選擇的自由。競爭會在市場產生清楚的價格信號，從而帶動供需，促進效能。競爭創造出更多選擇機會，激發更多創新，造就經濟發展與成長，透過經濟力量的散播來強化民主。競爭會讓個人更積極主動，也更自由。資本主義的本質就是競爭，但競爭將死。

競爭是人類進化的基礎，沒有競爭就不會進化，無法適應新環境，威脅到我們的生存。一旦競爭變少，贏家寥寥可數，多的是輸家。強勢企業的市場力量愈強，競爭就愈少，對實體經濟的投資就會縮手，生產力降低，新創公司不多，經濟動能也隨之減弱，強勢企業會提高訂價，壓低員工薪資，結果造成更嚴重的財富分配不均問題。經濟研究有太多這方面的佐證，如洪水般傾瀉而出。

競爭始終只是理想，而且對我們來說愈來愈遙不可及。不過，別把我們的話當真。根據《紐約時報》（*New York Times*）報導：「唯有企業良性競爭，市場才會運作到極致。但有太多產業，競爭已不復存在。」[7]《經濟學人》（*The Economist*）則警告：「美國需要大量的競爭。」[8]如果你是自由競爭市場的信徒，應該會非常不安。如果你信奉公平競爭，厭惡任人唯親，應該會憂心忡忡。企業執行長巴結討好主管機關，將規範導往他們要的方向，甚至利用政治捐獻，制定他們要的法律，這是冒牌資本主義。企業大者恆大，小公司消失不見，消費者與勞工落得毫無選擇餘地。

自由對資本主義來說不可或缺，也難怪自由經濟學派大師米爾頓．傅利曼（Milton

Friedman），在美國公共電視台（PBS）製播談資本主義的系列節目時，以《選擇的自由》（*Free to Choose*）作為節目名稱，引起極大的迴響。而他的代表著作《資本主義與自由》（*Capitalism and Freedom*），賣破一百五十萬本，他主張經濟自由是「政治自由的必要條件」。[9]

選擇的自由聽起來很了不起，夠大膽的聲明，這個標題確實吸睛，只不過美國人並沒有選擇的自由。無論什麼產品，他們都只能向當地的獨占者或寡占者購買，這兩者還心照不宣地串通勾結。如今美國很多產業都只有三、四家競爭者，控制了整個市場。自一九八〇年代初以來，市場集中化的問題日益嚴重，本書整理記錄如下：

- 兩家公司就掌控九成的美國啤酒市場。
- 四家航空公司完全主宰空中交通，它們在各自駐紮的區域樞紐機場，享有獨占或雙頭寡占地位。
- 五家銀行控制全國半數銀行資產。
- 美國多個州的健康保險市場，都出現前兩大保險業者鯨吞八〇％至九〇％市占率的情況。舉例來說，單單一家藍十字藍盾協會（Blue Cross Blue Shield），在阿拉巴馬州的市占率就高達八四％，該美國健保業者在夏威夷州的市占率也有六五％。
- 提到高速網路服務，幾乎所有市場都是地方壟斷的局面，超過七五％的家庭只能仰賴一家供應商，沒得選擇。
- 整個美國牛肉市場被四家肉商把持，由這幾家瓜分全國市場。
- 經過二〇一八年兩樁合併案後，三家公司掌握全球七〇%的農藥市場，囊括美國玉米種子市場八〇%的市占率。

要列出各產業的市場主導者，根本是族繁不及備載。

你看看科技界，一家獨大的情況更是嚴重，法令過時未能跟上潮流，對於網路贏者全拿的極端態勢莫可奈何。Google徹底主宰網路搜尋市場，市占率幾近九成；近八成的社交網路市場，落在社群龍頭臉書（Facebook）手中。在沒有可靠的競爭對手及規範制衡下，這兩大科技巨頭大刺刺在廣告市場雙頭寡占。

亞馬遜（Amazon）既是電子商務的主要賣家，又身兼第三方賣家線上交易平台的角色，在零售業具有壓倒性地位，但也面臨利益衝突。這個電商巨人有權決定什麼商品能在它的平台上賣，什麼不能賣，它要和任何可能邂逅成功的客戶競爭。蘋果的iPhone與Google的安卓（Android）作業系統，在行動應用程式（app）市場雙頭寡占，企業能不能搭上它們的客戶，全憑它們決定，條件也是它們說了算。

現行法律當初制定時，尚未有數位平台的觀念。目前為止，這些平台看來還算是仁慈的獨裁者，但它們終究是獨裁者。

像這樣的情況未必能保持下去。幾乎沒有引起任何輿論討論下，現在的產業集中度，就變得比三十年前甚至是四十年前還要高。正如經濟學家古斯塔沃．格魯隆（Gustavo Grullon）所言：「美國產品市場的本質已歷經結構性轉變，弱化了競爭。」聯邦政府在遏止產業過度集中化無所作為，事實上還積極助長這種趨勢。

說到產業集中化對經濟和政治的威脅，怎麼形容都不為過。過去幾年令人百思不解的現象之一是，何以經濟成長欠佳？為什麼這麼多希望破滅的男男女女，索性放棄求職退出勞動市場？以下數據可能讓你有危機感，二〇一六年，處於黃金工作年齡卻失業的美國男性當中，八三％在過去整整一年都沒有工作，這代表有一千萬名男性從職場消失。[10]這些可不是單純的統計數字，他們可能是我們的兒子、兄弟、父親。

即便聯準會（Federal Reserve）對經濟注入數兆美元流動性，也收購了數兆美元公債，美國經濟成長只能說差強人意。經過全球金融危機洗禮後，美國歷經長期高失業率、薪資成長停滯、新創公司新增數量少得可憐、生產力成長率偏低。

這些問題冰凍三尺非一日之寒。網路泡沫化後，美國經濟雖見回春，相較一九八〇年代甚或一九九〇年代，成長力道卻貧弱地多。全球金融危機後，美國經濟成長更是慘兮兮。每次經濟擴張，幅度都比不上前次紀錄。當然單一變數不足以替所有問題釋疑，但堆積如山的研究顯示，缺少競爭已造成低薪、就業機會變少、新創動能減弱、經濟成長乏力。

市場失靈會造就政治失靈。經濟與政治力量逐漸集中在冷漠的壟斷者手中，企業變得愈強大，就愈易透過政治程序，去掐住主管機關及立法者的咽喉。這絕非資本主義的本質。

資本主義是一場競賽，競爭者依照大家都同意的遊戲規則較勁，由政府擔任裁判角色。正如精彩的籃球賽需要裁判及一套公認的比賽規則，你也需要一些規則來促進經濟上的競爭。企業會訴諸謀略，用盡一切可用的手段擊垮對手。但如今，身為裁判的國家政府，不僅未厲行能增強競爭的規則，反而被該受管制的對象利用成為管制俘虜，制定限制競爭的規則。

勞工幫企業創造大量財富，但他們的薪資跟不上生產力與獲利成長的速度。出現貧富鴻溝的原因一目了然，經濟力量移轉到企業身上，操之在它們手中。所得與財富不均的現象擴大，全因企業在經濟大餅占的份量愈來愈多，大部分勞工非但沒份，連創新高的企業獲利都很難分到一杯羹。就如英國作家吉爾伯特．基思．切斯特頓（G. K. Chesterton）所說：「過度的資本主義不代表產生很多資本家，反而資本家極為少數。」

今天左派和右派提到資本主義，他們都只是在講述一個虛構狀態。右派人士懷抱的那個無拘無束、競爭的自由市場，如今蕩然無存，那不過是神話。

我們今日所見的資本主義儘管荒誕不經，左派還是鄭重其事地痛批。彷彿在他們眼中，資本主義的本質如實體現，不認為它已經扭曲變形。

諸如湯瑪斯．皮凱提（Thomas Piketty）之類的經濟學家，都看出資本主義本身邏輯上的矛盾在「吞噬未來」，竟未點出缺乏競爭是問題所在。我們現今所見，是獨占壟斷欲望橫行的結果，大企業以大吃小，政府淪為俘虜，不惜犧牲弱者，操縱有利強者的遊戲規則。

雖說探討資本主義與不平等的著作多如過江之鯽，左派和右派未必都曾翻閱。有研究人員對購書行為做了分析，發現幾乎沒有一本政治類或經濟類書籍，是左右兩派都選讀過的。同樣地，如果你觀察一下社交網站推特（Twitter）上的言詞交鋒，數據顯示左派與右派並未彼此分享看法或辯論，兩派根本沒對話過，更遑論傾聽。

擁護資本主義被視同挺大財團，卻沒有與支持自由市場畫上等號，本書則大大方方贊成競爭。大企業不是不好，但三不五時透過合併擴張，破壞市場競爭，也顛覆了資本主義。

我們期盼本書能彌合分歧，為左右兩派尋找共識。雙方或許有各自屬意的稅率，對於社會政策也自有定見，但左派與右派應該都同意，競爭有助改善就業，提高薪資，鼓動創新，降低物價，給人更多選擇餘地。

有的著述僅僅分析問題，卻未提出解決之道，那也是無濟於事，我們將在本書給出解答。在本書結尾，我們會針對如何改革整頓經濟與政治制度提出見解。

你讀了本書後被激怒，便正中我們下懷，但更重要的是，我們期盼你能因本書認知到，消費者與選民的憤怒，其實可以善加利用，轉化成正面力量。

一七七六年，經濟學之父亞當・斯密（Adam Smith）所著的《國富論》（*The Wealth of Nations*）問世，同年北美十三州大陸議會（Continental Congress）宣布脫離英國獨立。亞當・斯密厲聲控訴壟斷獨占，他點名東印度公司（East India Company）寫道：「……我們製造商取得獨占權……，仗著這種特權的特殊族群愈來愈多，它們和過度擴張的常備軍一樣，變得讓政府難以應付，而且很多時候還會脅迫立法機構。」

就在同一年，大陸議會發表《獨立宣言》（Declaration of Independence），在諸多脫離英國的理由中提到：「切斷我們與世界各地的貿易，未經我們同意便強行對我們徵稅。」波士頓茶葉事件（Boston Tea Party），正是對東印度公司壟斷茶葉的反擊。無論是《國富論》還是《獨立宣言》，皆為反對濫用壟斷力的大膽宣言，美國人要的是能在自由市場開創事業的創業自由。

今天，我們需要發起一場新革命，擺脫壟斷，恢復自由貿易。

第一章　巴菲特和矽谷億萬富豪都同意的事

追求壟斷

發生了階級戰爭，沒錯，不過是我的階級，富人階級發起戰爭，而且我們贏了。

——華倫．巴菲特

華倫．巴菲特（Warren Buffett）是受美國人還有世界各地資本家崇拜的偶像。數十年來他年年發表公開信，教導並教育美國人投資的好處。從多方面來看，巴菲特儼然已成為美國資本主義的化身。波克夏．海瑟威（Berkshire Hathaway）是由他親自掌舵的投資公司，每年的股東大會被他稱為「資本主義慶典」（Celebration of Capitalism）；股東會舉行地、巴菲特家鄉奧馬哈（Omaha），封為「資本主義搖籃」。[1]然而巴菲特是站在資本主義的對立面。

巴菲特生活簡樸，讓他成了民族英雄。即便貴為美國第二大富豪，他始終住在同一棟房子，對豪奢的生活方式避而遠之。巴菲特海賺數十億美元，倒不是因為他齷齪貪婪，而是他真的熱愛工作。各類關於他的著作，好比《股神巴菲特的神諭：不做會後悔、或做了好後悔的致富語錄》（*Tap Dancing to Work*），都捕捉到他快活熱情的一面。

身而為人，巴菲特很明顯始終如一，這反映在他每天的飲食，早餐必吃巧克力碎片冰淇淋，一天要喝五罐可口可樂，還狂嗑洋芋片，他的投資行為就和他的飲食習慣一樣貫徹始終。數十年來，他都只推薦擁有強大「護城河」、沒受到什麼競爭威脅的企業，作為買股首選。

結果證明他的策略沒有錯。波克夏‧海瑟威的前身是家奄奄一息的紡織公司，當時巴菲特以每股三十二美元取得控制權，波克夏‧海瑟威從一家快倒閉的公司，搖身成為今日的企業王國，旗下事業少有可以與之抗衡的對手。現今波克夏‧海瑟威的股價每股三十萬美元左右，公司整體市值超過四千九百五十億美元。

這幾十年來，美國人從巴菲特那兒學到一件事，競爭不是好事，對那些不靠投資及資本支出就無法生存的企業敬謝不敏，美國基金經理人把他的原則奉為圭臬，照單全收。

巴菲特愛壟斷不愛競爭。巴菲特在他的投資會議上這麼說過：「資本主義的本質是，一旦你得到一間好公司，總是有人處心積慮要把它從你手中奪走，然後讓它好上加好。」巴菲特在他的致股東年報中，曾心有戚戚焉地引述另一投資大師彼得‧林區（Peter Lynch）的話：「競爭原來會危害人類財富。」[2]那真是再貼切不過了。對壟斷者有利的，便不利於資本主義。巴菲特與他的事業夥伴查理・蒙格（Charlie Munger），一向盡量挑具壟斷地位的公司投資。巴菲特在波克夏・海瑟威年度股東大會上被問到，什麼是他心目中的理想企業，他主張要有「很高的訂價能力，說穿了就是壟斷。」[3]這釋出的訊息很清楚：如果你投資的是加入激烈戰局的公司，就是犯了大忌。

不出所料，他一開始收購的事業是鎮上的報紙，沒有競爭對手。巴菲特的友人珊蒂・高提斯曼（Sandy Gottesman）透露：「巴菲特將擁有一家具壟斷地位或有市場優勢的報紙，比喻成擁有一座不受管制的收費橋梁，你有相當的自由，可以隨心所欲調漲費用，要調多少由你決定。」[4]回溯到網路問世以前的時代，人們都是從地方報紙獲得消息。巴菲特又豈會不知，就算傻瓜都能靠壟斷賺錢，「倘若你得到一家生意好到不行的公司，要是你擁有一家壟斷市場的報紙……，你知道的，連你那個蠢斃了的姪子都會經營。」[5]照此論述，一九七七年，巴菲特出手買下《水牛城晚報》（*Buffalo Evening News*），入主後開闢了周日版，逼得對手《水牛城先鋒報》（*Buffalo Courier-Express*）吹熄燈號。到了一九八六年，更名後的《水牛城新聞報》（*Buffalo News*），已是獨霸一方的報紙。[6]

巴菲特與美國職籃NBA金州勇士隊（Golden State Warriors）的王牌史蒂芬・柯瑞（Steph Curry），有很多相似之處。柯瑞是三分球神射手，你仔細觀察他的紀錄就會發現，他大多在無人跟你爭球的三分線外投籃，而且他習慣站在三分線後方好幾公尺處出手，一開始守方球員根本沒想過將防線拉到這裡，誰會從這麼遠的地方射籃？二〇一六年某一回，柯瑞在距離籃框八．五至十五公尺處出手五十二次，命中三十五次。沒人爭球之下，得分好輕鬆。[7]

這麼多年來，巴菲特奉行他的投資哲學，專挑競爭少的產業收購。如果他買不到獨占事業，就會退而求其次買雙頭寡占，就算買不到雙頭寡占，也會安於寡頭壟斷。

巴菲特的投資歷史說明一切。他是穆迪公司（Moody's Corporation）最大股東之一，這家信用評等機構與同業標準普爾（Standard & Poor's），實際上共享雙頭寡占地位。（你可還記得就是他們給了有毒次級垃圾債券3A頂級信評光環，導致美國經濟崩潰。）巴菲特和他的助手買進全美最大腎臟透析服務商德維特（DaVita）的股份，這家公司在腎透析業具雙頭寡占地位，握有哄抬價格的訂價優勢。（他們付了數億美元，來擺平所有非法收取回扣的指控。）巴菲特並持有威士卡（Visa）及萬事達卡（MasterCard）的股票，信用卡支付市場由這兩家公司雙頭寡占早已成形。他在富國銀行（Wells Fargo）和美國銀行（Bank of America）也有持股，這兩大金融巨頭把持美國許多州的銀行業。（富國銀行爆出虛設數百萬個存款帳戶與支票帳戶，藉此向儲戶收取更多費用。）二〇一〇年，巴菲特全面收購柏林頓北方聖塔菲（Burlington Northern Santa Fe）鐵路公司，該運輸業者在那個階段就壟斷當地市場。他還入手垃圾處理商合眾服務集團（Republic Services Group）的股票，這家業者併購它的最大競爭對手，坐實了廢物處理的雙頭寡占地位。全球最大快遞業者優比速（UPS）也在巴菲特的持股組合，優比速與同業聯邦快遞

（FedEx），在美國國內運輸業聯手打造雙頭寡占局面。美國航空業經過一番整併，演變成四大航空把持的寡頭壟斷市場後，巴菲特將這四大航空的股票一網打盡。之後，他又入股壟斷地方市場的公用事業公司。

要我們繼續列舉巴菲特投資的豐功偉業不成問題，但看到這裡或許你就注意到他的模式，他真的不喜歡競爭。大家都說他是老好人，骨子裡卻是個壟斷者。

巴菲特找到他的靈魂伴侶，私募基金3G資本（3G Capital Partners），這家巴西投資公司掌控美國啤酒市場半邊天，握有五〇%的市占率，美國啤酒業現已成了雙頭寡占。而今巴菲特攜手3G資本，試圖拿下包裝食品業的主導權。二〇一三年，巴菲特和3G資本連袂收購亨氏食品公司（H.J. Heinz Company），兩年後亨氏與卡夫食品（Kraft Foods）強強合併，成為新的食品巨頭卡夫亨氏（Kraft Heinz），此全新品牌大舉攻占超市貨架，在賣場多個區域取得完全優勢，像是番茄醬。二〇一七年，卡夫亨氏動了向聯合利華（Unilever）求親的念頭，此收購行動可將更多強勢品牌納入麾下，但聯合利華斷然拒絕。哎呀！卡夫亨氏聯合利華（Kraft Heinz Unilever）這個品牌無緣問世。

若說巴菲特是美國資本主義的化身，億萬富翁彼得・提爾（Peter Thiel）便是矽谷的教父。[8]他們兩人的作風截然不同，巴菲特親民又樸實，提爾則一副拒人於千里之外、說話饒富哲理的樣子。巴菲特會引用已故好萊塢女星梅・蕙絲（Mae West）的話，提爾引述的是像尚・雅克・塞文·施萊伯（Jean-Jacques Servan-Schreiber）等法國知識分子的名言。巴菲特是道道地地的民主黨人，提爾卻是個自由論者，他想辦法弄到了一本紐西蘭護照，這樣氣矽谷壟斷的農民拿著乾草叉殺過來時，他就可以隨時走人。

巴菲特與提爾毫無共通點，他們只有在一件事上取得共識：競爭是屬於失敗者。

提爾創辦全球最大線上支付平台PayPal，並資助專業人士社交網站領英（LinkedIn）、社群龍頭臉書等傳奇企業。領英及臉書如今壟斷了主要社交網絡，而且與Google在線上廣告市場形成雙頭寡占。提爾對競爭反感，藉由徹底顛覆來重新定義資本主義，「美國人將競爭神話化，認為多虧了它，才能將我們從社會主義的麵包配給隊伍拯救出來。殊不知實際上，資本主義與競爭相互對立。」依提爾之見，若獲利不豐，哪來的本錢資助創新然後取得進步。提爾支持唐納·川普（Donald Trump）競選總統，想必是因為一旦經營一家壟斷企業，你最好摸清潛在監管者的底細。提爾寫了本名為《從0到1》（*Zero to One*）的著作，對創立壟斷企業大加讚揚，還挑釁地宣稱競爭「是歷史遺緒」。[9]

無論你身在奧馬哈還是矽谷，競爭都是不受歡迎的字眼。

推崇壟斷是美國長久以來的傳統。哈佛大學奧地利裔經濟學教授約瑟夫·熊彼得（Joseph Schumpeter），他最為人所知的，就是創造出「創造性破壞風暴」（gale of creative destruction）一詞來謳歌競爭。諷刺的是，經濟學家和諮詢師如今將他視為破壞性新創企業的擁護者，主要是照態彼得的看法，假若你一心追求進步，就會引領你走向壟斷之門。跟提爾一樣，態彼得認為完全競爭企業的技術效能較差，是一種浪費。壟斷企業之所以強健多了，是因為：「在進步衝擊或外部干擾之下，完全競爭的產業比大企業更容易被擊垮，散播景氣蕭條的病菌。」[10]

巴菲特與提爾都愛極了壟斷，畢竟一旦成為壟斷者，你就成了經濟學家口中的「價格決定者」。言下之意你大可把自家商品的價格，訂到接近消費者願意支付的上限，不像在競爭激烈的產業，競爭雖鼓勵創新卻壓低價格。一般來說，壟斷者會抬高價格，商品則採限量供應。

提高價格和限制供應的問題，並非不著邊際的假設性議題，這裡有個現成例子。非營利性組織美國消費者聯盟（Consumer Federation of America）的資料顯示，美國有線電視業者在當地具壟斷地位，發揮他們的市場力量，每年向一般家庭超收五百四十美元左右的費用。[11]有線電視業者不僅收費高，扼殺不合他們心意的網站和內容，對其使用網路多所限制，也是由來已久。[12]美國有線電視巨擘康卡斯特（Comcast）以管理頻寬為幌子，壓制Bitorrent之類的點對點服務。[13]

巴菲特和提爾的想法並沒有被漠視。高盛（Goldman Sachs，因其經營態度而有華爾街「吸血烏賊」封號）等投資銀行曾向客戶建議，他們應該張開雙臂擁抱寡占企業，買它們的股票。寡占企業或許被控掠奪消費者而惡名昭彰，但確實有投資吸引力。因為在高盛看來，寡占企業：「競爭強度較低，顧客黏著度更大，對客戶有訂價權，而這多虧它們減少選擇性，具規模成本效益（包括對供應商有較大的影響力），對突然冒出的新進者拉高入市門檻。」投資者也看得清楚明白：寡占企業壓榨勞工及供應商，對消費者哄抬價格，卻讓寡占企業股票深具投資魅力。

暢銷投資書公然推薦壟斷。在金融危機之前，你可以找到一本名為《獨占法則：如何發掘及掌控最有賺頭的市場》（*Monopoly Rules: How to Find, Capture, and Control the Most Lucrative Markets in Any Business*）的書籍。該書向年輕創業家提出建言：「或許你認知的壟斷是不合常理的、非法的、罕見的。錯！錯！錯！事實上，壟斷往往合乎常情，一向合法，而且出奇地常見。」政府可能持不同意見，以防萬一，該書建議將一部分暴利，撥給「頂尖的反壟斷律師」。[14]

而今不少經濟學家公開讚揚壟斷，將其捧為深具啟發性的資本主義形式。羅伯特・艾特金森（Robert Atkinson）與麥可・林德（Michael Lind）合著《大即是美》（*Big Is Beautiful*）一書，他們寫道：「在經濟學入門課程（Econ 101）的抽象世界裡，壟斷和寡占總是被貼上負面標籤，因為這兩項行為扭曲價格……在現實世界中，事情沒那麼簡單。」為了開導我們，他們繼續寫道：「大學教的經濟學，涵蓋與不完全市場相關的完整文獻，那是專門給受高等教育的學生看的。」沒有博士學位、卑微又愚昧無知的靈魂，根本接觸不到這些課程。[15]

諷刺的是，壟斷的提倡者基本上與新馬克思主義經濟學家站在同一陣線。新馬克思主義者認為，資本主義世界弱肉強食，大企業吞併小公司無可避免。正如知名波蘭經濟學家麥可・卡萊斯基（Michał Kalecki）寫道：「壟斷在資本主義制度本質中似乎已經根深蒂固：自由競爭作為一種假設，在特定調查的初步階段或許還有用處，但在資本主義經濟的正常階段，有關自由競爭的描述只是一個神話。」[16]卡萊斯基無論在奧馬哈或是矽谷，可能都會有賓至如歸的感覺。

巴菲特和提爾對競爭的看法，捕捉了資本主義的矛盾。提爾認為有大型壟斷企業才有創新，卻忽略了他個人創辦PayPal的輝煌史。他好比是大衛（David），白手起家成立新創公司，對抗金融界的歌利亞（Goliaths），如今幼小的大衛卻加入非利士人（Philistines）陣營。*

遺憾的是，美國及許多已開發經濟體的資本主義，不再以競爭和創業驅力為特色。很多產業舉足輕重的參與者，確實是屈指可數。美國人還有這樣的錯覺，以為自己選擇很多，卻是根本沒有選擇的自由。

多家大企業俘虜了他們的監管機關，以至於現行的規範，主要是用來將市場新進者拒於門外。舉例來說，康卡斯特一票高層主管轉入聯邦通信委員會（Federal Communications Commission, FCC）任職，之後又離開政府機構，回鍋老東家康卡斯特來管理公司。這家有線電視龍頭意圖收購NBC環球（NBCUniversal）之時，康卡斯特七十八位前政府員工登記為康卡斯特遊說者。[17]一如預料，此收購案縱有違反反托拉斯法疑慮，案子還是過了。更令人作嘔的是，批准NBC環球收購案的聯邦通信委員會委員梅雷迪斯·艾特維爾·貝克（Meredith Atwell Baker），沒多久就獲康卡斯特延攬。監管者與被監管者之間的分際已模糊不清。

---

* 譯注：以色列少年大衛以小勝大，擊倒非利士人勇猛戰士歌利亞的故事，記載於《希伯來聖經》及《舊約聖經》。

市場從來不是黑白分明，徹底壟斷獨占或完全競爭的情況很少見。就像電影中的反派角色，壞到骨子裡的其實少之又少（偉大的導演深知，亦正亦邪的反派人物更驚世駭俗），發現到一家百分之百壟斷市場的公司，可說離譜到極點，恐因樹大招風引來監管機關怒懲。

總括來說，我們並無壟斷問題，有的是寡占問題。美國人被訓練到忌憚全國性壟斷，卻很少想過雙頭寡占或寡頭壟斷的麻煩。諸多產業呈現雙頭寡占局面，就兩大業者競爭瓜分整個市場；另有產業是三強鼎立或四分天下，形成寡占市場。完全壟斷的例子極為罕見，要是你讀到報導美國壟斷問題的標題，如同哥倫比亞大學法學院法學教授吳修銘（Tim Wu）所言：「新聞界發出錯誤的警訊。我們都清楚如何對抗壟斷，但一提到雙頭寡占或寡頭壟斷，主管機關自己都一頭霧水。」[18]

不管是在亞當．斯密的《國富論》，或任何反托拉斯行動，例如一八九〇年的《休曼法》（Sherman Act，美國史上首部反托拉斯法）、一九一四年的《克萊頓法》（Clayton Act，補強《休曼法》），你都找不到雙頭寡占或寡頭壟斷的字眼。寡頭壟斷一詞甚至直到一九三〇年代才問世，由哈佛大學經濟學家愛德華．張伯倫（Edward Chamberlin）所創。oligopoly源自於希臘文，意指「少數賣家」，與寡頭政治執政者（oligarchs）出自同一字源。今日的寡頭壟斷者是我們的大老闆。

雖說用寡頭壟斷來形容現況，比獨占還要更精確，但在本書我們會將兩詞交替使用，希望你們見諒。正如自由經濟大師傅利曼所述，壟斷獨占指的是權力集中於單一企業，「對特定產品或服務有充分的控制力，大大決定其他個人獲取這些產品或服務的條件。」照此定義，當今的寡頭壟斷就是獨占。

寡頭壟斷企業經常表現得像獨占企業。兩個市場參與者串謀組成卡特爾（cartels）不合法，但暗中勾結可說是常態而且合理。對沖基金馬拉松資產管理公司（Marathon Asset Management）在他們令人讚嘆的投資寶典《資本回報》（*Capital Returns*）中提到：「基礎產業的參與者少、做理性管理、有進入壁壘而無退出壁壘、無複雜的參與法則，如此無可挑剔的環境，正適合企業從事合作行為……這就是為什麼產業發展至此後，能從中發現到豐厚的投資報酬率。」[19]

你怎麼看待競爭都無所謂，在美國，競爭將死。

競爭崩潰的情況幾乎遍及經濟各個層面，《經濟學人》研究發現，自一九九七至二〇一二年這十五年內，美國有三分之二產業集中在少數公司手上。[20]

上市公司數目暴跌，市場力量轉向大企業，最能全面概述產業日益集中化的現象。古斯塔沃．格魯隆、耶萊納．拉金（Yelena Larkin）及羅尼．麥凱利（Roni Michaely）三位學者已然證明，儘管是像美國這麼大的經濟體，上市企業的數量還是萎縮一半，很多產業如今只有少數大財團玩得起，最後演變成高獲利、低工資、少競爭的局面。三位學者提到：「企業若身處產品市場集中度最高的產業，它們便實現了高利潤，享有好到反常的股票收益，談成更有賺頭的併購案，

圖1.1　整併熱：一八九〇至二〇一五年

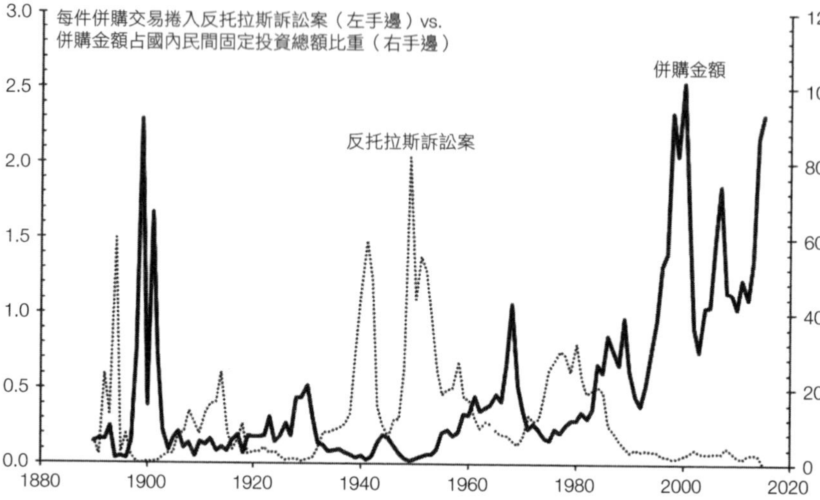

資料來源：泰勒．曼恩（Taylor Mann），松木資本（Pine Capital）。

這暗示市場力量逐漸成為重要的價值來源。」

從以下兩張圖應該清楚可見，美國產業集中化及多數產業企業數量縮減的程度有多驚人。過去三十年來掀起空前的併購熱潮，比起始於鍍金時代全盛期的企業整併狂熱，有過之而無不及，這個時代出現了一群強盜貴族（指為致富不擇手段的美國商人）。企業併購活動常是一波接著一波，只不過最近的企業合併潮都快速發生，而且接二連三。自一九八〇年以來，我們已見識到三波合併高峰。一波出現在一九九〇年代晚期美股牛市鼎盛期，另一波在二〇〇七至二〇〇八年全球金融危機爆發前的股市高峰期，目前我們又遭逢企業合併大潮（見圖1.1），現在還看不出這波併購熱會瘋狂到什麼地步。

可以確定的是，我們現今身在第二個鍍金時代。

企業合併的規模大到無以復加，讓你幾乎相信美國資本家是拚了命要證明，馬克思理論所言甚是。照馬克思的觀點，資本通常是透過吞併另一家公司的資本來壯大。他寫道，在這樣的鬥爭過程中，一般來說，「大資本會擊敗小資本……競爭的激烈程度與對手數量成正比，與對手的資本規模成反比。競爭的結果常搞垮很多小資本家，他們的資本部分落到競爭對手的手中，部分完全消失殆盡。」[21]像馬克思常說的，一個資本家會做掉很多其他資本家。馬克思想以國家壟斷取代腦滿腸肥的強盜貴族壟斷。但是兩者皆非，我們需要的是如假包換、活力十足的競爭。

〔鄭重聲明一下，即便馬克思是史上最具影響力的經濟學作家，至少對何其不幸生活在共產國家的人而言是如此，他卻因為錢一敗塗地，是最不值得聽信的人。他向來身無分文，他的摯友弗里德里希·恩格斯（Friedrich Engels），還從自己父親工廠偷錢來救濟馬克思。再者，有哪個共產國家沒落得淒慘失敗的下場，我們沒聽過，但就資本家會以大吃小這一點來看，馬克思是對的。〕

企業界同類相殘、以大吃小的極端情況，讓美國公司數量起了很大的變化。借馬克思的措辭一用，企業只是消失不見，被它們的競爭對手生吞活剝，但上市公司幾乎可說因此崩潰瓦解。**過去二十年來，在股市掛牌的企業超過一半下市**。瑞士信貸（Credit Suisse）的調查結果更是讓人

圖1.2　一九九六年來美國上市公司數縮減概況

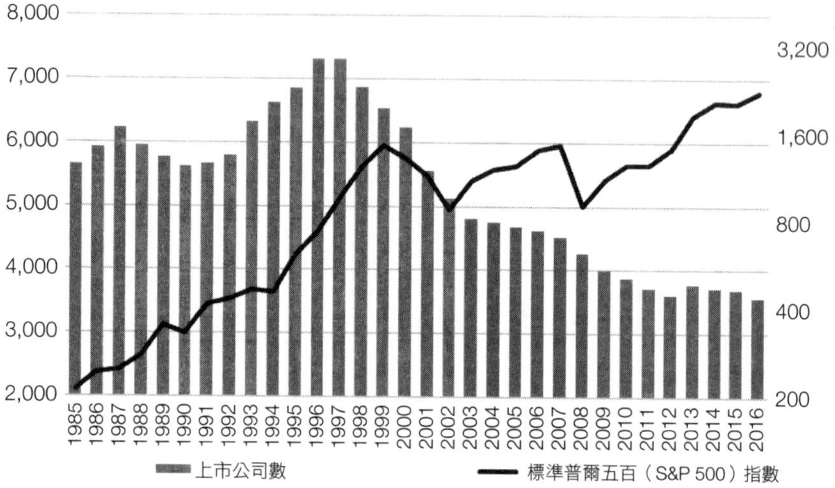

資料來源：嘉信理財集團（Charles Schwab）。

難以置信，一九九六至二〇一六年間，美國股市的股票檔數大砍五成左右，從逾七千三百檔縮減為不到三千六百檔，反觀其他已開發國家的股票檔數增加約五〇％。[22]企業首次公開上市（Initial Public Offerings, IPO）的件數減少，並非經濟成長下滑或全球金融危機造成，掛牌股票銳減，都發生在產業日益集中化的國家。

上市公司的衰退幅度實在太驚人，數量竟比一九七〇年代初期還少（見圖1.2），當時美國的實質國內生產毛額僅現今的三分之一。[23]美國經濟年年擴張，上市公司數量卻萎縮。照此趨勢下去，時至二〇七〇年，我們各項產業都只剩一家公司獨擁市占率，要不就是等著掀起社會革命。

大企業鯨吞小蝦米比比皆是不說，我

圖1.3　企業首次公開上市縮減概況

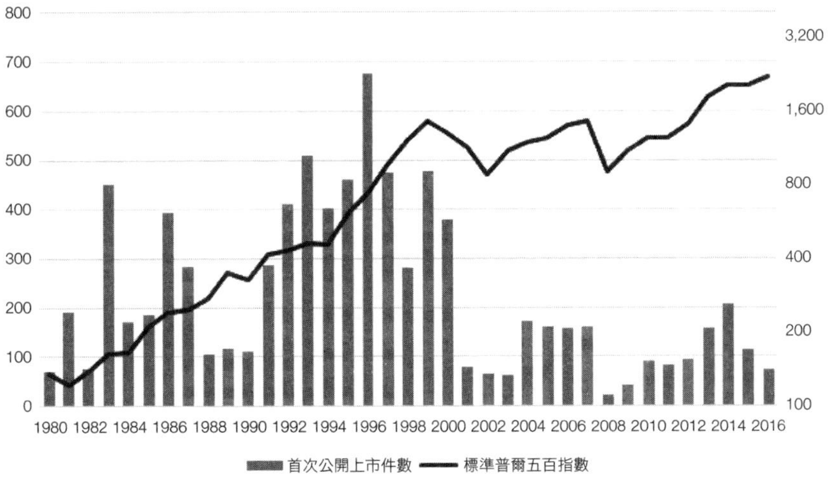

資料來源：《巴倫周刊》（*Barron's*）。

們也不見新創公司風雲再起，與歌利亞巨人一較高下。我們注意到，產業一旦吹起整併風，企業首次公開上市件數就出奇地少（見圖1.3）。美股牛市當道，紐約證券交易所（New York Stock Exchange, NYSE）或那斯達克證券交易所（Nasdaq）居然號召不到新股掛牌，就歷史經驗來看實在太不尋常。通常股市走多時，就會有一堆新公司搶著上市，執行長自然是想搭股市上漲的順風車公開募股。在一九九〇年代經濟榮景期，美國平均每年有四百三十六件首次公開上市申請案，到了二〇一六年，首次公開上市案僅七十四件。[24]美國這部巨大的經濟機器慢慢進入停擺狀態。

既然大部分產業缺少新進者，美國企業一方面逕自擴張，一方面老化，也沒什麼好奇怪。目前美國上市公司的平均年齡是十八歲，高於一九九六年的十二歲。按實際價值計算，過去二十年美國一般企業的規模大了三倍。[25]我們的企業不但變少、變老，還將獲利一把抓。一九九五年，美國上市公司的總收入中，前一百大企業包辦五三％；二〇一五年，八四％獲利盡歸前一百大企業。[26]就像英國文豪查爾斯．狄更斯（Charles Dickens）鉅著《孤雛淚》的主角奧利佛．崔斯特（Oliver Twist），只不過多要點粥，就落得被趕出孤兒院的下場，什麼好料都被大企業狂吞下肚，小公司只能分到肉末殘渣。

都是產業瘋併購扼殺競爭。每年企業都要寫份年報供股東參考，它們必須在報告中討論自家業務、同業對手及公司遭遇什麼風險。《經濟學人》特別觀察企業提到「競爭」一詞的頻率，圖示（見圖1.4）的結果讓人大吃一驚。我們看到企業年報中用到「競爭」字眼的次數大幅下降，這與產業集中度升高碰巧在同一時間。企業執行長不再需要觸及有關競爭的話題，因為殘存的少之又少。

欠缺競爭不是少數幾個產業造成，幾乎所有產業都有集中化問題。在這份具里程碑意義的研究〈美國產業變得更集中了嗎？〉（Are US Industries Becoming More Concentrated?），古斯塔沃．格魯隆、拉金和麥凱利三位學者說明，過去二十年，美國超過七五％的產業朝集中化發展。幾乎沒有產業例外，前四大業者大舉侵吞市占率，其他小對手一一被消滅。更令人不安的是，這幾位學者提到，企業所在的產業若是集中化程度最高，利潤率與股票收益也最高。[27]學者雖是採用上

圖1.4 企業年報中，「競爭」（Competition）、「競爭者」（Competitors）、「壓力」（Pressure）字彙出現頻率

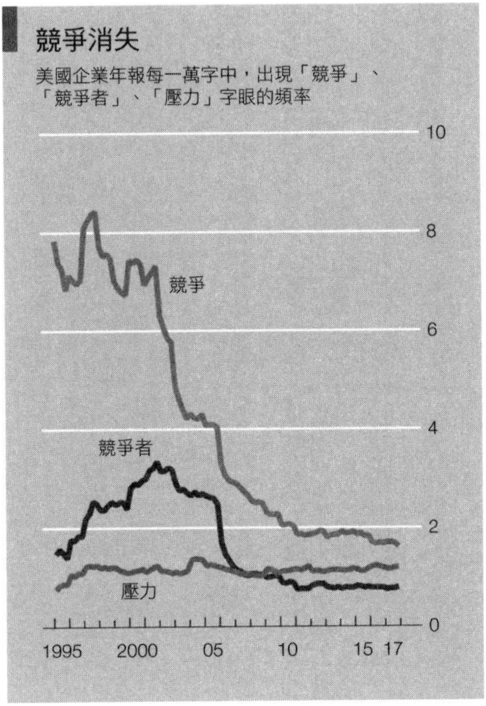

資料來源：《經濟學人》。

市公司的資訊，也會研究非上市公司的普查資料，所獲的訊息並無二致。他們研究得出的主要結論敲響警鐘：「總括來說，我們發現美國產品市場的本質，已經歷結構性轉變，弱化了競爭。」

古斯塔沃．格魯隆與他的同僚以規模大小來分析產業後發現，產業愈集中，資產報酬率就愈高，他們想了解是否只因為大公司的績效強、營運佳，結果不是那麼回事。他們發現大企業的資產報酬率高，「主要是它們有榨取高利潤的能耐」。這實在是茲事體大，而且與公司規模有很高的關聯性。一旦沒什麼競爭壓力，你確實有抬高價格的空間，獲利自然滾滾而來。

巴菲特的投資術有其道理。古斯塔沃．格魯隆的研究發現，專門投資集中度最高的產業，做空產業集中度最低的股票，報酬率優於大盤。

沒有研究是完美無缺的，但從頭到尾傳達出的訊息再清楚不過：美國已變成大大缺乏競爭的國度。專研產業經濟、反托拉斯、監管的權威約翰．庫沃卡（John Kwoka），參照一切蒐羅到的研究做出要命的評價：「這一大票研究全都描繪出一個發人深省的景象，過去二十年產業集中的趨勢，已滲透美國經濟一大部分。」[28]

數十篇研究顯示，產業高度集中化，會促成公司行號增加獲利，向消費者索取高價，新創公司減少，生產力下降，薪資偏低，社會不平等擴大。然而企業執行長還是不改掠奪狼性，持續吞併其他公司。

表面上看來，我們眼下的麻煩似乎是貪婪執行長加上沒有道德素養的投資人，為了私利正在毀壞我們的經濟，但還有更深層的問題正在發生。

喬治亞州埃默里大學（Emory University）的道德暨公僕式領導計畫（Ethics and Servant Leadership）負責人愛德華．昆恩（Edward Queen）發現，商學院學生拿到道德案例時，竟然有二〇%至三〇%的學生，找不出或無法確認其中有道德問題。依昆恩之見：「全世界的企業領導層被道德的侏儒驅策，照其所受的教育，要他們做出理智判斷，根本是強人所難。」昆恩認為，過去六十年來，諾貝爾經濟學獎得主傅利曼的信徒一再強調，企業的唯一責任是產生獲利和投資報酬率。[29]這些一代又一代商學院研究生所受的訓誡，至今依然影響深遠。

鼎鼎大名的企業執行長及主管因被判有罪而登上新聞版面，加深了企管碩士缺德的看法。前安隆公司（Enron）*執行長傑佛瑞．史基林（Jeffrey Skilling），一九七九年自哈佛商學院（Harvard Business School）畢業，他將前東家麥肯錫管理顧問公司（McKinsey）的企管碩士大軍引進安隆。麥肯錫前總裁顧磊傑（Rajat Gupta）被控內線交易遭判刑，他也是哈佛企管碩士。有關杜克大學（Duke University）的報導標題似乎也證實這個問題，杜克大學的企管碩士候選人必修「領導、倫理及組織」這門課，但杜克商學院的一年級生，近一〇%有在課外考試作弊的嫌疑。[30]

問題的答案，不是說一句邪惡無良的執行長扼殺美國經濟那麼乾脆俐落。

只要是企管碩士，沒人不知道麥可．波特（Michael Porter）的管理五力分析。波特任教哈佛

* 譯注：美國德州能源巨擘安隆公司二〇〇一年爆發作假帳掏空醜聞，後宣布破產倒閉，成為美國史上最大破產案及美國證券史上最大弊案，史基林因此被判重刑。

商學院，他的著述《競爭策略》（*Competitive Strategy*），被當今企業主管及投資人奉為聖經，企管碩士受的訓練包括分析一個產業的競爭程度，對高度競爭的產業能避則避。

波特的五力分析，還涵蓋既有競爭對手的威脅及新進者的威脅。對受過五力分析訓練的企管碩士來說，當你面對的同業對手很強大，或阿貓阿狗都能進來和你競爭，代表你身處的是最糟糕的產業。假如企業執行長想方設法要將對手拒於市場門外，那是因為他們被訓練要這麼做。為什麼企業剷除既有對手最典型的做法就是合併，原因在此。企業為何對於進入他們產業，竭盡所能豎起監管和法律障礙也不難理解。這是企管碩士的信條。

過去數十年來，企管碩士學到的是將市場專業化進而展現市場統治力。一手打造「奇異傳奇」的前執行長傑克·威爾許（Jack Welch），諄諄教誨奇異（General Electric）主管不應以業界的老三或老四自滿，要做就要做業界第一，頂多屈居老二。業界掀起威爾許崇拜熱，奇異也成功取得市場主宰地位，此後企業主管將規模較小的同業賣給最大的勁敵，龍頭公司到處併吞小型競爭對手。

在投資界，對沖基金經理人按照所受的訓練，投資汲取波特五力分析的公司，這些企業設有護城河，抵禦市場新進者來犯。巴菲特曾言：「我在找尋商界的經濟城堡，它們被無法攻克的護城河保護。」退休基金經理人及投資人要找的是，能長期維持高報酬的股票，某種程度來說，如果他們追蹤的不是獨占、雙頭寡占和寡頭壟斷企業，恐怕會以失敗收場。照某位基金經理人的說法，投資要產生正報酬，他們非得尋找「會大啖小海豹的企業殺人鯨」。

商學院的藏書致力闡明各式各樣的護城河。投資人物色的公司，要能達到「低成本生產者」這種等級。投資人試著找有「高轉移成本」的企業，能與客戶建立緊密關係。投資人試圖找尋具「網路效應」的公司，消費大眾只能透過它們的系統呼叫彼此或支付費用，是其致勝之道。投資人也在尋覓擁有「無形資產」的公司，好比專利，能依法將你的對手排除在市場之外。尤其在醫藥業，擁有專利的企業可索取天價，因為在專利的有效期限內，依法其他公司不得與其競爭。

企業執行長與投資者收購競爭對手，並設法壟斷他們的產業，這麼做完全合情合理。他們在降低既有對手及新進者的威脅，只不過是追隨波特和巴菲特的腳步，天天在拓寬護城河。

大企業幾乎都壞不到哪兒去。弔詭的是，只要是對企業有利的、正面的、合理的，對整體經濟就不利、負面或不合理。壟斷企業擴張不會促成經濟成長。

已是業界歌利亞的企業，一開始都是大衛，努力增強自己的優勢並擴大市占率。那正是企管碩士修了波特的五力分析所領悟到的，他們也從股神巴菲特身上學到，要幫自己的企業「加寬護城河」。企業主管都試著如法炮製，投資人也被訓練要給減少競爭的企業獎勵。此獎勵制度形同一部壟斷機器。

壟斷的欲望通常是微微蠢動，還不到排山倒海的地步。利於執行長經營公司的做法，對整體經濟未必是好事。在美國這個經濟體，大企業努力講求績效，收購同業勁敵，壓低工資，提高自家營收，這些都無可厚非。但當所有企業同時這麼做，人人都要過苦日子了。弔詭之處正在於此，一旦每家公司都這麼幹，下場就是工資被壓低，社會不平等惡化，經濟成長下滑，投資縮手，然後我們全都愈來愈窮。壟斷者擴大事業版圖，不代表經濟會跟著擴張。

金融危機席捲全球後，零售龍頭沃爾瑪（Walmart）執行長麥可．杜克（Mike Duke）曾說：「我們的顧客阮囊羞澀，每到快月底時，只能買小包裝商品及必需品，可見消費者的生活壓力有多大。」[31]但他絕不會將沃爾瑪員工的低薪，與消費者收入、需求匱乏做連結。

勞工受到壓榨，讓人想起切斯特頓的觀察：「資本主義只要發揮地淋漓盡致就充滿矛盾。雇主總是扣剋僕役的需求，那麼等於逼得自己的顧客從此緊縮開支。這些雇主要底下的人做自相矛盾的事，一方面打著付微薄工資的如意算盤，把人弄得像乞丐，另一方面又希望他像有錢大爺出手闊綽。」

就像一個銅板有正反兩面，企業獲利創歷史新高的另一面，是壓低勞工血汗錢。

福特汽車創辦人亨利．福特（Henry Ford）樂得幫自己的工人加薪，這樣的日子老早不復存在。福特曾解釋說：「這個產業必須維持高工資、低售價，否則會自我毀滅，因為不這麼做，來光顧的人有限。」福特深知，經濟不是他本人與自家工人間的零和遊戲。[32]

經濟大蕭條期間，英國經濟大師約翰．梅納德．凱因斯（John Maynard Keynes）試著弄清楚經濟崩潰如此嚴重的原因。他意識到經濟衰退之時，家家戶戶需要更多現金，然後儲蓄以備不時之需，讓這個家的基礎更穩固，這合乎邏輯。然而所有家庭同時這麼做的話，經濟就會萎縮，貨品需求減少，勞工遭解僱，家家戶戶生活更困頓，比都沒儲蓄時還糟。你的支出是另一人的收入，如果你不消費，其他人領不到薪水。叫家家戶戶別只顧自己去儲蓄，那不合情理，但所有家庭在同一時間儲蓄同樣荒謬。被部分人奉為真理的事，未必能套用在全體身上，這種矛盾正是經濟學一大關鍵問題，也是凱因斯著作《一般理論》（*The General Theory*）的核心。

這在邏輯上稱為合成謬誤。假如你去看足球賽，為了看清楚比賽而站了起來，或許視野真的比較好，可是觀眾人人都站起來的話，誰都不能好好看球，壞了每個人看球的興致。這又再次證明，被部分人視為真理的事，通常對全體來說未必如此。

一旦你開始觀察，就會發現經濟學中處處可見合成謬誤。

歐債危機期間，德國人似乎全然未察覺到這種邏輯上的謬誤。德文Schulden一字意指債務，源自於Schuld，意思是罪惡，債務幾乎與邪惡、不道德畫上等號。德國財政部長沃夫岡・蕭伯樂（Wolfgang Schäuble）將歐洲經濟危機，怪罪到歐洲邊緣小國短視近利，「為了一時滿足，捨棄長期利益」，才會導致負債累累，將貿易競爭力棄置不顧。[33]然而正如你的消費是他人的所得，德國的貿易盈餘是他國的貿易赤字。同樣的道理，德國的資產是他國「無須負責」的貸款。不可能所有國家在同時間出現貿易盈餘，也不會每個國家同時是債權國。你的消費是我的所得，你的借款是我的放款。

二〇〇七年夏天，英國倫敦北岩銀行（Northern Rock）外湧現存款戶的排隊人龍，這是英國自一八六六年來首次出現銀行擠兌。諷刺的是，爆發擠兌恐慌時，英國央行（Bank of England）出面信心喊話，北岩銀行體質良好，央行會力挺這家銀行。問題只有在被正式否認後才有人相信，銀行客戶警覺到麻煩大了，要求返還他們的存款。[34]每位存款戶這麼做站得住腳，但所有存戶擠在同一時間現身，嚷著要拿回現金，會造成他們亟欲避免的下場，就是銀行破產。（銀行爆擠兌潮時，存戶要從銀行提領大量現金，超出銀行的支應能力。發生擠兌時，銀行沒辦法讓所有存款客戶領到現金，因為銀行把錢借出去了。）

前英國央行總裁莫文．金恩（Mervyn King）曾提到，爆發銀行擠兌或許不理性，但是一旦開始擠兌，人人搶著參與合乎情理。你擔心銀行的償付能力，竟沒把錢從銀行領出來，才讓人覺得匪夷所思。但是大家爭相在同一時間領錢同樣不合邏輯，那只會害銀行倒閉。

合成謬誤的概念，也能應用到能源界。

英國維多利亞時代，煤炭是主要的能源來源。大文豪狄更斯曾把工業城鎮的天空描述成：「黑色嘔吐物，萬物都遭到襲擊，無論是有生命的或無生命的，還遮蔽了白晝時的面容，用濃密的烏雲將所有慘狀團團包圍。」[35]一八六五年，英國經濟學家威廉．史坦利．耶方斯（William Stanley Jevons）出版《煤炭問題》（*The Coal Question*）一書，他發起建立英國煤炭儲備的規模。在研究的過程中，他偶然發現一個出乎意料的悖論，瓦特發明的蒸汽機提升效率後，煤炭的總消耗量不降反升。耶方斯用不同體字表達結論：「若以為燃料省著用等於減少資源消耗，根本是思緒不清，事實正好相反。」[36]個別蒸汽機提升效率是好事，但對全英國卻不盡然。如此真知灼見就是著名的「耶方斯悖論」：某事物的效率提升後，人們只會用得更多，不會更少。

為何洛杉磯、休士頓還有其他水泥叢林一直在擴建公路，結果竟是自行駕車的變多，選擇共乘的變少，交通壅塞情況更惡化，「耶方斯悖論」正好可用來解釋。當大眾覺得開車更便利後，他們大可住偏遠一點的地方，突然間強調寬敞、平價、適合通勤到大城市的住宅建案，如雨後春筍般冒出。為了讓交通更順暢，城市規劃者增闢更多車道，但拓寬車道容納更多車輛，無異是變相鼓勵開車。提升公路車道的行駛效率沒有錯，但這樣的效率對洛杉磯全城來說未必是好事。一九九〇年，英國運輸分析師馬丁．莫格里吉（Martin Mogridge）將此擴大詮釋成公路普遍存在的特性，提出名為「路易斯—莫格里吉立場」（Lewis-Mogridge Position）的論點：道路興建愈多，車流量就愈大，因而塞滿整條路。從奈洛比（Nairobi）、北京到洛杉磯皆是如此。

擺在企業執行長面前有兩個選擇，一是將整體經濟效率極大化，另一是所作所為像個壟斷者，答案呼之欲出。對企業領導人而言，行事像個壟斷者天經地義。大部分執行長不會特地坐下來思考他們個人的決定，是否對整個社會構成影響，他們受的訓練不是這樣教的，可能還會抱怨豈有此理。

減少競爭，進而實現支配產業野心，對執行長來說是合理選擇，這已成了業界很自然的過程，業界的大衛們總是努力成為歌利亞，剷除所有威脅。

你去看看電信業與媒體業那些大型壟斷企業的歷史，它們一開始就試著向大眾市場提供優質產品。起初是業餘愛好者在城鎮之間架設電報線，但沒有辦法確實串連全美各地，直到西聯匯款（Western Union）將區域網絡拼湊起來。西聯匯款從一家小小的新創公司，發展成當年壟斷市場的霸主。臉書不也如此，前身不過是哈佛大學校園內的網站，而今是將全球逾二十億人串連起來的社群網路。無獨有偶，當今的美國電信巨擘AT&T也是從業界小大衛起步。當時電話品質爛透了，根本聯絡不上很多人，充其量只能當成玩具。然而沒多久電報公司與電話公司正面交鋒打起專利戰，西聯匯款終於被擺平，這家電報公司將旗下電話網絡售予貝爾電話公司（Bell，AT&T的前身），換來二〇%的貝爾電話出租營收。AT&T建立了令人望而生畏的壟斷帝國，讓西聯匯款過去支配美國人生活的光榮歷史黯然失色。[37]

台裔美籍法學學者吳修銘令人眩目的著作《誰控制了總開關？》（*The Master Switch*），也談到大衛蛻變成歌利亞的過程。他在書中解釋所謂的「迴圈現象」時這麼說，企業是由「某人的嗜好變成產業，從臨時拼湊的新奇玩意，變成純熟的生產奇蹟，從人人唾手可得的管道，變成被單一企業或壟斷聯盟牢牢控制，也就是從開放走向封閉體系。這些發展普遍到彷彿是無可避免，但回溯過去，不管是哪一世紀的變革性技術剛冒出頭時，幾乎都不曾這樣。」[38]

迴圈現象不單單出現在電信業或媒體業，我們在超市、農業、保險以及很多其他領域都看得到。小雜貨店被沃爾瑪之類的大賣場巨頭所取代；摩根大通（JP Morgan）或美國銀行等跨國銀行，讓地方社區銀行無立足之地；嘉吉（Cargill）、泰森食品（Tyson Foods）等農企業巨獸張牙舞爪，逼得小農無法生存。有線電視公司起初開始對抗無線電視網，只是為了能播放節目求生存，電視網則是出自業餘愛好者的構想，讓好幾個城鎮分享同一個節目表，然而隨著高速網路興起，有線電視也蛻變成沒有競爭壓力的壟斷事業。

巴菲特聰明絕頂，但他最厲害的地方是洞悉到獨占、雙頭寡占及寡頭壟斷的優勢，不但面臨的競爭少，市場新進者的威脅也微不足道。能在所屬產業稱王的公司，相當於你在日常生活必經的收費道路。你平日生活每做一件事，就等於將部分薪水送進壟斷者的口袋。你讓巴菲特愈來愈有錢，他一路跳著踢踏舞到銀行。

本章關鍵思維

- 你是怎麼看的都無所謂，在美國，競爭將死。
- 總括來說，我們沒有獨占問題，有的是寡頭壟斷問題。
- 弔詭的是，對企業有利的、適當的、合理的，通常對整體經濟有害。
- 能在所屬產業稱王的公司，相當於你在日常生活必經的收費道路。

第二章 劃分地盤

占地為王，聯合壟斷

我們的競爭對手是我們的朋友。
我們的顧客是我們的敵人。

——詹姆斯・藍達爾（James Randall），阿徹丹尼爾斯米德蘭公司總裁

爭奪地盤不利於生意，黑手黨深知這一點，企業何嘗不是如此。

一九三一年，上演了一場非常血腥的權力鬥爭戲碼，卡斯泰拉姆馬雷戰爭（Castellammarese War）之後，和平降臨美國的義大利裔美籍黑手黨。綽號「幸運盧西安諾」的查理・盧西安諾（Charles "Lucky" Luciano），下令幹掉薩爾瓦多・馬蘭扎諾（Salvatore Maranzano，人稱capo di tutti capi（「所有老大的老大」）），成立組織化的黑手黨委員會（Mafia Commission），專門調解

黑幫間的衝突，劃分勢力範圍。其實在馬蘭扎諾少年之時，曾立志當神父，甚至努力學習成為神職人員，卻淪為逞凶鬥狠的美國黑手黨（Mob）。[1]馬蘭扎諾幫美國黑幫家族劃分地盤，想讓彼此和平共處，但他自己要做老大中的老大，結果惹得很多家族不爽，因為他們只想要劃地為王，不想上頭還有個壓他們的老大。

「幸運盧西安諾」做掉馬蘭扎諾後，隨即安排幾個黑幫家族共享權力，以避免未來恐將發生的地盤爭奪戰。他取消capo di tutti i capi的頭銜，與其他家族的老大結盟，透過委員會這個組織來維持控制權。黑手黨委員會在紐約劃分勢力範圍，博南諾（Bonanno）、可倫坡（Colombo）、甘比諾（Gambino）、吉諾維斯（Genovese）及盧切斯（Lucchese）五大家族各據山頭，[2]只要它們遠離彼此地盤就能相安無事。

黑手黨委員會思想開通又樂於合作，代表成員有來自洛杉磯、費城、水牛城的犯罪家族，還有黑幫老大艾爾·卡彭（Al Capone）帶頭的芝加哥犯罪集團。黑手黨委員會也和紐約的愛爾蘭黑幫、猶太黑幫掛勾，不過這兩大犯罪組織的代表不是義大利裔，所以沒有投票權。[3]

就像黑手黨五大家族瓜分地盤，很多產業也把美國分割得四分五裂，不同的是，劃分這個國家的不是什麼黑手黨「好漢」（made men），而是有白人優越感的中年掮客。不管你從哪個角度看，理論上只要是競爭沒有不激烈的，但實際上那常常是經過精心算計策劃的。

太陽底下沒有新鮮事。縱使到了十八世紀，亞當·斯密在他的《國富論》寫道：「同一行業的人很少聚在一起，即便為了娛樂消遣而聚會，他們的對話最後都是共謀對公眾不利，或圖謀抬高價格。」自由古典主義者約翰．斯圖亞特．彌爾（John Stuart Mill）不久之後附和這個觀點：「競爭者少的地方，總是以達成停止競爭的共識作為了結。」然而，我們現在對這些教訓無動於衷。

美國人一想到這些生意人共謀操縱價格，普遍會聯想到《爆料大師》（*The Informant*）裡的麥特．戴蒙（Matt Damon）。他在這部改編自真人真事小說的電影中飾演馬克．惠塔克雷（Mark Whitacre），該名主角是美國聯邦調查局（FBI）史上最高階的企業間諜，身為阿徹丹尼爾斯米德蘭公司（Archer Daniels Midland, ADM）高管的惠塔克雷，幫美國聯邦調查局刺探自己東家的情報，協助揭發離胺酸價格壟斷醜聞。離胺酸是一種必需胺基酸，為豬隻和家禽生長所需。在競爭者眾的市場，從事價格操縱相當困難，但在一九九〇年代，僅三家業者控制這個市場。[4]

阿徹丹尼爾斯米德蘭公司的價格操縱之手無所不伸，彷彿向黑手黨家族看齊一般，他們也對檸檬酸、高果糖玉米糖漿的價格設限，給競爭者來個迎頭痛擊。有一份在法庭上曝光的文件，阿徹丹尼爾斯米德蘭公司主管是這麼寫的：「我們的競爭對手是我們的朋友，我們的顧客是敵人。」[5]

離胺酸價格操縱醜聞不是異數，這些集中化產業的背後有不可告人的祕密，那就是企業狼狽為奸的情況，遠比你想的還氾濫。據經濟合作暨發展組織（Organization for Economic Co-operation and Development, OECD）指出，有大量證據顯示，已被揪出的卡特爾（壟斷聯盟），無論是數量、規模還有影響力，程度都很高。[6]普渡大學（Purdue University）學者約翰．康諾（John Connor），對此主題做了極盡廣泛的研究，調查了二百三十五年內的一千零四十件卡特爾案，[7]他估計中位價超收幅度達二五％。以美國為例，一九九六至二〇一〇年，司法部認定一百二十八家企業有罪，罪名是以全球卡特爾形式非法制定統一價格，從電腦螢幕、學名藥到運輸合約，無一不被染指。[8]然而卡特爾的實際數量恐怕要更高，檯面上看到的還僅是監管機關查出來的案例，只是冰山一角。企業串通操縱價格的案例，只有二成被查獲，這樣的估算很合理，光是如此，全球就因卡特爾哄抬價格，每年耗費高達六千億美元成本。[9]

一些經濟學家由衷地相信，卡特爾與企業串通不可能發生。尤其是推崇極端自由市場的芝加哥經濟學派，認為卡特爾及企業串通存在的可能性微乎其微，原因不外競爭者之間很難協調，同業對手間容易採欺敵戰術，市場新進者會進來和卡特爾競爭。然而這一切想法皆無憑無據，只不過用理論包裝憑空變出來。

芝加哥學派對卡特爾的看法，擺明是與數十年來查獲的壟斷證據及數十億美元的罰款唱反調。《經濟學人》指出，過去幾年來，「已破獲的跨國壟斷陰謀，涵蓋的領域五花八門，包括安全帶、海產、貨物空運、電腦螢幕、起重機乃至蠟燭。」卡特爾操縱訂價並限制供給，通常會持續多年，更何況卡特爾未必因談不攏統一價格而瓦解。二〇〇六年，全球二十多家航空公司都捲入壟斷醜聞，它們的代表在機場和餐廳會合，共謀操縱國際航空貨運服務的價格，結果東窗事發，不得不支付逾三十億美元的天價罰款。[10]

朝向寡頭壟斷發展，是卡特爾問題癥結所在。研究調查指出，有卡特爾現象的產業，其中三分之二的特徵是，前四大業者囊括七五%以上的市占率。部分意識型態掛帥的經濟學家，認為卡特爾三兩下就崩潰，這個問題不存在，但他們的觀點是在與經驗和歷史作對。證據顯示，卡特爾的持續時間中位數為五年，有些案例還長達數十年。[11]

有的卡特爾甚至屹立超過一世紀。要是你買過求婚鑽戒，十之八九是向卡特爾買的，這個壟斷集團自十九世紀以來就控制鑽石市場至今。一八八八年，英裔南非籍礦業大亨塞西爾・羅德茲（Cecil Rhodes），在南非成立戴比爾斯聯合礦業公司（De Beers Consolidated Mines），全面掌控全球鑽石交易（羅德茲獎學金即是以他的名字命名）。戴比爾斯有很多分身在世界各地，設在倫敦的卡特爾叫作鑽石貿易公司（Diamond Trading Company），在以色列的是「辛迪加」（The Syndicate），在歐洲稱為中央銷售機構（Central Selling Organization），這家鑽石巨頭旗下的公司名稱無窮無盡。據美國雜誌《大西洋》（*The Atlantic*）報導：「在戴比爾斯的高峰期（本世紀迄今大部分時間都是），非洲南部的鑽石礦場盡在它的掌控之下，有些直接登記在戴比爾斯名下。不僅如此，英國、葡萄牙、以色列、比利時、荷蘭、瑞士的鑽石貿易公司，幕後老闆都是戴比爾斯。」[12] 鑽石成本年年漲，大多數人以為那是它們美麗奪目且稀有珍貴的緣故。鑽石或許美麗，但事實上多得很，要不是卡特爾暗中操控，消費者根本不用花錢當冤大頭。

幾乎所有產業都被卡特爾攻陷，牽涉到數兆美元的金融交易。這幾年來，每當銀行業吹整併風，我們就會見到卡特爾在外匯市場與利率市場現蹤。

美元、歐元、英鎊、日圓，倫敦外匯市場每天有超過五兆美元的交易額。幾乎所有依賴外匯交易的商業合約，都會參照「定盤價」，數十年來，皆以倫敦時間下午四時的交易匯率為準，這個時間的交易成為當天全球外匯交易的基準。由於定盤價窗口期很短（在下午四時前後三十秒的一分鐘內交易），萬一監管官員缺乏警覺，大牌交易員每天多的是機會操縱匯價，多年來主管機關確實是睡著了。

英國監管機關還是逮到知名銀行的外匯交易員操縱每日定盤價，涉案的金融巨擘有巴克萊集團（Barclays）、花旗集團（Citigroup）、蘇格蘭皇家銀行（Royal Bank of Scotland, RBS）、渣打銀行（Standard Chartered）及摩根大通。外匯交易員透過網路聊天室勾結，共謀歪曲定盤價，這些聊天室取了很吸引人的名字，像是「強盜俱樂部」、「卡特爾」、「黑手黨」，這種做法就是所謂的「操縱收盤價」。銀行交易員很清楚只要與大客戶對做，他們就有數百萬美元暴利落袋，因業務需要買賣外匯的公司成了輸家。與大多數卡特爾案例一樣，這類操縱價格的露骨行為，不是企業監管機關或銀行主管自行發現，而是由吹哨者（whistleblower，即告密者）揭發。[13]

如果你認為外匯市場規模已經夠大，想想倫敦銀行同業拆款利率，撐起全球超過三百五十兆美元的金融商品交易。數十年來，倫敦銀行同業拆款利率是借款的指標利率，消費者、投資人和公司行號借貸都會參考倫敦銀行同業拆款利率。借款人的信用評級愈好，信用利差就愈小。倫敦銀行同業拆款利率是其他所有利率的參考指標。

鑑於倫敦銀行同業拆款利率對全球所有借貸活動的重要性，你或許會想，不可能有鑽制度漏洞欺騙客戶的事情發生。可是從法院文件揭示的內部訊息可見，交易員是如何操縱倫敦銀行同業拆款利率。二〇〇七年和二〇〇八年金融危機肆虐，蘇格蘭皇家銀行高層主管竟慫恿自家員工操縱利率。二〇〇七年八月十九日，蘇格蘭皇家銀行一名交易員發了訊息給德意志銀行（Deutsche Bank）的同行，他是這麼寫的：「真是不可思議，操縱倫敦銀行同業拆款利率竟讓你發大財，不這麼做就虧慘了，那現在是倫敦的卡特爾。」[14]

交易員忙著向整個金融界行騙，還笑納他們的獎金津貼，英國納稅人最終被迫幫蘇格蘭皇家銀行紓困，耗費超過四百億英鎊。

經濟學家研究過卡特爾，試著查明這種壟斷聯盟成形的原因，又是如何崩潰解體。經濟學家瑪格麗特・李文斯坦（Margaret C. Levenstein）及薇樂莉・蘇斯洛（Valerie Y. Suslow），審視過一九六一年到二〇一三年超過五百件的卡特爾案例。他們認為企業會在時機不好時團結靠攏，卡特爾於焉成形，也或許政府當局執法太過鬆散，給了卡特爾可趁之機，但那都只會走入死胡同。

在檢視過證據後，李文斯坦與蘇斯洛兩位學者有了不尋常的發現，卡特爾成形或瓦解的最主要因素竟然是利率。在實質利率走升期間，卡特爾瓦解的機率很高，想必是因為利率走揚，同業

圖2.1　央行零利率與負利率促成卡特爾

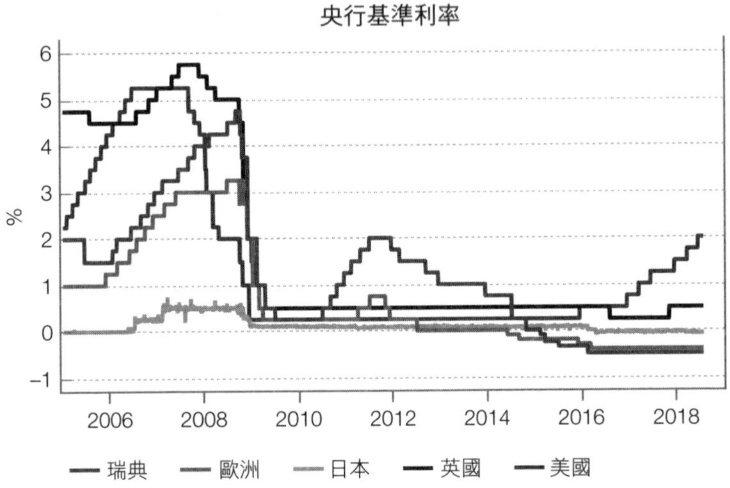

資料來源：Variant Perception.

勾結的報酬率也被要求立即拉高。兩位學者發現，這種相互勾結的關係幾近完美，他們也觀察到，卡特爾的成立與維繫需要耐心。利率愈高，卡特爾愈難以為繼；利率愈低，卡特爾合作的可能性愈高，能繼續玩他們的壟斷把戲。兩位學者也提到，卡特爾之所以能維持勾結關係，與成員的折現率有非常密切的關係（見圖2.1）。[15]

市場參與者不必相互對話也能串謀勾結。賽局理論（又稱博弈理論）就告訴我們，企業間即便是各自獨立做決定，也能看起來像是共通合作下的結果。[16]很多業者被逮到，彼此就算斷了聯繫不再對話，還是可以繼續暗通款曲。[17]寡頭壟斷企業可因默契性聯合壟斷的策略，達到獨占的效果，但導致產能下降，物價上漲，消費者福利縮水，這就是一般所稱的「寡占問題」。[18]政府放任產業過度集中化，根本就是替寡頭壟斷企業做擔保，保證他們的所作所為與獨占者無異，變相鼓勵業者公然或暗中勾結壟斷市場。

賽局理論幾乎可應用於所有互動關係。大家都看過《美麗境界》（*A Beautiful Mind*）這部電影吧！羅素．克洛（Russell Crowe）飾演的天才數學家約翰．納許（John Nash），某日與朋友在酒吧泡妞，沒想到靈光乍現，給了他發展出賽局理論的靈感。被他們鎖定的一群女子中，有一位令人驚豔的金髮美女，其他幾位棕髮女性姿色平庸，所有男性都瞄準那位金髮尤物。納許同行的一位朋友，提起經濟學之父亞當．斯密鼓勵競爭，對他們來說最好的策略，就是全部一擁而上，向這位金髮美女搭訕。但納許打槍說那其實是笨招數，如果他們這麼做的話，只會落得鎩羽而歸，沒人能將美女追到手。被眾星拱月的金髮美女會覺得壓力大，其他遭冷落的女性，對自己被當成備胎也不是滋味。最佳戰略是這群男人彼此合作，大家都不去找金髮美女說話，把目標轉向她身邊那些較不起眼的朋友。

納許的關鍵思想是，一群競爭者中，他們或可全都選擇默默合作，而不是正面交鋒。此解決競爭問題的良策稱為「納許均衡」。

納許並非賽局理論的開山祖師，不過是他將其發揚光大，他的概念直接師承約翰．馮．諾伊曼（John von Neumann）的極小極大定理。這位美籍猶太裔數學家提出的觀念是，參與競爭者不尋求支付最大化，而是盡可能將最大的損失極小化。想弄懂此理論，最簡單的方法就是舉媽媽讓兩個小孩分蛋糕的例子。如果一個負責切蛋糕，另一個先來選，無論哪個孩子都不會尋求理論上比較大塊的，反而是盡量將最後只能拿到小塊的機會減至最低。企業也是如此，經常和對手串通避免競爭，將最大的損失極小化，與電影中納許闡述追金髮美女的道理沒什麼兩樣。

比起上酒吧搭訕金髮尤物或分配蛋糕，有一個更貼近賽局理論的例子。

賽局理論中最著名的例子，莫過於囚徒困境。兩名同夥犯案遭警方逮捕後被隔離偵訊，他們各自面對兩難的抉擇：該不該告發對方。兩人都可選擇沉默，拒絕出賣彼此，那對雙方來說是最好的結局。然而，他們其中一人若想進一步改善自身處境，可能就會向警方認罪，背叛自己的朋友。坦白招供的一方獲釋免去牢獄之災，他的夥伴卻得服較長的刑期。

怎麼解決囚徒困境，沒有正確答案。如果這場遊戲你只玩一次，就有很強的動機出賣朋友；倘若你得玩很多次，會開始冒出截然不同的解決方法。

一九八四年，美國政治學家羅伯特．艾瑟羅德（Robert Axelrod）號召數學家、經濟學家、電腦科學家等學術菁英，請他們提交玩囚徒困境的策略，實驗結果出乎他意料之外。

將學者專家的策略設計成電腦程式後，兩兩配對舉行競賽，有的採取相互合作策略，也有的不惜玉石俱焚，而且不只玩一次，必須一玩再玩直到出現最後贏家。這些電腦程式不會向參賽對手透露蛛絲馬跡，摸不透彼此的意圖，唯一能做的，是觀察對手在前一局比賽用了什麼策略。大部分的策略都是偷偷摸摸暗中運作，萬一傷害了夥伴，也會設法逃過制裁。有經濟學家提出的策略太過複雜，設定各式各樣背叛或合作的遊戲規則。

那完全是違反直覺，但複雜的策略從沒贏過。反倒是最簡單、最不複雜的策略勝出，就是以牙還牙、以眼還眼。若對手在上一場競賽背叛，我也以牙還牙背叛；要是對手在上一回合選擇合作，我以眼還眼採取合作，就是這麼簡單。這項計畫誘發合作居多，然而要是有人背叛，也不會讓對手好過，不給他們機會利用以牙還牙策略友善的一面。

倘若囚徒困境你只玩一場，折磨你的同伴或許還說得過去，可以讓你僥倖逃過受罰一次。要是遊戲不只一場，事情發展迥然不同。對付這種一再重演的互動關係，上上之策就是以牙還牙，這終究導致合作。

產業界從以牙還牙策略學到的教訓是，如果你待的產業夠舒適，競爭對手屈指可數，多年下來日復一日把產品賣給同一批客戶，最理想的策略始終是與對手合作。

人質談判專家想必上過賽局理論課。美國聯邦調查局人質談判專家，不以盡快結束人質談判為目的，他們尋求的是與綁匪合作，那得花時間建立信任，而信任是靠不斷互動而來。也難怪前美國聯邦調查局首席談判專家加里．內斯納（Gary Noesner）出書談人質談判，書名要用《拖延時間》（*Stalling for Time*）。

一九八八年四月九日，內斯納三更半夜接到電話，美國聯邦調查局要他前往維吉尼亞州斯培里維爾（Sperryville）解救人質。查理．里夫（Charlie Leaf）俘虜了分手同居人及兩人所生的兒子，里夫對警方嗆聲，他打算殺掉手中兩名人質。要是沒有內斯納這位談判高手耐心與他周旋，里夫或許早就殺害自己的妻兒。結果美國聯邦調查局順利救出兩名人質，但神槍手一發子彈射穿里夫腦袋。[19]

人質談判的基本原則，是讓罪犯得到他想要的，但必須以讓步作為交換，無論多小都好。藉由不停重複地互動，你換來了對方合作。內斯納為里夫帶來食物和衣物，才讓里夫答應走出屋子。

大多數產業參與的是重複進行的「遊戲」，從中觀察競爭對手的一舉一動，與以牙還牙策略如出一轍，彼此互動的次數愈多，合作的動力就愈大。產業界深知競爭的話，會在未來嘗到價格戰的苦果，暗中合謀反而能提高利潤。

全球第一大啤酒製造商安海斯—布希（Anheuser-Busch），幾十年來拒不降價，還要同業對手配合。通常其他對手會依從，在價格上和安海斯—布希亦步亦趨，萬一對手不從，安海斯—布希就會使出以牙還牙的招數，暗示對手若他們膽敢降價，將引爆可怕的價格戰。一九八八年，美國啤酒商美樂（Miller）及酷爾斯（Coors）調降旗下主要產品的價格，安海斯—布希也將招牌啤酒產品降價作為反擊。正如安海斯—布希創辦人曾孫奧古斯特．布希三世（August Busch III）所言：「我們無意發動流血戰，但只要競爭對手有任何風吹草動，我們也不會坐以待斃。」美樂與酷爾斯兩家啤酒商很快就放棄降價策略。[20]

透過競爭贏得一切聽起來很棒，但不要搞到滿盤皆輸會更好。

關於寡占企業的默契性聯合壟斷行為，有學術研究顯示，在產業高度集中的市場，常見企業的行為協調一致，他們也不過是觀察競爭對手的動靜，然後做出回應罷了。這常掀起價格平行運動，你可能會將此結果與傳統的訂價協議聯想在一起，要喬的不只有價格，還有產能水準或其他交易條件。[21]現在美國各式各樣的產業都有寡占傾向，進行默契性聯合壟斷不費吹灰之力。

企業間甚至不必接洽就能勾結，已經是無人不知無人不曉。德國學者赫曼・西蒙（Hermann Simon）是世界公認的管理大師，數十年來他幫多家公司擬訂價策略。他所著的《精準訂價：在商戰中跳脫競爭的獲利策略》（*Confessions of the Pricing Man*），闡明企業該如何提高訂價，繞過反托拉斯法與競爭政策。西蒙承認，訂定價格最簡單的方法，就是直接找對手談，但要知道那不合法。他轉而建議追隨「價格領袖」，或向市場釋出訊號。

在訂價「遊戲」中，普遍採用的方法是價格領導制這個概念。美國汽車市場業者幾十年來都在實行價格領導制，由通用汽車（General Motors）帶頭漲價。[22]在大部分雙頭寡占及寡頭壟斷市場，都由龍頭企業充當價格領袖，其他同業多半緊跟著一起漲價，這些聯合漲價舉動幾乎從來沒被起訴過。

價格信號是另一企業常用的方法，執行長對市場放出期望漲價的風聲，看看同業對手會有什麼反應。企業只要有漲價的打算，會先對市場釋出「訊號」，接著豎起耳朵，聽聽有無競爭對手、投資人或主管機關的回音。西蒙做了進一步解釋：「釋出訊號本身不違法。只要企業傳訊的對象始終是市場相關人士，包括顧客和投資人，又沒有做得太過火的話，他們通常能安然無事。」[23]

這些操縱價格的旁門左道還是可能惹上麻煩，以防萬一，西蒙的建議是：「每次要應用這些手段時，請務必與你們的法務部門或顧問討論，以確保貴公司的政策合乎法令。」

默契性聯合壟斷確有其事。縱使在六年半以內，製紙業者十五度宣布漲價，多次玩限量供給的把戲，二〇一七年八月，法院仍舊做出有利集裝箱板寡頭的判決，涉案業者有喬治亞太平洋（Georgia-Pacific）、Westrock、國際紙業（International Paper Company）、Temple-Inland Inc.、惠好公司（Weyerhaeuser Company）。法院裁定，紙類業者漲自家產品價格，希望競爭同業跟進，並未觸犯反壟斷法。集裝箱板公司押寶追隨領袖的訂價策略，這種賭注有了回報。[24]採取合作很少會吃苦頭的。

保險業者比其他產業更早認知到，要榨消費者油水的關鍵，就是瓜分美國市場，然後固守自己的州地盤。這麼做是拜《麥卡倫—佛格森法》（McCarran-Ferguson Act）之賜，該項一九四五年通過的法案，將監管保險業的權力交付各州政府，跨州賣保險視為違法，你可以跨州販售鉛筆、衣服、軟性飲料，就是不能賣保險。上帝禁止人貨比三家，用低廉的價格買保險，這就是健康保險市場走向極端寡頭壟斷的原因。聯合健康保險公司（United Healthcare）、安泰人壽（Aetna）、信諾集團（Cigna）及藍十字藍盾協會（Blue Cross and Blue Shield Association）這幾家業者，包辦全美幾近九成市占率。[25]

和黑手黨家族一樣，保險公司在他們的州地盤，取得完全支配市場的地位。根據凱瑟家庭基金會（Kaiser Family Foundation）資料，健康保險龍頭業者在每州的市占率中位數為五四％。全美有十七個州，單一保險公司的人口覆蓋率超過六五％；人口覆蓋率在五五％以上的，至少有二十四個州。[26]

我們也在眾多農業活動中，看到業者心照不宣避免與「競爭者」正面衝突，好比肉類生產。全美五七％的家禽肉僅由四家公司提供，前四大業者包辦全美六五％的豬肉生產，七九％的牛肉銷售掌控在四家業者手裡。[27]現今美國逾九六％的雞隻，是按照與大企業簽訂的生產契約飼養，契約載明雞隻的飼養餵養方式、設施規模等，大企業向農民指定生產條件的模式日益盛行。截至二〇一二年普查結果，美國農業生產整體價值中，有三四．八％是由生產或行銷契約決定，高於一九六九年的一一％。[28]

裴頓農場（Perdue Farm）及泰森食品瓜分加工網絡，美國養雞戶這麼多，卻只能在一個地方賣他們的禽鳥。[29]跟美國黑手黨如出一轍，加工肉品巨頭自行劃分好地盤。根據美國農業部二〇一一年資料，二一．七％的家禽契約農場，位在只有單一整合商的地區。[30]有養殖戶曾寫信到司法部告狀，指控企業間正式或非正式約定，將該地區與另一家家禽公司建立夥伴關係的部分養殖戶列入黑名單。[31]也有連鎖超市提告，聲稱禽肉生產商陰謀操縱肉雞價格將近十年時間。[32]

企業巨頭刻意將禽肉加工廠，設在沒什麼經濟或就業機會的地區，當地農民在選擇不多的情況下，只好替該公司賣命養雞。此外，產生對價關係的有償契約，有效讓企業得以指示如何履約。簽約小農必須拿自己的土地房子抵押，借貸超過一百萬美元來幫泰森或裴頓農場蓋飼養場，負債成了他們難以承受之重，不得不持續生產來償債。農民把他們與大企業的契約關係，比喻成美國南方重建時期的佃農制度，或是中世紀的農奴制。這付出的人類成本可是很高，有好多年，簽約農民自殺身亡的比例高於一般人。[33]

企業彼此勾結串通、互不踩進對方地盤，其所帶來的衝擊就是毀了農民。令人詫異的是，自一九八〇年以來，有四〇%的美國養牛戶與九〇%的養豬戶歇業，大企業卻賺很大，獲利好幾百億美元。進入二〇〇〇年千禧年的頭十年，美國中小型養豬戶和養牛戶的總收入少了三二%，據估計七一%雞農的所得，甚至低於聯邦貧窮線。[34]

農場與加工廠工人的處境也好不到哪兒去。美國前四大家禽公司不給工人上廁所時間已成慣例，一些員工被迫穿成人尿布工作，還有人乾脆尿在自己身上，以免被監工處罰。[35]泰森食品設有營運據點的郡縣，六八%的人均所得近四十年來成長龜速，比所屬州的平均增速還慢。[36]

劃分地盤的問題遍及美國各行各業，從電纜、鐵路、廢棄物處理到雜貨業四處可見。舉電纜業為例，你看看這個產業的前四大業者好像拚得你死我活，他們卻聯手吃下七一・一%的市場然後分贓。事實上，電纜及高速網路公司都各自據地為王，絕不會侵門踏戶互踩對方地盤。

美國雜貨市場是另一個看似競爭白熱化的產業，主要是競爭者眾，不過大型連鎖企業一旦在自己的根據地穩紮穩打，建立高市占率後，一般會尋求稱霸整個州再向外擴張。你看看美國地圖，就會發現捉對廝殺的競爭情況很少見。[37]連鎖超市艾伯森（Albertson）主宰美國西北部，德國平價超市奧樂齊（Aldi）雄踞東北部，Publix和Winn-Dixie這兩大連鎖超市的大本營在佛羅里達州，喜互惠（Safeway）以西岸為主要勢力範圍。你再往下看鄉鎮和城市層級，壟斷情況更嚴重。零售龍頭沃爾瑪數十年來都採取簡單又狡猾的經營策略，就是專找小城鎮拓點，小到容不下兩家沃爾瑪，接著打低價牌，封殺其他同業的競爭空間。這可解釋何以沃爾瑪在全美四十個都會區，能拿下一半的零售市占率。

由於地盤老早就劃分好，標題數字經常會誤導。除非你逐一觀察各個產業，很難理解為什麼說美國經濟缺乏競爭，即便到那時候，恐怕情況比表面上看到的還糟。你得全美各州走透透，去看看消費者是如何缺乏選擇機會。

衡量企業的市場力量與產業集中度，經濟學家會看兩項關鍵指標。第一個是赫式指數（Herfindahl-Hirschman Index, HHI），以簡要精確的方式，將產業的集中化程度量化，讓你迅速得出衡量結果。赫式指數是算出每家企業市場占有率的平方和，得出一〇〇到一〇，〇〇〇的分數區間，市場的參與者愈少，分數就會急遽拉高。假設市場上只有四家公司，其市占率各為二五%，接著四個二十五的平方相加，得出二，五〇〇（$25^2+25^2+25^2+25^2=2,500$），這個水準被美國司法部當作產業集中度的判斷基準。過去二十年，幾乎所有產業的集中度升高，一般產業集中

表2.1　十大高度集中產業

部門	前四大企業市占率	年營收（2012）
倉儲俱樂部暨超級中心	93.6%	4,060億美元
藥品批發商	72.1%	3,190億美元
汽卡車製造	68.6%	2,310億美元
藥局	69.5%	2,300億美元
手機服務	89.4%	2,250億美元
航空公司	65.3%	1,570億美元
退休基金管理	76.3%	1,450億美元
市內電話服務	73.4%	1,420億美元
有線電視	71.1%	1,380億美元
飛機製造	80.1%	1,130億美元

資料來源：2012年經濟普查資料。[39]

度上升九〇%，今天愈來愈多產業的赫式指數升破二，五〇〇。[38]

經濟學家另一衡量產業集中度的指標，是觀察市場前四大業者的市占率，稱作CR4，亦即前四大企業集中度，以此作為市場寡占情況的衡量標準（見表2.1）。

表象是會唬人的，大多數產業的競爭程度遠比官方數字顯現的還低。你潛心研究這些指標分數，就會領悟到還有很多實情沒告訴你，就算是赫式指數和前四大企業集中度實際上毫無意義。

部分產業的結構呈沙漏狀，一端是數百萬生產者，另一端是數億消費者，透過少數大企業連結起來，農業尤其符合這種情況。美國有二百萬農民及三億消費者，看到這個數字，想必你會認為農業競爭之激烈不在話下，事實上農業卻是集中度最高的產業之一。阿徹丹尼爾斯米德蘭公司、邦吉（Bunge）、嘉吉和路易達孚（Louis Dreyfus），這農企業界的「四大天王」，掌控全球九成的穀物交易。他們正好處在沙漏中央，連結分處兩頭的農民與消費者，扮演類似收費道路的角色，你每接觸穀物一次他們就有進帳。

拿肉品加工來說，前四大業者位在沙漏中央，夾在逾六萬五千名豬農與數百萬消費者中間。[40]消費者上超市，看到貨架上琳琅滿目的培根品牌，像是Armour、Eckrich、Farmland、Gwaltney還有John Morrell，但這些全在世界最大豬肉加工商史密斯菲爾德（Smithfeld）旗下。[41]我們放眼全美各地，看到的多半是假象，真正的競爭少之又少。

本章關鍵思維

- 就像美國黑手黨五大家族瓜分地盤，很多產業也把美國分割得四分五裂。
- 常見企業的行為協調一致，他們也不過是觀察競爭對手的動靜，然後做出回應罷了。
- 政府放任產業過度集中化，根本就是替寡頭壟斷企業做擔保，保證他們的所作所為與獨占者無異，變相鼓勵業者公然或暗中勾結來壟斷市場。

第三章 壟斷的惡果

物價上漲、工資下滑、所得不均惡化……

佯裝為了公眾利益做生意的人，說他幹了很多好事，我聽都沒聽過。

——亞當・斯密，《國富論》

二〇〇七年，亞歷桑那州一名年輕女性蘿絲瑪莉・阿瓦雷茲（Rosemary Alvarez），平衡感出了問題，還有吞嚥困難、視力模糊、左臂麻痺等症狀，前往聖・約瑟夫醫院（St. Joseph's Hospital）巴洛神經醫學中心（Barrow Neurological Institute）求診。

這是她二度造訪急診室，奇怪的是，先前檢查回報的結果正常。醫生無法解釋她為什麼會有這些症狀，直到在她腦部深處發現異狀。核磁共振（MRI）影像顯示，在她腦幹附近疑似有腦腫瘤。神經外科醫生彼得・納卡吉（Peter Nakaji）很擔心：「像這樣長在腦幹下方的腫塊不好取出，但她的病情惡化地相當快，腫瘤必須去除。」[1]

阿瓦雷茲準備動手術，納卡吉醫生和他的同事進到開刀房，原本以為要切除的是腫瘤，豈料他們發現詭異的東西，阿瓦雷茲腦袋裡居然有寄生蟲。[2]發現有蟲當然不是什麼愉快的事，但醫生還是鬆一口氣，至少不是威脅性命的腫瘤。

近幾年來，寄生蟲在美國屢見不鮮。生物學教授同時是寄生蟲專家雷蒙・庫恩（Raymond Kuhn）指出：「加州有二〇％以上的神經學部門都看過寄生蟲。」[3]不過豬肉條蟲不是什麼新發現，這玩意兒已折磨人類好幾千年。這類寄生蟲寄宿在沒煮熟的豬肉組織，或許能解釋猶太人和穆斯林的飲食規定為何禁吃豬肉。條蟲通常體型小，寄生在人類小腸，但牠們身長紀錄最高可達約十一公尺。[4]說到主要症狀，患者會抱怨腸胃怪怪的不舒服，而且普遍缺乏活力。

寄生蟲幾乎不會要了宿主的命，多數人發現後大吃一驚。理由是牠們必須靠活著的宿主提供養分，才能茁壯成長進而繁殖。寄生蟲靠宿主有機體維生，吸走營養與精力來維持自己的生存。

與阿瓦雷茲的情況雷同，美國經濟也正罹患原因不明的病症，經濟學家和政府決策者找不出問題癥結。美國聯準會下猛藥，對經濟注入數兆美元流動性，一般銀行存在央行的超額準備金，仍超過二兆美元。自全球金融危機爆發至今，政府公債發行規模增加逾十兆美元，但國內生產毛額充其量也只是貧血式成長。大企業囤積近二兆美元現金，主要存放在海外，企業投資規模相較歷史標準卻黯然失色。比起幫員工加薪或做投資，企業更熱中回購自家股票。經濟學家想破頭也找不出患者的病因。

關鍵在於找出我們經濟的病源。既然美國經濟的健康風險不至擴大，為何創業率下降？為何薪資拉不起來？為何生產力低落上不去？為何社會不平等惡化？

許多政客和經濟學家認為，問題出在所得不均這顆腫瘤，但與阿瓦雷茲的情況很類似，發現答案是美國經濟被巨大的寄生蟲附身，吸走養分還剝奪這個國家的精力。壟斷企業及寡占企業不致扼殺美國經濟，但會讓它癱瘓。

美股創歷史新高，公司斂聚大量現金，認為部分企業使我們經濟元氣大傷的說法似乎很奇怪。企業相互吞併真的有那麼可怕嗎？一個不愛獲利的人又如何能致富？的確，股市上漲就跟母性和蘋果派一樣，成了美國的代名詞。經濟集中化對經濟究竟有多不利？

經濟蒙受的損害，遠比你想像的還嚴重。壓倒性的證據是，經濟高度集中化成了有毒的雞尾酒，成分包括價格上漲、經濟動能流失、新創公司變少、生產力降低、薪資下滑、經濟不平等擴大、小社區受害。競爭與其說是衰減，倒不如說是砰一聲跌落萬丈深淵。

樂見當前這種情況的，大概只有那些在壟斷企業有持股的人。平等主義者應該會被不平等加劇嚇壞了；自由市場的保守分子，對於競爭盛況不再、經濟停滯、生產力低落、投資縮手，想必是膽戰心驚。經濟與政治力量集中在少數人手中，應使大家感到憂心忡忡才對。

在接下來幾頁，我們將檢視產業集中的後果，包括價格提高、新創動能冷卻、生產力減弱、工資下滑、所得不均惡化、投資縮手、美國城鎮和小城市凋零。

工資下滑及所得不均惡化

談到產業集中化，焦點幾乎都放在獲利、生產力及投資，但最受衝擊的還是工資。如今大企業支配產業，從制度面來看，勞工處於弱勢。

目前有數十份研究記錄著，產業集中化是如何迫使所得不均，然而少了確鑿的證據。研究人員只能憑直覺，無法證明買方壟斷影響消費者薪資，尤其是在地方層級。

所謂的**賣方壟斷**是，某家企業獨占市場是唯一的賣家，可任意抬高價格。**買方壟斷**的情況則是，某家企業是市場上唯一的買家，要付多少價錢或工資，隨它高興。舉例來說，網路書店亞馬遜已成圖書業的買方壟斷者，是眾家出版商爭相拉攏的大買家，亞馬遜因而握有書籍的訂價權。而在部分行業，單一公司可決定薪資行情。

提到銷售貨物，市場已轉向壟斷和寡占，但看看企業的買方力量，情況也好不到哪兒去。勞工在他們那一行僅少數雇主可以選擇時，他們就喪失了討價還價的能力。企業巨頭壓榨他們的供應商，但企業主要買的是勞力，他們也壓榨勞工。如果亞當·斯密所說的看不見的手，會要求眾買家及賣家找出適當價格，一旦我們朝向寡頭壟斷發展，看不見的手也就消失於無形。

很多市場是買方壟斷，賣方壟斷很罕見，其實買方壟斷亦是如此。不過美國幾乎所有產業都看得到寡頭壟斷的影子，這種寡占型態非常普遍。消費者選購商品，只能從極少數的企業品牌當中做選擇，求職者找工作也面臨類似情況。勞工同樣發現，他們那一行可以應聘的公司居然寥寥無幾。如若寡頭企業有樣學樣，他們的運作方式與壟斷企業並無二致。

巴菲特推崇訂價能力，握有訂價權的企業可向消費者索取更高的價格，那麼他們也有權力壓低勞工的薪資嗎？現在答案不言自明。

近來，經濟學家開始研究勞動市場的買方壟斷問題，發現情況說有多糟就有多糟。種種跡象令人沮喪。經濟學者馬歇爾．史坦鮑姆（Marshall Steinbaum）、伊萬娜．馬里內斯庫（Ioana Marinescu）及約瑟．艾沙（José Azar），對全美就業市場做深入觀察，看看雇主集中的程度。他們發現求職熱絡的通勤區，大多有聘僱高度集中的現象，開出職缺的雇主就那麼幾家，導致薪資被往下拉低。[5]出現薪資縮減的結果讓人極度不安，顯示就業市場從競爭激烈演變成高度集中化，伴隨而來的是薪資減一五％到二五％。

這份研究說明了一般勞工深覺被壓榨的原因。各項產業逐一來看，勞工能選擇的雇主有限，談判薪資待遇時，他們跟獨占者和寡占者站在對立面。該研究同時幫忙闡釋美國城鄉差距何以愈來愈大，買賣貨品的市場是全國性的，找工作卻侷限於地方。理想的完全競爭市場事實上已成了虛構神話，這份研究也提出解釋。史坦鮑姆的研究證明，他們的洞察正確無誤。他與合撰報告的同僚提到：「鄉村勞動市場的集中化程度最高，對薪資的衝擊因而最大。」[6]

既然鄉鎮的就業情勢對勞工如此不利，他們何不收拾行囊，到其他機會更多的城鎮發展？畢竟很多人有割捨不下的親人和高中死黨，到了新城鎮人地生疏，不知可以向誰求助幫忙找工作，或許他們無法為了到異地謀職，讓自己的丈夫或妻兒也跟著離鄉背井。種種因素都指向一件事，勞動市場不像大學經濟學教科書描繪地那般完美，薪資並未如魔法般隨物價調高。

企業有的是手段壓低薪資，勞工因此受到壓迫。經濟學家傑森・佛爾曼（Jason Furman）與艾倫・克魯格（Alan Krueger）指出，為數不少的企業能夠藉由買方壟斷行為來壓低工資，例如互為對手的企業私下勾結，達成互不競爭協議，嚴禁員工參與集體訴訟。二〇一五年，反壟斷專家喬納森・貝克（Jonathan Baker）和史蒂芬・薩洛普（Steven Salop），認定市場力量促成美國貧富差距拉大的可能性很高。反壟斷倡議者莉娜・卡恩（Lina Khan）及桑迪普・瓦希森（Sandeep Vaheesan）提到，壟斷訂價形同累退稅，將多數人的可支配所得，變成少數人享有的資本利得、股利和主管薪酬。「美國一大票主要產業都有此跡象，足見市場力量泛濫是一大嚴重問題。」[7]

若干壟斷企業對少數幾個幸運傢伙特別大方，薪酬給得優渥。薪資待遇往往會與企業規模成正比。紐約大學教授霍格爾・穆勒（Holger M. Mueller）和同事發現，高階、低階技術工作的薪資落差，會隨公司規模拉大。穆勒等學者也證明，在大多數已開發國家中，公司規模改變與薪資差距拉大有很強的關聯性。他們指出，諸多薪資不平等明顯加劇的跡象，不排除是美國企業巨頭大舉招兵買馬帶動的。[8]

在Google這類壟斷型企業向來是階級分明，Google的員工是在以顏色標記位階的制度下工作。一般員工佩戴白色徽章；實習生佩戴綠色徽章；承包商佩戴紅色徽章，代表他們的地位較次等。〔二〇〇七年到二〇〇八年，Google承包商佩戴的是黃色徽章。Google棄用黃色徽章，是否怕被批在影射承包商是次等人種不得而知，畢竟那帶有歷史意涵，德國納粹迫害猶太人期間，強迫猶太人在衣服別上黃色徽章，現在承包商改戴紅色徽章。[9]〕

公司愈大、薪酬愈高的趨勢，挑起頂尖主流企業少數分子與廣大美國民眾間的不和，大企業肥貓高管坐擁令人咋舌的高薪，大多數美國人的工資卻停滯不前。經濟學家大衛・奧托（David Autor）與同僚發表報告做出的結論是，獲利高、人力相對精簡的「超級巨星」企業崛起，促使勞工收入在國民所得的占比萎縮，巨型企業在整體獲利囊括的比例卻相對擴大。

價格上漲

監管機關放任併購活動恣意橫行的主要原因在於，兩家企業合體後，依投資銀行的行話就是所謂的「新公司」，理應效率更高，仗著其規模經濟的優勢，提供顧客物美價廉的產品服務。據稱兩家或三家企業完全主宰整個產業後，更能造福消費者。員工薪資被削減，企業達成「綜效」

的終極目標，讓兩家公司會計、法務、人資部門的運作，減少疊床架屋情況，而省下的成本神奇似地進入收購者口袋。

將節省下來的成本分享給消費者，這個故事很美妙，但不具事實基礎。數十份經濟研究顯示，企業合併後營運效率未見提升。一個簡單的事實是，企業能創造更多獲利，是因為市場力量增強，僥倖未因漲價而受到懲罰。魯道夫．格魯隆（Rodolfo Grullon）教授對產業集中化進行研究後發現，資產有效運用與產業集中並無明顯關聯，企業賺錢的主因還是在於他們握有市場力量。[10]

聯準會經濟學家賈斯汀．皮爾斯（Justin Pierce）及奧勒岡大學經濟學者布魯斯．布隆尼根（Bruce Blonigen）連袂發表的論文指出，企業整併會導致產品價格提高，生產力與營運效率卻無擴大跡象。企業合併後，是否因降低行政成本及強化資本生產力，經營效率獲得提升，兩位經濟學家也做了仔細觀察，但還是找不出什麼有力證據。[11]這也進一步證實傑恩．德．洛克（Jan de Loecker）和傑恩．艾克霍特（Jan Eeckhout）兩位經濟學家的研究，他們繪製的圖表顯示，企業的加價幅度大躍進，一九八〇年僅有一八％，到了今天拉大到六七％。[12]講白一點，企業利潤增加不是因為經營績效有多好，而是他們漲價。

企業整併後，宣稱撙節的成本讓人眼花撩亂、目瞪口呆，他們還說能分享給客戶。這些預測的用意是要討監管官員歡心，讓他們誤以為企業一加一大於二，合併後的經營效率可增進消費者福祉。給你看看以下的數據，就知道他們的盤算有多可笑。照跨國會計師事務所德勤（Deloitte）估算，在二〇一五年併購熱潮的高峰期，企業聲稱因此省下的成本總額達一．九兆美元。[13]那與加拿大國內生產毛額的規模相當，或等於全球人均國內生產毛額二百零五美元。企業的主張與其說是幾近荒謬，倒不如說直接闖入幻想世界，那裡有獨角獸、小精靈和枴杖糖森林。

企業常針對合併後的綜效及成本削減大肆吹捧，但他們真的經由降價，將這些假定省下的成本分享給客戶？再次證明答案是否定的。

這麼壓倒性的證據，讓人不得不問一句，為何反托拉斯機構放任企業界大肆併購。公司一貫的做法是發動遊說攻勢，懇請監管機關與國會議員批准併購案，聲稱會負責任地行使他們的市場力量。企業利用聘請來的經濟學家建立模型，「證明」整併活動會促成降價。這讓我們想到新年下定決心減重，當時這個主意聽起來很棒，可是甜甜圈和披薩一出現，減肥的念頭很快就退散。

如果你折磨某一經濟模型夠久，它會顯示你要的是什麼。財務模型極為依賴需求、成本、企業未來行為模式等的假設，但非常靠不住。多項研究顯示，這些假設結果證明有誤，合併模擬並未準確預測出企業整併後的實際價格。[14]用外行人的話來說，財務模型陷入假設不正確的麻煩，這叫作「垃圾進，垃圾出」。如果我們夠仁慈，頂多酸那些經濟學家表現落漆，居然這麼不在行。要是我們卑劣一點，恐怕會把贊同合併的經濟學家，與賣淫的娼妓相提並論，但那對賣淫者很不公平。

無論從哪段時期看，都有充分的證據證明：產業愈集中、競爭愈少，就會發生漲價行為。

二〇〇七年，經濟學家馬修．溫伯格（Matthew Weinberg）回溯過去二十二年同業競爭者的合併活動，進行廣泛的研究。他記錄每位受訪消費者的直覺反應，發現絕大多數的合併案「引發合併企業與對手公司相偕漲價」。他同時發現，多家業者甚至在合併案尚未大功告成就調高價格。[15]那或許算是提前通膨的案例，這些業者嗨過頭，等不及合併案完成。

七年後溫伯格教授和他的同僚延續這項研究，結果還是一樣。溫伯格詳閱了近三十年來涵蓋二十一種產業的四十九份研究，這些產業包括航空、銀行、醫院等。他審視過這四十九份研究後，從其中三十六份發現企業合併引發漲價的明證。他下了很驚人的結論：「企業合併導致經濟面出現明顯漲價，這可是壓倒性的經驗性證據。」[16]

企業整併推升物價，傷了消費者荷包，即便是集中度不高的產業也不乏併購例子，此決定性發現來自競爭政策專家庫沃卡，他著有《合併、合併控制及補救方法》（*Mergers, Merger Control, and Remedies*）一書。庫沃卡鎖定過去二十年來，美國司法部與聯邦貿易委員會（Federal Trade Commission）的併購、反壟斷執法案例，做了最詳盡且全面性的研究，[17]他還發現到，有近五十份研究包含超過三千個企業併購案例。透過建立個人資料庫，庫沃卡能從中見證經濟學家和律師所預言的，與實際發生情況有無落差。

庫沃卡毫不留情做了這樣的總結：競爭者減少會導致價格上漲。他發現有產業經過整併後，剩下六家或少於六家主要競爭者的例子，這類案例中將近九五％都有漲價舉動，[18]合併後的平均漲幅為四．三％。縱使這些令人震撼的證據擺在眼前，企業瘋整併且事後漲價確實發生，反壟斷主管機關卻無所作為。在企業合併導致價格上揚的案例中，有六〇％不見反壟斷機關有所行動。據此得出一明確的結論：主管機關有怠忽職守之嫌，未用心貫徹落實反托拉斯法。

證據確鑿實在無可反駁。這些研究和產業逐一來看後，確認企業合併促成價格上揚，以下有幾個重要例子，說明合併行為對價格的影響：

- **醫院**。地方寡頭壟斷業者對消費者漲價。一項研究顯示，比起有四家以上醫院相互競爭，一家獨大的市場價格高出一五％，即平均每位住院病患的醫藥費多出二千美元。[19]其他研究舉出的價格差距更大，高達二〇％。[20]二〇〇四到二〇一三年，加州地區的平均住院費用增加七〇％，但在集中度最高的連鎖醫院漲幅更大，平均住院費用暴增一一三％。[21]有項驚人的證據是：產業集中百害而無一利，俗稱「歐記健保」的《平價醫療法案》（Affordable Care Act），卻鼓勵醫院盡量合併。希望戰勝了經驗。
- **電纜**。四千六百萬戶美國家庭全都依賴一家高速寬頻供應商，該家業者運用市場力量超收費用。根據英國《經濟學人》報導，條件相似的手機合約，一年下來美國消費者竟比德國消費者多付六百五十億美元。[22]

- **航空公司**。一九八〇年代，美國國會會計總署（General Accounting Office, GAO）發現，作為轉運中心的樞紐機場朝集中化發展後，票價比未集中時期高出二七％，時至今日依舊如此。[23]整體而言，全美十大票價最貴機場，其中六座是「要塞」樞紐機場，即單一航空公司享有主宰地位；另外四座位處小城市，沒遭受太大的票價競爭威脅。知道這麼多年來美國票價最高的機場在休士頓，你也不會大驚小怪，聯合航空在休士頓機場的市占率將近六〇％。[24]
- **水泥**。羅伯特．庫利克（Robert Kulick）的研究發現，企業合併後，常見的漲價模式是伴隨減產，由於合併產生額外市場力量，有此現象的確不令人意外。一九八〇年代中期，反托拉斯執法標準鬆綁之後，他發現因企業進行水平合併，價格顯著上揚。[25]
- **啤酒**。二〇〇八年，比利時釀酒商英博集團（InBev）收購美國最大啤酒釀造商安海斯—布希，強強合併為全球第一大啤酒商百威英博（AB InBev）之後，隨即調漲產品價格，二〇一一年又再漲一波。另一啤酒大廠美樂酷爾斯（MillerCoors）馬上隨之起舞跟著漲價，這是典型的默契性聯合壟斷。[26]在寡頭壟斷市場，這類同業間心照不宣聯手壟斷常稱作「價格領導」，即龍頭企業開第一槍漲價，其他同業也跟進。二〇一三年，美國政府試圖阻擋百威英博收購墨西哥啤酒商莫德羅集團（Modelo），指控百威英博會在完成收購後調漲啤酒價格，[27]但同年還是准了這項合併案，之後也對百威英博併購全球第二大啤酒商南非美樂（SAB Miller）亮綠燈。在此之後《紐約時報》報導：「併購後隨即可見的結果是，啤酒價格漲了六%，維持數十年之久的啤酒降價畫下休止符。」[28]就算啤酒銷量下滑，百威英博照漲不誤，還委婉聲稱漲價是啤酒「優質化」策略。[29]

談到會漲價的產業不勝枚舉。

企業掀整併風，產業趨向集中化，無非是看到效率提升及價格壓低的希望，然而兩者全未實現。換來的是價格上揚、公司倒閉、供應商被壓榨、產業更集中。

若說企業整併只有價格變貴這個負面效應，我們的書也沒有出版的必要。如果一頁又一頁的篇幅都專門用來針對哄抬價格者，未免太過分。產業集中化之所以這麼要命，是因為大部分產業若只有幾家大咖業者在玩，會扼殺經濟活力，美國人也因此元氣大傷。一旦產業集中度升高，美國一般大眾不單單是經濟變拮据而已，恐怕連翻身的機會都沒有。

很多經濟學家讀了本書前面章節後可能會納悶，倘若企業透過併購自我壯大，導致物價上揚，何以多年來美國整體通膨率始終難觸及二%的理想目標？如果企業大玩整併會拉抬物價，通膨率不是應該更高嗎？

合併後的企業未必全都有調漲價格動作，不少只是會壓榨員工、供應商及企業夥伴，[30]藉由擊垮同業對手，將財富移轉到自己口袋。看看農業巨頭就是最明顯的例子，它們獲利吃大補丸的同時，其他農場收入下滑，破產家數直線上升。還有一種情況是以子之矛攻子之盾，企業會拿整併作為直接反擊對手合併策略的手段。這是相互保證毀滅的遊戲，但規模較小的公司，少有能在此玉石俱焚的戰略中倖存。

零售巨擘沃爾瑪以雜貨店之姿崛起，分別在一九九〇年代末期及二〇〇〇年代初期，引爆兩波零售業整併潮。第一波是由沃爾瑪的競爭對手發難，例如連鎖超市克羅格（Kroger）併同業Fred Meyer。第二波整併潮則有肉品加工商、乳品公司、食品加工業者加入，避免被沃爾瑪及連鎖超市擊潰。供應商受到嚴重壓榨，一九九四年沃爾瑪的前十大供應商，四家聲請破產保護。[31]以泰森食品為例，這家美國肉品加工龍頭，買下全美最大牛肉加工商IBP，目的在增強對抗沃爾瑪與大型超市的實力。類似的併購動能，幾乎出現在食品製造業各個環節，形成大者恆大的局面。產品價格不見得上漲，但利潤幾乎全被沃爾瑪與中盤商把持，反觀農民的進帳持續下降。[32]

新創公司與就業機會減少

美國不乏從事破壞式創新的新創公司，理應是經濟動能滿溢之地，但事實不是這麼回事。從惠普（Hewlett Packard）到Google，這些矽谷傳奇企業皆誕生於創辦人自家車庫，如此啟發人心的創業故事家喻戶曉。儘管如此，主流媒體還是熱中報導我們早耳熟能詳的成功故事，像是雲端儲存服務商Dropbox、民宿短租平台Airbnb、手機交友軟體Tinder、智慧家庭產品品牌Nest、穿戴裝置品牌Fitbit等，不過整體數據又反映截然不同的故事。近來的研究顯示，自一九七〇年代末以來，美國的創業率就已見劇烈放緩，影響範圍幾乎涵蓋美國經濟所有部門，連高科技業都不例外，對我們所有人的生活都造成強大衝擊。經濟沒了活力怎不令人深感苦惱。

在體質強健、維持成長的經濟體，每天都有新公司設立，相對也有老企業沒落凋零。有諸如奇波雷墨西哥燒烤（Chipotle）之類的新餐廳開張，也有老牌墨西哥餐廳Chevys Fresh Mex等宣告破產。影音串流平台網飛（Netflix）等新創公司提供新式媒體服務，昔日影音出租龍頭百視達（Blockbuster）終究不敵落得破產下場。這就是創新之父熊彼得所提的創造性破壞過程，指的是經濟如何因消費者想要改變、需要改變而進步。就像每天都有新生命誕生，也有祖父母告別人世，是經濟生命自然的過程，也是重要的一環。經濟隨時間推移擴張，企業族群理應也會日益龐大，創造更多新的就業機會。

遺憾的是過去三十年來，創造性破壞過程愈來愈拖泥帶水，近幾年來更是每況愈下。如果說美國是一部電影，片名應該叫《人類之子》（*Children of Men*），這齣未來式的科幻電影，講述人類失去生育能力，再無新生命誕生，只剩老人苟延殘喘。

創業活動衰微，不能怪到最近一回的金融危機或是景氣循環，那是結構性問題。華府智庫布魯金斯研究院（Brookings Institute）經濟學家羅伯特・利坦（Robert E. Litan）發現：「美國的

圖3.1　美國經濟創業活力隨時間遞減

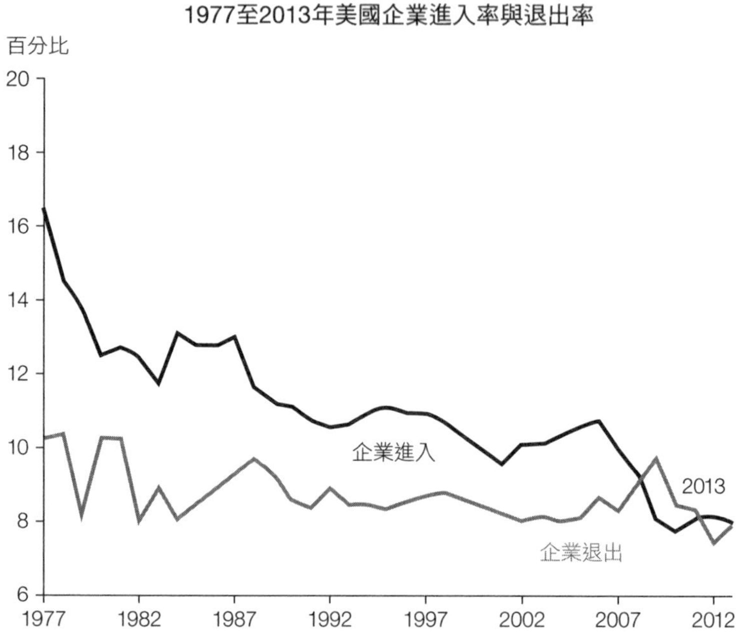

資料來源："Beyond Antitrust: The Role of Competition Policy in Promoting Inclusive Growth," Jason Furman, Chairman, Council of Economic Advisers.

商業動能與創業活力長期式微，令人擔憂。」[33]最讓人憂心的是，經濟體質衰微的不限於一個部門，已擴散到各行各業，就地理上而言也是，如瘟疫般幾乎蔓延到全美五十州。自一九七〇年代末到今天，新創公司的數量逐步下降（見圖3.1）。實際上我們看到的是，倒閉退場的企業比新進公司還多，這對美國經濟的健康有可怕影響。

新創企業衰落在意料之中。自一九八〇年代初隆納・雷根（Ronald Reagan）

總統主政時期，反托拉斯執法改弦易轍後，小公司被嫌棄，大企業才好。雷根時期的首位白宮經濟顧問委員會（Council of Economic Advisors）主席墨瑞・魏登博（Murray Weidenbaum）主張，應將經濟成長列為決策者的首要目標，而非競爭。他斷言：「是經濟成長創造就業機會，不是那些小公司。」然而，小企業在其他公司滿足擴張野心的過程中被犧牲。[34]

聯準會經濟學家萊恩・戴克（Ryan Decker）發現，新創活力減退甚至傳染到高科技產業。美國人這些年看線上支付龍頭PayPal、網路叫車服務龍頭優步（Uber）這麼風光，斷定科技業欣欣向榮。但戴克指出，進入二〇〇〇年以後，連科技業這種創新程度高的產業，都出現新創退燒的情況。過去十五年來，不僅僅是科技新創公司減少，現有新創企業的擴張速度，相較以往明顯減慢。鑑於科技發展對經濟成長與生產力的重要性，戴克的研究結果令人極度不安。

許多經濟學家對新創公司數量衰退大惑不解，其實成因再清楚不過：產業趨於集中化掐住經濟咽喉，致使新創公司變少。

美國企業不是變成龐然大物就是老化。魯道夫・格魯隆教授證明了小企業消失無蹤，與產業集中度升高有直接關聯。按實質價值計算，過去二十年來，美國一般企業的規模擴大三倍。受雇於員工數一萬以上公司的比例持續擴大，此占比係一九九〇年代開始揚升，最近超越前次的歷史峰點。魯道夫・格魯隆的結論是，你看看所有跡證，都指向：「美國勞動市場出現結構性改變，大部分就業機會是由老牌大企業所創，不是由創業活動產生。」[35]小公司的聘僱數據佐證魯道夫．格魯隆的結論，自一九七八到二〇一一年，新創企業提供的職缺數，占企業聘僱總人數中的比例，從三．四%掉到二%（見圖3.2）。[36]

生產力下滑

令經濟學家百思不得其解的一個問題是，為何過去十年來，美國生產力如此低迷。不少經濟學家將此歸咎於創新活動走下坡，有人怪罪於人力轉往低端的服務業工作，另有人對我們能否適當衡量生產力打上問號。

若是生產力低，會對美國經濟成長及生活水準提升造成極大衝擊。此晦澀難懂的問題還引起廣大的關切，《華爾街日報》（*Wall Street Journal*）花了不少篇幅，在頭版刊登一連串報導探討此問題。

大企業主張大即是美，主要拜規模經濟之賜，大猩猩總比黑猩猩好。一些產業的技術指定要製造業工廠的規模，所以不可能太小。飛機製造業所需規模之大，只有波音（Boeing）與空中巴士（Airbus）能在全球競爭。兩大飛機製造巨頭相繼僱用數十家公司，幫它們製作零組件。例如波音七八七夢幻客機造價超過二億美元，由四十五家不同公司供應零件。[37]其他產業則是研發手筆之大，沒有一家新創公司可以比擬。舉例來說，以微晶片精密複雜的程度，鮮少企業能有英特

圖3.2　新創企業在經濟中的角色式微

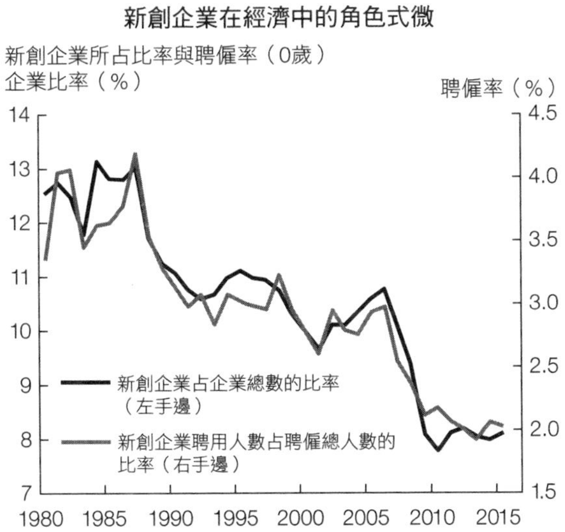

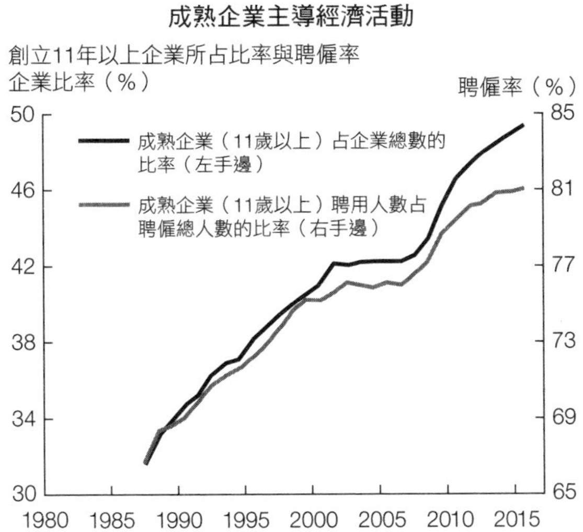

經野村控股（Nomura）許可使用。

爾（Intel）這般撒大錢研發的財力。英特爾開發模擬人類大腦的自主學習晶片，已進展到包含相當於逾一千億個突觸。[38]最後要談的是，對部分企業而言，網路效應產生贏者全拿的效果，受惠的通常是大公司。以社群網路來說，哪家社群媒體不希望自家用戶數衝第一，這就是臉書稱霸的原因，用戶數突破二十億。然產業有別，不能一概而論。

提到生產力，小公司通常表現不俗。有時候講求規模未必有幫助，對部分產業而言，投入大量人力不是解決問題之道。就算一次號召九位女性，不可能在一個月內生出孩子；即便八位音樂家齊聚一堂，也不可能只花一半時間就演奏完莫札特（Mozart）的四重奏。

儘管好萊塢偏愛《金剛》（*King Kong*）、《酷斯拉》（*Godzilla*）之類的電影題材，但這類憑空想像出來的生物，無法存在於現實生活是有充分理由的。英國遺傳演化學家約翰・伯頓・桑德森・霍爾丹（J.B.S. Haldane），在他的經典文章〈論大小適當〉（On Being the Right Size）提到：「你把一隻老鼠丟下深達九百一十四・四公尺的礦井，牠一到礦底後，受到一點驚嚇，然後平安脫險。掉下去的要是大型鼠類，必死無疑；是人的話會粉身碎骨；是馬的話，鐵定摔成四處飛濺的肉泥。」關鍵在於比例問題。[39]

物體的大小決定其結構。生物學原理也被稱作平方—立方定律。當物體外型變大，體積膨脹的速度比面積還快。動物的體型經由演化變大，身體構造必須強化到超出比例。這正好說明，何以蓋一棟高度不敗的摩天大樓這麼難，還有為何金剛只要一走動大腿骨就碎裂，也不難解釋。像河馬這類體型龐大的動物，比起狗需要更粗壯的腿支撐。

一旦你縮小比例，平方—立方定律會產生不可思議的事。小孩子看到螞蟻搬運比牠們體型大上好幾倍的麵包屑，驚訝到說不出話來。原因在於肌肉的力量取決於截面積，與身高的平方成比例。如果你縮小到只有原本身高的十分之一，肌力就變成原來的百分之一，但體重僅有現在的千分之一。這就是為什麼幾乎所有生物縮小後，能跳躍到原有的高度。不管你信不信，跳蚤可以跳到與前NBA球星科比．布萊恩（Kobe Bryant）身高齊平的高度。[40]

經濟學中沒有正式的平方—立方定律，然此一般概念仍適用於解釋若干經濟現象。企業也與有機體一樣有規模縮放問題，正在迅速茁壯的小公司生產力最強，企業巨頭反而沒有新創公司靈活。也難怪美國百年科技老店IBM前董事長路易斯．葛斯納（Louis V. Gerstner Jr.），出書自揭藍色巨人（IBM綽號）起死回生關鍵，書名要取作《誰說大象不會跳舞？》（*Who Says Elephants Can't Dance?*）。該書成了人人爭閱的暢銷書，無非因為生意人都知道，大企業是身軀笨重的巨人。

專攻成長理論的經濟學家發現，新公司就像小螞蟻，背負遠遠超出它們體型的重擔，他們負責創新，開拓新市場，促成經濟成長。馬里蘭大學經濟學者約翰．哈蒂萬格（John Haltiwanger）的研究，對我們了解就業增長與經濟表現的成因至關重要。哈蒂萬格所著的《工作創造與汰減》（*Job Creation and Destruction*）堪稱劃時代著作，內容顯示：「年輕又高成長的新創企業，實驗並引入全新的產品及服務，腦力激盪出突破傳統的商業模式。而絕大多數新增的工作機會，竟是來自這類初出茅廬的新公司，它們對就業市場做出不成比例的巨大貢獻。」縱然很多新創公司以失敗收場，它們的投入攪動市場一池春水，仍替經濟注入活力。[41]

自進入第三任總統湯瑪斯・傑弗遜（Thomas Jefferson）時代以來，美國人便將自耕農和小店家理想化。雖說住家附近的餐廳、商店，是美國經濟不可或缺的角色，小店家與哈蒂萬格描述的年輕、高成長新創企業，還是該有所區隔，這點不容輕忽。

諸如餐廳、理髮店、乾洗店等小型商家，創造最多就業機會，但毀掉的工作也最多。做小本生意的商家創業率最高，倒店率也是第一，美國經濟多虧它們生氣勃勃，卻不能驅動生產力。不過小商家有一天也會搖身為大企業，成了下一個星巴克（Starbucks）、好市多（Costco）、西南航空（Southwest Airlines）或賽基（Celgene），這些企業巨擘全都從小公司起家。

為什麼小公司才好，自然界也給我們上了一課。靈長類專家羅賓・鄧巴（Robin Dunbar），研究靈長類腦容量與其社群規模的關聯性。這位英國人類學家偶然發現一極其有趣的方法，應用在他的研究。[42]他將觀察猴子群體所獲的洞見，應用到人類身上，創造出鄧巴數字，該理論持的論點是，每個人頂多與一百五十人維持穩定關係。[43]當然，臉書用戶平均有三百三十八名「好友」；[44]職業社交平台領英用戶的好友數，平均超過五百。[45]只不過這些所謂的好友你見都沒見過，遑論經常互動。一般來說人數超過一百五十的團體，須強化官僚體系和控制來維繫凝聚力，想想軍隊或任何一家大企業就是最好例子。鄧巴的研究聚焦公司行號，但他也在其他社群發現到類似結果，好比美國原住民部落、軍事單位及艾美許（Amish）社區。[46]

有一不利生產力的噩耗是，員工數逾一萬人的老牌企業，現今仍支配著就業市場，我們見證到超越鄧巴數字，也就是打破一五〇定律是如何扯後腿。愈是大公司，愈需要強化官僚體系和控制來維繫凝聚力，因此它們會聘更多的人，來管理日漸龐大的組織人力。

理論物理學家傑弗里．魏斯特（Geoffrey West），在其權威著作《規模的規律和祕密》（*Scale*）指出，企業宛如有機體，這個概念對獲利能力和規模擴張有深切的影響。與在動物世界一般，很多新創企業初創沒多久就夭折，但存活下來的會迅速茁壯，而且呈倍數成長，進而提升獲利能力並形成規模經濟。不過當企業年歲漸長，成長速度放緩，創新程度也不如以往。大企業的研發支出最高（在規模擴張得更大後），但隨著規模擴大，分配到研發的經費相對減少。一旦企業擴張，替創新計畫籌資的腳步，追不上官僚成本與行政費用的支出。和人類一樣，企業有限的精力只能用於修復內部細胞，無暇顧及成長。

魏斯特仔細檢視大企業的數據，他發現企業站穩腳步後，會放慢擴張速度，只求穩定成長，但實情恐讓人略感棘手。維持成長聽起來好極了，不過拿各家企業的擴張速度與整體市場一比就真相大白（見圖3.3）。你做了通膨調整，「將整體市場成長率的因素排除在外，**已進入成熟期的大企業全都成長停滯**。」[47]

圖3.3　有機體與企業生長期

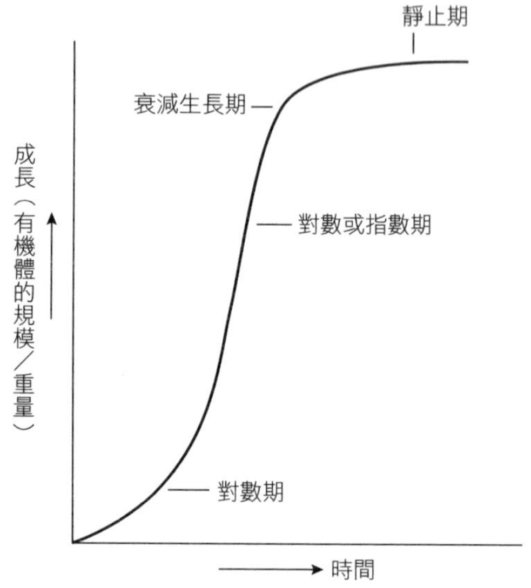

有別於人類的是，大企業不會坐以待斃，它們動用壟斷機器，收購規模尚小但成長飛快的同業對手。

泰坦．亞隆（Titan Alon）、大衛．伯格（David Berger）和羅伯特．丹特（Robert Dent）共同發表一份極具影響力的論文，三位學者發現，形塑勞動生產力擴張動能，企業年齡扮演關鍵角色。新企業只要能挺過初創階段，在營運頭五年，生產力增幅累計達二〇%左右。當壟斷企業剷除新創公司，等於在扼殺經濟生產力。其實你觀察高科技業不難發現，高成長企業數量下滑的同時，高科技業的總生產力增幅正巧也同步縮減（見圖3.4）。[48]

大企業與小公司正面對決，生產力之戰拉起戰線開戰。事實真相更耐人尋

圖3.4 新創企業愈少，生產力增幅愈小

(A)

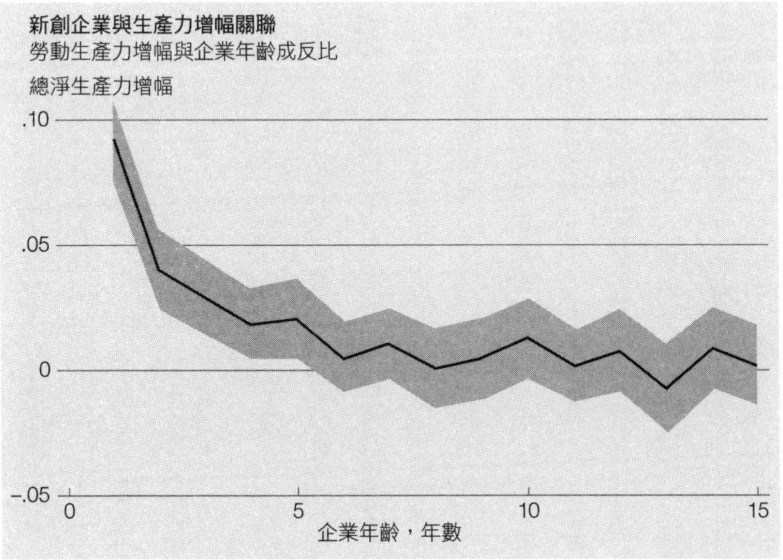

(B)

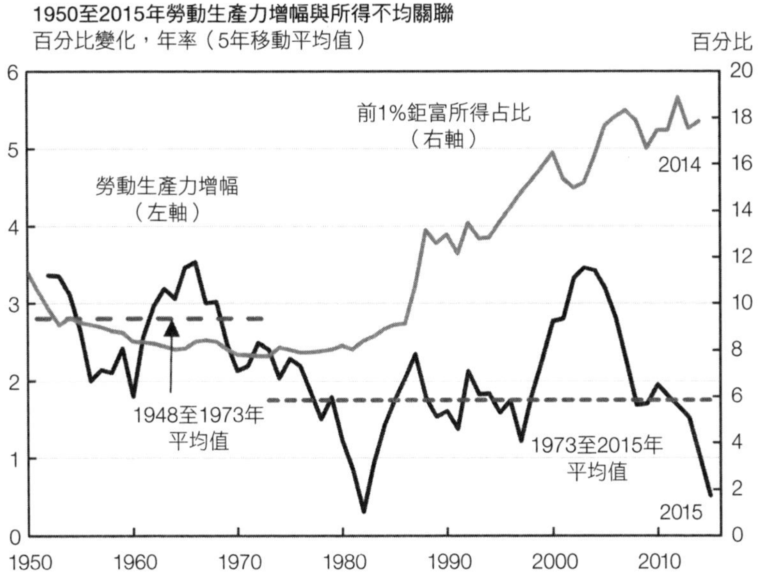

資料來源：(A)承蒙泰坦．亞隆博士提供；(B)承蒙傑森．佛爾曼提供。

味。《大即是美》的作者艾特金森與林德指出，大企業砸錢拼研發最不手軟。環顧歷史，只有像AT&T或IBM這類企業巨頭，才有財力搞個貝爾實驗室（Bell Labs），或在約克鎮（Yorktown）成立研發中心，但也不是所有大企業都好此道。時至今日，依舊是大企業在研發項目上撒錢最多，化工巨頭杜邦（DuPont）和網搜龍頭Google就砸重金投入研發，然這不是全部的真相。

大企業並非全都一個樣。佐爾坦・艾克斯（Zoltan Acs）及大衛・奧德烈奇（David Audretsch）兩位經濟學家聯手研究，打量各家公司後發覺，出自高度集中化產業的企業，研發支出相對較少。兩位學者發現：「創新總數量與產業集中度呈反向關係，[49]**壟斷勢力會阻礙創新**。」他們的結論是：「產業集中度升高，創新數量就會下滑。」[50]

新創企業的盛況不如以往不說，大企業吞併小公司，最後竟還摧毀它。今天多數新創科技公司，想與老字號企業較量的機會都沒有，因為它們的技術實力一獲得認證後，隨即被大企業買走。過去十年內有超過五百家公司，成了Google、亞馬遜、蘋果、臉書、微軟等的收購對象。[51]這幾家矽谷科技巨擘尋找的是，又年輕又快速茁壯的獵物。

看看Google及旗下機器人事業的例子，你便能了解大企業是怎麼扼殺生產力。二〇一三年，Google收購機器人開發商波士頓動力（Boston Dynamics），另有八家機器人新創公司一併收歸麾下，志在打造全新的機器人部門Replicant，以此命名是要向電影《銀翼殺手》（*Blade*

Runner）中的賽博格（cyborgs，亦即生化人）致敬。科技業的八百磅大猩猩願砸錢研發，機器人產業求之不得，豈料那竟成一場災難。

這幾家機器人公司納入Google旗下一段時間後，竟一一落得收攤下場，頂尖研發人才紛紛求去。硬體孵化器Lemnos Labs合夥人傑瑞米·康拉德（Jeremy Conrad）指出：「有幾家最激勵人心的機器人公司，就這樣走入歷史。」[52]想必Google面對內心的恐懼，擔心可怕的機器會接收人類的職位，更何況波士頓動力，並非Google核心搜尋廣告業務的一環。[53]二〇一七年六月八日，Google宣布波士頓動力賣給日本電信巨擘軟體銀行集團（SoftBank Group）。

這個現象不是頭一回出現，以前就見識過巨頭型壟斷企業，是如何將創新棄如敝屣。一九六〇年代到一九七〇年代初這段期間，全錄（Xerox）仗著專利權保護，壟斷影印技術。全錄成立的帕羅奧多研究中心（Palo Alto Research Center），可謂現代電腦和網路的搖籃，但這家影印機鼻祖卻未從這些發明獲利，除了影印老本行外，其他都沒撈到什麼好處。

全錄的發明清單令人嘖嘖稱奇：圖形使用者介面、電腦繪圖的點陣圖、文字編輯器WYSIWYG（What You See Is What You Get，所見即所得）、物件導向程式設計、乙太網路電纜、DARPAnet工作站。[54]然而全錄並未將這些創新技術發揚光大，是史帝夫·賈伯斯（Steve Jobs）和他創辦的蘋果（Apple），幫它們取得專利許可，再轉化成產品帶到社會大眾面前。無獨有偶，AT&T與美國無線電公司（RCA）也是走在時代前端的公司，只可惜最終是其他業者開展它們發明的關鍵技術，例如電晶體。AT&T和美國無線電公司固守電話及無線電事業，竟成了創新的反義詞。[55]

大企業不擅落實新點子其來有自。已故蘋果創辦人賈伯斯鮮少做閱讀推薦，但他相當鍾愛創新大師克雷頓・克里斯汀生（Clayton Christensen）所著的《創新的兩難》（*The Innovator's Dilemma*）。這本一九九七年出版的鉅作，矽谷人爭相拜讀，還被《經濟學人》評選為有史以來六本最佳商業書籍之一。[56]大企業在創新上綁手綁腳，依克里斯汀生之見，是成功企業不會自我顛覆，它們對低階市場不屑一顧，給了新創公司可趁之機，讓自己面臨競爭威脅。小公司樂於追求利基市場，生產物廉價美的產品，但市場隨時間擴張，品質也跟著升級。到頭來，大衛會擊垮歌利亞，這個機敏的小男孩用彈弓就扳倒笨重的巨漢。

企業變成壟斷巨獸後，創造力就會停滯不前，如果你對此存疑，讓我們來看幾個例子。哈佛大學經濟學者佛雷德里克・薛勒（Frederic Scherer），對壟斷企業的專利權做深入研究後指出，企業一旦躍為市場支配者，手握重要專利的數量不增反減。確實如此，常見壟斷企業未能將自家發明商業化的例子。[57]標準石油（Standard Oil）在分拆之前，開發出熱裂解（thermal cracking）技術，可改善車用汽油的品質，但空有此技術卻沒做出什麼成果。被控壟斷的標準石油遭強制解體後，發掘熱裂解技術的印第安納標準石油，將此技術商業化，獲得巨大成功。

成熟企業未能自我顛覆的例子多不勝數，但少數幾個最知名的案例便可證明，為何企業規模大不見得好。軟片大廠柯達（Kodak）常被指責後知後覺，未能預料到數位攝影將淘汰底片，但數位攝影技術還是柯達自己發明的。只不過當時賣銀鹽底片才是柯達核心業務，是柯達的收入來源。

談到規模這個尖銳問題，企業慣有的做法是收購其他事業後，又透過分拆的方式將一些部門處理掉。大企業將子公司的股權交給股東，放手讓旗下的小公司走自己的路，想想不就像送你的孩子離家上大學，看著他們功成名就。所以麥當勞（McDonald's）收購墨西哥捲餅速食連鎖店奇波雷墨西哥燒烤後，又將其分拆獨立出去；線上拍賣龍頭 eBay 分拆第三方支付平台 PayPal；食品巨頭莎莉集團（Sara Lee）分拆精品名牌 Coach。這些都轉化成驚人的投資，當所有與企業分拆相關的研究告訴我們，脫離母體單飛的企業青出於藍，一旦掙脫跋扈又怠慢它們的母公司束縛，表現遠勝母企業及整個市場，應該也不讓人意外。企業小才是美。[58]

我們從來不知道當企業規模變大，像極了碩大無比的金剛時，竟流失這麼多生產力及創新動能。

投資縮手

另一個讓經濟學家及央行官員想不透的問題是，企業為何投資縮手。它們寧可將手頭現金幾乎全返還給股東，也不願加強研發或投資新的廠房設備，令人摸不著頭緒。

美國前財政部長、哈佛大學經濟學教授賴瑞・桑默斯（**Larry Summers**），認同一九三〇年代經濟學家艾爾文・韓森（**Alvin Hansen**）提出的觀點，我們正經歷「長期停滯」。據推測，工業化世界的經濟體遭受「儲蓄日益增加、投資日益減少的失衡狀態。」[59]這意味經濟走下坡是結構性問題，非關景氣循環，賴瑞・桑默斯怪罪到不平等與科技，「社會不平等加劇，富人所得占比擴大，迫使儲蓄偏高。」

賴瑞・桑默斯及其他經濟長期停滯論的擁護者，並未將問題歸咎於獨占和寡頭壟斷，但兩者間的關聯顯而易見。比起壟斷的環境，在競爭市場的環境下，投資會更積極，壟斷企業多吝於投資，以維持高價位、高利潤。壟斷是促成經濟停滯的一大力量。

紐約大學學者傑曼・古提耶瑞茲（**Germán Gutiérrez**）、湯瑪斯・菲利龐（**Thomas Philippon**）與羅賓・杜特林（**Robin Döttling**）新近的研究，有助解釋投資付之闕如的原因。在名為〈先進經濟體有投資落差嗎？如果有，為什麼？〉（**Is there an investment gap in advanced economies? If so, why?**）的論文中，三位學者分析美國過去二十年的投資概況，參照二〇〇〇年左右以來的基本

圖3.5　投資大幅落後獲利能力

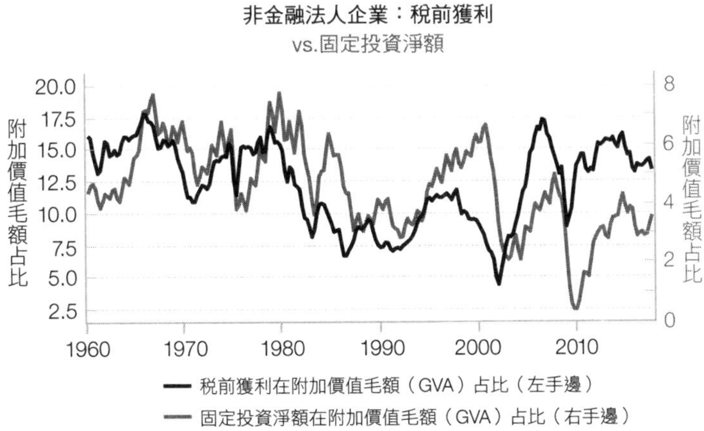

資料來源：Variant Perception.

面發現，投資額不如預期，而這竟是產業競爭程度遞減造成的。他們觀察企業投資與其資產報酬率的相對關係，發現在集中化的產業，相較於報酬率，投資縮減地最厲害。照他們的估算，倘若自二〇〇〇年起，龍頭公司在整體投資額的占比都能維持不變的話，今天美國經濟就能多出四%的資本，相當於非金融業者二年的投資額（見圖3.5）。[60]

現今企業發現，與其砸錢擴充產能，還不如限縮生產和抑制供給更能獲利。這讓人想到航空公司不願增加運能，啤酒生產商不願擴充廠房，電纜業者不願更新基礎設施，製藥廠不願花錢投入研發等。

企業的超高獲利入袋後，反而急著實施庫藏股，要不就是派發股利。錢就這樣進到有錢大戶的口袋，他們比起窮人支出更少，卻賺得更多。這就能解釋低投資與低消費為何緊緊相隨。

地方主義與多樣化

美國變成冷漠寡頭的天下之前，大多數城市和鄉鎮，都有在社區扎根的事業，例如銀行、報紙、電視台、工廠、藥房。這些公司的老闆及高層主管都住在同一個社區，他們的營利會回饋地方，讓財富雨露均霑。企業老闆多半資助地方藝文活動，幫忙蓋圖書館、學校和醫院，因為他們也是社區的一分子。

而今壟斷企業的魔掌伸入大部分產業，這些企業的老闆、主管，就住在自家公司附近的極為少見。美國已故歷史學家克里斯多夫・拉許（Christopher Lasch），在他一九九五年著作《菁英的反叛》（*The Revolt of the Elites*）早有先見之明，他警告：「新菁英正在反叛『中產階級的美國』，在他們的想像中，這個國家技術落後、政治反動、性道德壓抑、品味庸俗、沾沾自喜、自鳴得意、既乏味又土氣。」[61]

十九世紀的英國保守黨首相班傑明・迪斯雷利（Benjamin Disraeli），曾寫文章將貧富階層比喻成兩個國家：「彼此之間沒有交集，沒有共鳴；對對方的習慣、思想、感情一無所知，彷彿他們是住在不同時區、不同地帶，或是兩個不同星球的居民；所受的教養、吃的食物、要守的規矩天差地遠，而且不是被同一套法律治理。」

自英國古典經濟學家大衛．李嘉圖（David Ricardo）的時代開始，經濟學家就推崇專業化，人類文明進步來自於專業化。只因規模就高唱反對大企業的人，往往是徹頭徹尾地不切實際。在工業化前的社會，凡是生活所需，小鎮都得一手包辦，包括打獵、糧食自己種、工具自己做。人類要進步得仰賴專業化。對所有小鎮來說，能自給自足，在當地就可買到所需，是很吸引人，不過緬因州人在冬天也吃得到香蕉，不就因為這個水果是從別處而來。德州消費者能腳穿義大利手工鞋，脖子圍法國圍巾，啜飲加州葡萄酒，多虧各地發展出自己的專業特色。但專業化讓大城市容易遭受災難性變化。

看看今天，主導經濟的大權落在少數幾家企業手中，造成地方主義色彩及多元性日益淡化。就生物學上來說，基因多樣性是適應新環境的關鍵。某一生物族群多樣性程度愈高，愈多個體具備有利特徵，禁得起嚴苛環境的考驗。儘管栽種基因一致的單一作物，可在短期內增加收益，但作物基因多樣性程度低，一旦爆發蟲害或出現暴雨，作物全部報銷的風險也跟著升高。[62]

愛爾蘭大饑荒就是警世意味濃厚的故事，告訴世人單一栽培，亦即種植單一作物有多危險。馬鈴薯是在一五八八年首度被引進愛爾蘭，到一八〇〇年代，隨著愛爾蘭人口持續成長，馬鈴薯成了解決糧食問題的救星。愛爾蘭的馬鈴薯農只種「愛爾蘭碼頭工人」（lumper）這個單一品種，[63]雖然餵飽愛爾蘭人一段時間，卻也埋下人類與經濟毀滅的禍端。這些馬鈴薯的基因單一化，此類型容易遭受晚疫病菌（*Phytophthora infestans*）的侵襲。愛爾蘭主食過於依賴馬鈴薯的緣故，一八四〇年代愛爾蘭馬鈴薯饑荒期間，有三年時間是每八個愛爾蘭人就有一人餓死。〔順帶一提的是，美國馬鈴薯品種露莎波本（Russet Burbank），堪稱美國版的愛爾蘭碼頭工人，供數億麥當勞顧客享用外觀一致、品質均勻的薯條。〕

各大城市若求穩定發展，不該仰仗單一收入來源或企業。今日的美國農業，愈來愈像爆發馬鈴薯饑荒前的愛爾蘭。各個市場參與競爭的企業愈來愈少。

大自然給我們的教訓是很可怕的。一九二〇年代，大麥克香蕉（Gros Michel）因感染一種名為尖孢鐮刀菌（*Fusarium cubense*）的真菌幾乎滅絕，香蕉短缺的問題日益嚴重〔這就是轟動一時的美國名曲〈是的！我們沒有香蕉〉（Yes! We Have No Bananas）的由來〕。時至今日，大家吃的香蕉是名為香芽蕉（Cavendish）的品種，也面臨香蕉黃葉病病原體的威脅，恐重演大麥克香蕉滅種的噩夢。[64]一九七〇年，美國作物遭真菌侵襲，農民普遍栽種單一玉米品種埋下禍根，價值超過十億美元的玉米就此泡湯。一九八〇年代，專門寄生在葡萄的害蟲根瘤蚜肆虐，獨鍾單一葡萄藤品種的加州葡萄農嚐到苦果，二百萬英畝左右的葡萄園被迫重新栽種。

發起俄國共產主義革命的蘇聯領導人列寧（Lenin）認為，壟斷是資本主義發展的最後階段，但真正讓各產業達到完全壟斷的是蘇聯。冷戰結束後，莫斯科居民因買不到香菸而暴動，主要是香菸濾嘴的唯一生產地亞美尼亞（Armenia）遭戰火蹂躪，香菸濾嘴告罄。[65]我們美國部分的產業，正趨近類似蘇聯當年的階段，不少產業的壟斷程度急速加劇。

美國人不會為了香菸暴動，再嚴重的短缺他們都逆來順受。二〇一七年，超強颶風瑪麗亞襲擊美國屬地波多黎各，美國也面臨靜脈輸注液袋嚴重不足的窘境。醫療器材製造商百特（Baxter）和赫士睿（Hospira），是生產靜脈注射袋的雙寡頭，兩家公司的工廠正好設在災區波多黎各。[66]（它們在美國海外屬地設廠，主要是相中當地的低稅率。）早在颶風來襲之前，就有漲價的問題，過去幾年來，美國本土的生理食鹽水袋價格漲了一倍以上。二〇一二年，美國生理食鹽水袋每袋一．七七美元，而今漲破四美元，反觀在英國的價格只漲到二美元左右。

生理食鹽水不過就是水加食鹽，這麼簡單的配方竟被區區兩家公司完全把持，更駭人聽聞的是，如此重要的醫療耗材居然供給短缺。然而這就是美國的現狀：高獲利是拜境外生產所賜，經私人壟斷企業操控形成人造稀缺（artificial scarcity）。

美國需要成長、生產力和企業多樣性。哈佛商學院以波士頓、克里夫蘭、邁阿密等大城的一百八十家企業為研究對象，分析它們的社區參與程度，發現無論從哪個衡量指標來看，總部設在當地的企業，對社區的貢獻最大，「這些企業主管投身地方重要公民和文化組織最積極。」[67]在地企業對社區更有益，它們大舉聘僱當地勞工，向在地供應商進貨，賺取的營收還會回饋給地方。可是今天即便被收購的是當地一流大公司，總部一樣會遷往美國大都市。

根據企業合併對社區影響的研究，比起天高皇帝遠的老闆，在地老闆、主管與地方社區自是有更深的聯繫。若在地公司變成集團型企業的分支又另當別論，另有合併相關的研究顯示：「分支機構常交由與當地毫無淵源的『外來者』管理，他們只是被短期調派到這裡。即便是由在地主管主持大局，他們既無自主權也缺乏威信，沒什麼能耐嘉惠社區，抑或是他們沒有在地方深耕的誘因，隨著專業精進，自然會離開展翅高飛。」[68]

今日看來，企業老闆和高層主管頭也不回地往前走。就像寄生蟲吸取宿主的精力與養分，這些企業高層榨乾地方獲利，轉手用於實施庫藏股及派發股利，然後躲回紐約上東區（Upper East Side）和漢普頓（Hamptons）逍遙快活去，卻讓整個國家飽嘗投資縮手、生產力下滑、薪資倒退、社會不平等惡化的苦果。

全美各地的小鎮已然發現，企業文化變得單一化有多要命。二〇一六年初，沃爾瑪宣布要關閉一百五十四家美國分店。綜觀全局，沃爾瑪此舉對全美國不痛不癢，但對北卡羅萊納州的濱海小鎮東方鎮（Oriental）而言，卻是晴天霹靂的噩耗。蕾妮·愛爾蘭—史密斯（Renee Ireland-Smith）在東方鎮開了四十五年的家庭雜貨店，沒辦法與沃爾瑪競爭，迫不得已在二〇一六年十月歇業，沃爾瑪成了鎮上唯一的賣場。豈料二週過後，沃爾瑪竟宣布不玩了，要收掉東方鎮的門市。在此同時，沃爾瑪也昭告啟動二百億美元回購股票計畫來回饋股東。

愛爾蘭──史密斯說：「這個鎮從前好的不得了，現在完蛋了。」[69]

本章關鍵思維

- 壓倒性的證據是，經濟高度集中化成了有毒的雞尾酒。
- 產業集中度升高，創新數量就會下滑。
- 看看今天，主導經濟的大權落在少數幾家企業手中，造成地方主義色彩及多元性日益淡化。
- 產業集中化的後果：價格提高、新創動能冷卻、生產力減弱、薪資下滑、所得不均惡化、投資縮手及美國城鎮凋零。

第四章　壓榨勞工

勞動市場的買方壟斷

社會絕大部分成員既貧窮又悲慘的話，這個社會是不會繁榮和幸福的。

——亞當・斯密，《國富論》

本書以一個簡單的推理故事作為開端：誰砍了你的薪資？

我們沒埋首寫書時，時間都花在觀察重要經濟指標的數據圖表，有時候就連在刮鬍子或洗澡，思緒都被這些數字占滿，希望能突然茅塞頓開。客戶付費給我們，無非是要我們指點迷津，告訴他們經濟何去何從，他們又該如何投資。有幾個重大問題他們很想知道答案，像是美國會步入衰退嗎？中國會遭遇重大債務危機嗎？義大利會脫離歐元區嗎？美國薪資會漲嗎？

我們的客戶不是經濟學家，他們受託管理退休金和家庭支付的保費，或幫大眾管理積蓄做投資。與他們切身相關的包括通膨升不升，失業率會不會降，企業獲利是否增加，這些因素影響退休基金、保險公司及共同基金的投資績效。客戶要的是趨吉避凶，避免在主要市場崩盤時遭池魚之殃，市場走多時能大賺一筆。

我們用來提供客戶建議的圖表，大多會回溯數十年，而且奠基於健全的基本關係，所以從來不需要修改。如果建築許可這項指標強勁，無異預告房市會很興旺，經濟也跟著走強。要是中國人民銀行（中國央行）升息，中國經濟恐將放緩。只要失業率下降，就有加薪的機會，企業主為了搶人，無不爭相開出誘人的徵才條件。

偶爾我們用來推測未來趨勢的工具和圖表「凸槌」，起不了任何作用。或許是世界情勢有所改變，哪裡出錯我們必須一探究竟。

有一個圖表尤其讓我們火大。我們與基金經理人相約在曼哈頓中城（mid-town Manhattan）會面，他們邊聽取報告，邊瀏覽我們隨附的圖表。趁我們望向中央公園，他們上上下下移動畫面，搜尋字裡行間有無玄機。他們一頁頁地捲動，總是會停在附有美國薪資圖表的那一頁（見圖4.1），可是這九年來，薪資幾乎不動如山沒有往上走。

我們的美國薪資領先指標（US Wages Leading Indicator）理應很接近薪資實況，向我們預告美國勞工會不會加薪。該指標蒐集的數據告訴我們，勞動市場有多緊俏，初領失業救濟金人數有

圖4.1 避險基金諮詢公司Variant Perception（VP）美國薪資領先指標

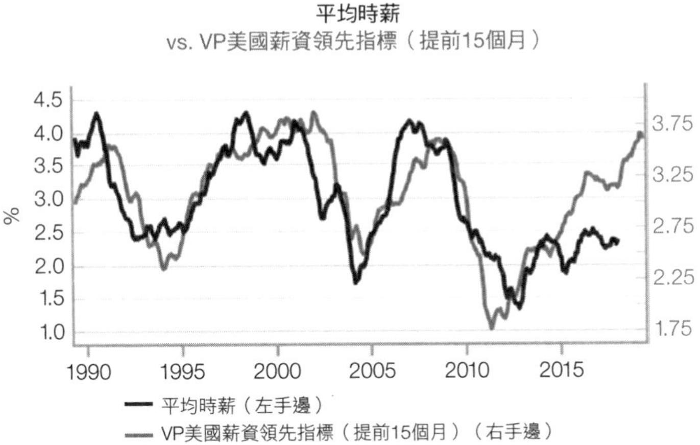

資料來源：Variant Perception.

多低，同時揭示有其他因素影響勞工能否加薪。該指標橫跨六個景氣循環階段，向我們點出勞工加薪及企業獲利受箝制的時機。

再回到曼哈頓，客戶質問我們：「為什麼你們的指標告訴我們薪資會漲，我們從數據中看不到？指標似乎搞烏龍，你們怎麼出這種錯？」

「相信我，薪資會上漲，只是等待期相當長，前置時間非常久。」

指標第一次應驗這種情況時，我們真心認為薪資會漲，我們的指標準確無誤。畢竟只要就業市場緊俏，企業主的加薪聲便會此起彼落。然而勞工的薪水偏偏就是漲不動。

數十年來，該項領先指標運作地完美無瑕，但過去幾年的表現開始出現異常，我們的指數持續走揚，勞工的薪資卻文風不動。

在此同時，企業獲利攀上歷史新高，而且居高不下，事實上企業界過去不曾有過這樣的好光景。

如果說資本主義是一場勞資競賽，比賽結果是勞工不敵企業，以零比一敗北。數月後薪資數據出爐，事情有了清楚的輪廓，我們的指標失靈，企業盈餘似乎在抗拒競爭引力。我們未能及時領會經濟有大事發生，對於薪資始終低迷的原因毫無頭緒。

一些事情亂了套，遊戲規則改變讓美國勞工措手不及，我們企圖藉由本書解答原因。

今天全世界的人將矽谷視為科技搖籃，但回到一九五〇年代，你若是選在加州開科技公司，大家會以為你瘋了，聖塔克拉拉郡（Santa Clara County）除了蘋果樹還是蘋果樹。[1]鼎鼎有名的科技公司，大多在麻薩諸塞州一二八號公路（Route 128）沿線設立總部，毗鄰麻省理工學院和哈佛大學等研究重鎮。

美國物理學家威廉・蕭克利（William Shockley）堪比科學界的搖滾巨星，他是諾貝爾獎得主，是電晶體的共同發明人。他遷居到帕羅奧圖（Palo Alto），創立蕭克利半導體實驗室（Shockley Semi-Conductor Laboratory），大家認為他失去理智，選的地點與麻州一二八號公路相差十萬八千里，但他這麼做是有理由的。帕羅奧圖是他從小生長的地方，他要回鄉幫忙照顧體弱多病的母親。

蕭克利延攬的全是明星級專家，加入他的研究陣容，他們個個都是物理、冶金、數學領域的翹楚，放棄東岸的生活圈，特地來和蕭克利合作，要將電晶體商業化。羅伯特・諾伊斯（Robert

Noyce，積體電路發明者、英特爾共同創辦人）當時也是蕭克利招兵買馬的對象之一，他表示接到蕭克利的來電，就像拿起電話與神交談。

不過這群專家一來加州報到後，發現他們的老闆蕭克利捉摸不定難相處。他是天才，卻也是個怪咖，而且還不是普通的怪，他是極端利己主義者。蕭克利在貝爾實驗室的同僚發現了電晶體，他意圖獨攬功勞。他晚年還大力提倡有種族主義嫌疑的優生學，發起成立高智商精子銀行，與自己的子女都斷了聯繫。從各方面來看，他是糟糕的上司。

加入蕭克利團隊不到一年，這群生力軍就圍坐在克里夫特飯店（Clift Hotel）的早餐桌，共謀出走大計。他們是美國最優秀的科學家和工程師，但顯然不樂於替蕭克利效力，他們決定離開自立門戶，創辦新公司仙童半導體（Fairchild Semiconductor），這擺明是厚顏無恥的不忠行為。這八位從蕭克利半導體實驗室出走的菁英，蕭克利大罵叛徒，給了他們「叛逆八人幫」（Traitorous Eight）的封號。八叛徒在美元鈔票上簽名，以此取代正式合約，象徵他們不墨守成規。

很多人將這八人幫的變節行為，視為矽谷誕生的決定性關鍵，但矽谷一詞直到十年後，才成為廣為流傳的專有名詞。員工叛變為「做得到」（can-do）創業精神開創先例，要忠於遠大的想法，而不是效忠個人公司和自大狂。[2]

諾伊斯是八人幫的頭目，當時他年僅二十九歲，是這個集團常駐的電晶體專家，連他都棄

「神」而去。仙童半導體這座小廟終究容不下大神，諾伊斯和同事高登．摩爾（Gordon E. Moore）又把一批員工挖走，開創日後的晶片龍頭英特爾。一九七一年，英特爾才成立三年，諾伊斯就再次創造歷史，發明了全世界第一個微處理器Intel 4004，讓現代電腦有了會跳動的心臟。

全球高科技重鎮矽谷之所以能大放異彩，歸因於好幾方面：有資金管道、毗鄰史丹佛大學（全球頂尖大學之一）、靠近舊金山等活力城市。但另有一個助矽谷成為世界創新之都的要素，鮮少被拿出來討論，那就是全美有少數幾個州，勞動契約中的「競業禁止條款」毫無約束力，矽谷所在的加州即是其中之一。換句話說，加州勞工有充分權利在離職後，立刻投效同業對手。

美國其他州的情況多半是，員工加入一家公司時，會被要求簽競業禁止協議作為聘僱條件。各家公司的條款各異，但基本概念是一旦你被解僱或自動請辭，在一定期限內不得替同業競爭對手效力，時限可從數月到長達數年。競業禁止條款給離職另謀高就的勞工設下障礙，想爭取更高的薪資遇阻，無異是剝奪他們的生計。

一八七二年，加州立法明文規定，禁止僱傭契約中出現限制性條款，准許受僱者自由在各家雇主間穿梭，這項州法律生效後維持至今將近一百五十年。沒有競業禁止條款的束縛，是矽谷成就非凡的主因。時至今日在將新技術商業化這方面，東岸波士頓仍舊落後西岸的矽谷。

想像一下，若是諾伊斯叛逃不成，無法與同僚攜手創立新公司，會有今日的矽谷嗎？如果史蒂夫．沃茲尼克（Steve Wozniak）沒有離開惠普，與賈伯斯攜手創辦蘋果，現在會是什麼局面？

回想起科技史，倘若尼可拉．特斯拉（Nikola Tesla，美國發明家、交流電之父）沒有與湯瑪斯．愛迪生（Thomas Edison）決裂，我們今天又會面對什麼樣的世界？

矽谷的歷史證明，員工才華受重視的程度，更勝是否對公司死忠。這形成具延展性的生態體系，好點子很快在業界流傳，創新者可自行選擇自己的命運。撰寫多本著作、對矽谷科技業生態有獨到觀察的安娜麗．薩克瑟尼安（AnnaLee Saxenian）教授指出：「在早期工程師會說：『我替矽谷工作。』這個概念意指，他們提升的不是單一公司，而是整個區域的技術水準。在美國，我們常認為是一群人或企業創造成功，但矽谷向我們展示的是，有此輝煌成果來自跨區域群體的貢獻。」[3]

若說一九五〇年代初，諾伊斯將蕭克利奉為神級人物；到了一九七〇年代，賈伯斯視諾伊斯為偶像。蘋果公司才剛起步，創辦英特爾的諾伊斯已是傳奇。賈伯斯表示：「我被諾伊斯保護在他的羽翼之下，他試著分析情勢給我聽，點醒我對事態可能只有片面了解。」他接著說：「除非你了解過去，不然無法真正掌握現在發生的事。」[4]

儘管賈伯斯崇拜諾伊斯，他卻沒給蘋果員工同樣的自由，諾伊斯就是不受束縛，才能讓自己的頂尖發明開花結果。二〇一四年，賈伯斯禁止員工跳槽到其他公司公諸於世。矽谷是建立在員工自由流動上，但蘋果、臉書、Google、Adobe等科技巨頭，被「君子協定」（gentlemen's agreements）綁手綁腳，承諾不互挖彼此員工。有矽谷員工特別提起這件事，聲稱這些協定阻礙他們行銷自己的技術，薪資也被壓低。

賈伯斯與Google執行長艾力克·施密特（Eric Schmidt）對簿公堂，有幾封電子郵件做呈堂證供。其中一封的內容是：「我被告知Google新設的手機軟體團隊，接連不斷從我們的iPod部門挖角，如果屬實的話，你能阻止這事兒嗎？謝謝，賈伯斯。」在另一封電子郵件，Google共同創辦人賴利·佩吉（Larry Page）發出遇險信號，指賈伯斯出言威脅，若膽敢聘用他旗下任何一位員工，他不惜一戰。[5]

結局是，互不挖角協定席捲整個矽谷，Google、Adobe等公司都有「不聘用名單」，這很明顯是相互勾結。科技公司為了他們違法的競業禁止協議付出慘痛代價，被迫支付三億二千四百五十萬美元的罰款。[6]

一些讀者或許會發現，很難對待遇優渥的軟體工程師寄予同情，但競業禁止條款的問題並未就此打住。尤其有個隱患是，這些契約協議正逐漸蔓延到整個經濟體，又以最底層的赤貧階級受創最深。

這類人才交易限制如同瘟疫一般四處擴散。當今美國整體勞動力中，受競業禁止條款約束的占了將近一八％。[7]將近四〇％的美國勞工，曾在前東家簽過競業禁止條款。[8]目前全美僅加州及其他三州（蒙大拿、北達科他、奧克拉荷馬），完全禁止雇主玩競業禁止協議的把戲。

圖4.2 美國各勞工群體簽競業禁止協議的比例

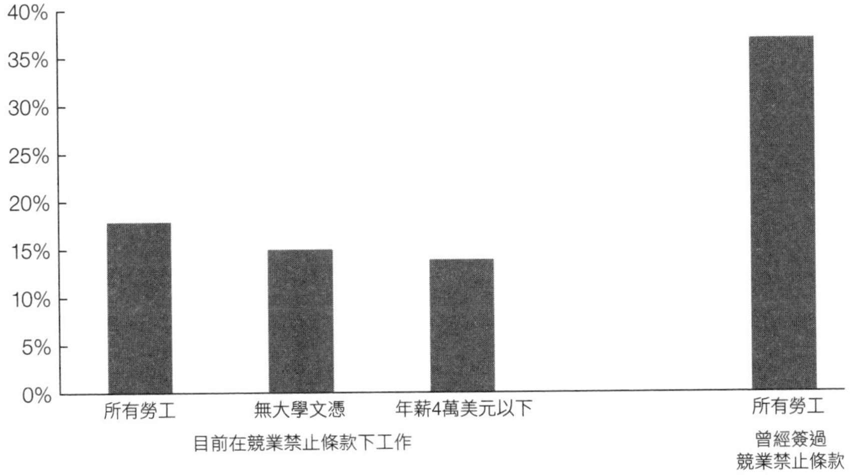

附註：這些為初估值，可能會隨後續引述版本變動。
資料來源：美國財政部；資料：Evan Starr, Norman Bishara, and J.J. Prescott, "Noncompetes in the U.S. Labor Force," working paper, November 10, 2015.

有時律師會主張，競業禁止條款有助保護營業祕密，在創新上幫企業一把。若有業者的營收主要來自智慧財產，要求關鍵員工簽競業禁止條款可以理解，但要夏令營顧問、門房、護理人員簽這些協議有什麼充分理由嗎？已經有聯邦立法專門保護智慧財產，[9]但今天即便是沒有身懷營業祕密的員工，也被迫簽競業禁止條款，包括一五％沒有大學學歷的勞工，年薪不到四萬美元的也占了一四％（見圖4.2）。[10]

就連員工領最低工資居多的美國速食連鎖巨頭，都赫見這類聘僱條款，而且比例相當驚人。漢堡王（Burger King）、卡樂星（Carl's Jr.）、必勝客（Pizza Hut）、麥當勞等連鎖品牌皆赫然在列，麥當勞因為受到施壓，已經於二〇一七年中止競業禁止條款。普林斯頓大學經濟學家克魯格指出，這些禁止僱用規定影響逾七萬間餐廳，美國四分之一以上的速食店也在其中。

自經濟衰退後，速食業是就業成長最大來源。現今逾四百三十萬美國人在速食店炸薯條，自二〇一〇年以來增加二八%。根據美國勞工部勞動統計局（Bureau of Labor Statistics）資料，速食業的聘僱增幅，幾乎是整體勞動市場增幅的兩倍。

速食業聲稱要捍衛智慧財產的說法很怪，煎漢堡或接受客人點餐的員工，能掌握多少營業祕密。更何況，試問有必勝客門市員工決定跳到鎮上另一家必勝客工作，這家披薩連鎖店會有什麼損失？根本不會有商業機密外流。答案很簡單，勞工的選擇性愈少，就愈沒餘地找到可以付更高薪水的公司。這類規範唯一的功用是限制勞工流動，削弱他們談判爭取加薪的能力。這儼然是現代版的封建制度，勞工成了企業領主的封臣附庸。

事實真相是競業禁止條款助紂為虐，它們幫的是想要牢牢掌控員工的公司，對特定產業大體上沒什麼助益，更遑論對經濟有貢獻。最糟的是，競業禁止條款傷害勞工，給勞工薪資帶來災難。[11]競業禁止條款不是速食業的專利，在維修、醫療、食品服務等產業同樣司空見慣，而這幾個領域的雇主明顯集中。你從圖4.3可以看出，厲行競業禁止條款的幾個州，薪資偏低；對競業禁止條款說不的州，薪資就高得多。由此圖清楚可見，實施競業禁止條款會壓低時薪（見圖4.3）。

圖4.3 未厲行競業禁止條款的美國州薪資高

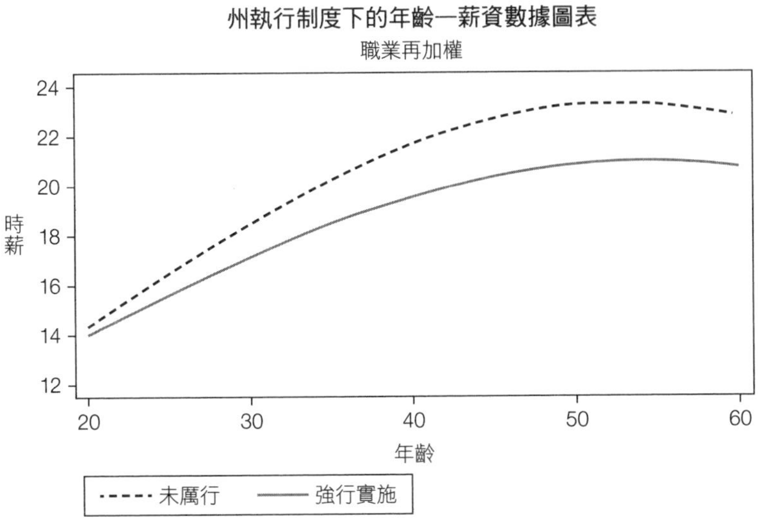

資料來源：美國財政部；資料：Evan Starr, Norman Bishara, and J.J. Prescott, "Noncompetes in the U.S. Labor Force," working paper, November 10, 2015.

在這個據稱開放自由的市場，為何勞工會簽這樣糟糕的合約？受僱者經常沒有意識到，他們簽字出賣了自己轉往他處工作的權利，全美各州幾乎都沒有立法強制企業出示競業禁止條款。麻省理工學院麥特・馬克斯（Matt Marx）與哈佛大學李・佛萊明（Lee Fleming）這兩位經濟學家調查指出，每十位獲僱用的勞工中，僅僅三位被告知，他們的合約包含競業禁止條款。而當中有七〇%，是在接受聘僱並推掉其他工作機會之後，才被要求簽競業禁止條款。競業禁止協議多半是在員工上班的第一天，才遞到他們面前。[12]不用說也知道，這簡直是不給勞工選擇的餘地。

不讓勞工任意流動找尋更好的發展機會，只有在企業獨攬大權的環境才辦得到。產業集中化之故，現在很多公司都具有買方壟斷力，亦即他們是唯一的勞工買方。壟斷指的是市場只有一個賣家，買方壟斷意指只有一個買家。

在買方壟斷市場，勞工對於在何處工作幾乎沒得選擇，也少有向資方爭取待遇的議價能力。在健康的經濟環境中，多家企業公平競爭搶人才，不吝開出誘人的條件招募新血，包括高薪、優渥的福利待遇、鬆綁離職限制。不過買方壟斷方便企業主壓低勞工薪資，採煤城鎮就是典型的例子，在當地煤礦場是唯一的雇主，是絕無僅有的勞動力買方。而今在很多美國小鎮，新一代煤礦場換成是沃爾瑪，這家零售巨頭在當地是唯一雇主。

現今美國大致分成鄉村與都市兩種經濟型態，但過往未必如此。一九四〇年代的反托拉斯運動，非但鎖定巨頭企業，也意圖弱化區域中心，不讓其凝聚過多勢力。這收到很大的效果，到一九七〇年代中期，美國的生活水準相當一致，美國中東部中產階級的生活水準，與美國新英格蘭中產階級並無二致。美國實現了一個難以置信的創舉：全美各地都有穩定多數的中產階級。

不過在一九八〇年代，多項協助確保區域平等的政策，不是遭到漠視就是改弦更張，美國城鄉因而形成嚴重隔閡。產業發展中樞能見度高，提供高薪工作對人才產生磁吸效應，鄉鎮就這樣被拋諸腦後。

圖4.4　鄉村地區處於落後（二〇一六年第三季總薪資年增幅）

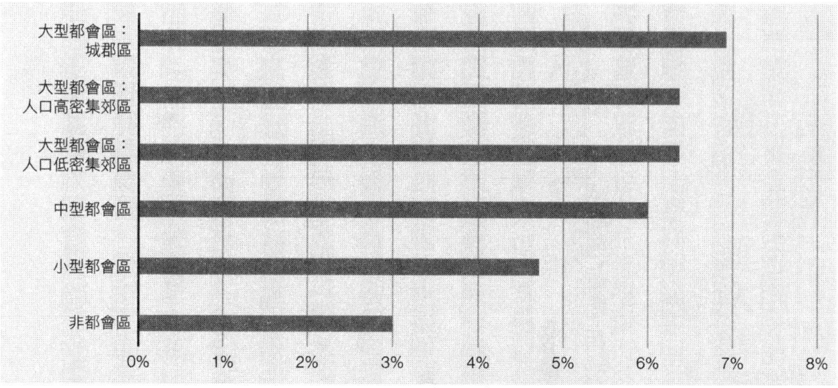

資料來源：求職網站Indeed的美國勞工統計局（BLS）數據分析。© 2018 Indeed, Inc.

如今城鄉分歧拉響警報。一九八〇年，如果你住的是華盛頓特區，這裡的人均所得比全美人均所得高了二九%，二〇一三年差距拉大到六八%。美國首善之都紐約市更誇張，一九八〇年的人均所得，高過全美人均所得八〇%；時至二〇一三年，紐約人均所得遠比全國均值高出一七二%。[13]鄉村出現「人才外流」，全美都有權勢與財富開始朝都會中心集中的傾向。

主流城市吸引各式各樣人才與企業匯聚，勢必掀起徵才大戰。住在大城市的勞工，收入要比其他地方勞工高得多（見圖4.4）。數大就是力量，比起在只有區區一家醫院的小鎮上工作，有五家都會區醫院可供選擇的護理師，賺的錢自然比較多。

史坦鮑姆、艾沙及馬里內斯庫三位學者的研究顯示，勞工被買方壟斷的情形遍布美國，在非都會區更是如此（見圖4.5）。這又讓人直覺反應，小鎮

圖4.5　勞動市場的買方壟斷：勞工高度集中的通勤區

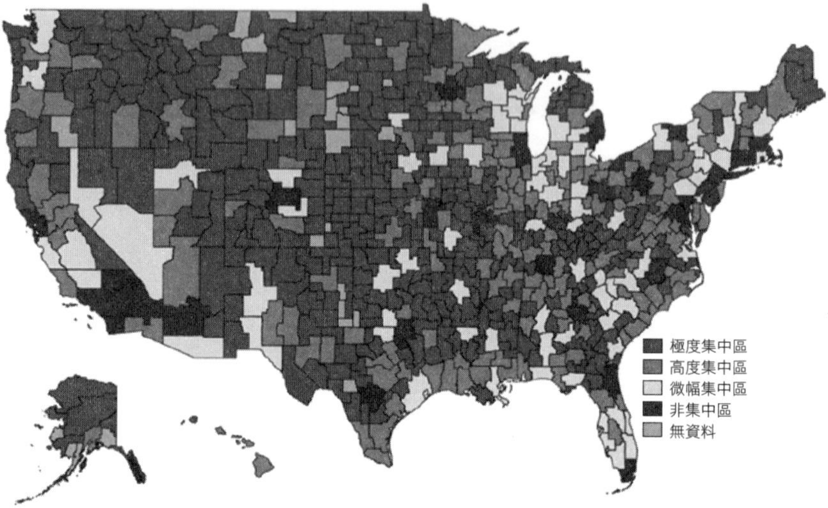

資料來源：José Azard, Ioana Marinescu, and Marshall Steinbaum, “Labor Market Concentration” (December 15, 2017). Available at SSRN: https://ssrn.com/abstract-3088767 or http://dx.doi.org/10.2139/ssrn.3088767.

的就業選擇確實比較少。圖4.5代表的是通勤帶，各產業的主流企業屈指可數，而且勞動市場集中度很高。[14]只有主要城市例外，免除雇主高度集中的現象。

大城市以外的勞動市場，被各產業的少數大咖收編。哈佛大學學者納森·威爾默（Nathan Wilmer）的研究指出，在大企業買家的壓力下，供應商不得不壓低自家員工工資。當沃爾瑪或其他大買主要求砍價，供應商到頭來只有砍自己員工薪水來彌補損失。威爾默發現，自一九七〇年代以來美國薪資停滯，當中一〇%歸因於供應商遭壓榨。產業集中度升高導致市場力量轉移，勞工薪資成長受到抑制。[15]

勞工遭買方壟斷，或許能解釋讓人

難以理解的川普現象。川普投入總統大選後，政治分析師幾乎一面倒懷疑，這位地產大亨及實境秀名人會當選美國總統才怪。不過看看他的得票從何而來，就知道他會勝選似乎是必然。

川普的得票與產業集中的郡縣有很高的重疊性，川普很懂得和選民打交道，尤其當他慷慨激昂談到市場被操縱，戳中一般勞工的痛處。二〇一六年美國總統大選，民主黨候選人希拉蕊．柯林頓（Hillary Clinton）在四百七十二個郡縣勝出，這些選區的產出占美國國內生產毛額六四％；把票投給川普的二千五百八十四個郡縣，產出僅占國內生產毛額的三六％。很多小鎮土生土長的事業，如今都由外地企業旗下的肉品加工公司、保險商、醫院體系、大賣場取而代之，這種深切又情有可原的焦慮遍及全國，被川普趁機利用。

如果是在小鎮，就業市場小，對抗的是大企業財團，低薪壓榨的情況更為嚴重。買方壟斷意味受僱勞工沒什麼選擇餘地，也沒有與資方周旋的力量。亞馬遜是俄亥俄州的主要雇主之一，該州竟有一〇％的亞馬遜員工，仍須靠政府發放的食物券維生。[16] 做此調查的非營利調查機構「俄亥俄州政策事務」（Policy Matters Ohio）同時指控，沃爾瑪與麥當勞也是壓榨勞工血汗的罪魁禍首，兩大龍頭在俄亥俄州僱用的員工，靠食物券救濟的人數雙雙破萬。[17]

企業是勞動市場的唯一買方，造成勞資權力失衡日益惡化。這不僅說明了對勞工有害的競業禁止條款何以大行其道，也替薪資低到拉警報，與資方槓上的勞工接受強制仲裁，以及他們放棄集體訴訟的權利找到理由。勞工光憑自己的力量，無法與獨占者和寡頭壟斷者討價還價。

勞工在集中化的大型雇主面前相對弱勢，工作型態大舉轉向臨時性工作就是明證。美國多達四成的勞工身陷危境，就是我們所稱的**不穩定**。[18]如果以下的描述有任何一項符合，就被視為不穩定工作：

- 你沒上工就沒錢領。
- 你處於非典型聘僱關係。
- 你的週薪和時薪不穩定。
- 你是隨傳隨到的臨時工，或班表不固定。
- 你的薪水是現金支付。
- 你是臨時性受僱。
- 你沒有任何津貼福利。
- 你發言權微弱，工作的議價能力低落。

穩定、享有福利津貼的全職工作，就要變成歷史遺跡。這是由多項因素交織而成，像是全球化、境外生產、「零工經濟」興起等。但就算了解起因也改變不了一項事實，美國的臨時性勞工數創歷史新高。[19]

美國新增很多職缺，但當中大部分是非正職。臨時性工作雖也是經濟中的常態，不過這類勞工人數創紀錄，恐怕事情另有蹊蹺。[20]哈佛大學經濟學家勞倫斯・卡茲（Lawrence Katz）及普林斯頓大學經濟學家克魯格所做的研究指出，美國自二〇〇五年以來新增的一千萬個職務，幾乎全是臨時性短期工作。[21]臨時工（包含獨立契約工、自由工作者、契約公司勞工）在全體勞工占的比例，由一〇・七％擴大為一五・八％。

在選擇性多的時候，非正職工作也能有自主權，並非任人宰割，但當你沒有能力談判爭取薪資或福利，這類臨時性工作就被去權（disempowering）。提及兼職和契約工作，大部分人隨即聯想到網路叫車龍頭優步之類的公司，全球的優步駕駛估計有七百萬。優步經常上新聞版面，這家公司接連挨告官司纏身，不外是被要求將旗下司機重新歸類為正式員工，別再當他們是約聘人員，須提供全職福利，付加班費，賦予集體協商的權利。

談到契約工作，優步恐怕只是冰山一角。很多其他產業也不遑多讓，趨向徵求便宜好用又無附加條件的員工。每天我們看到有勞工身穿鮮豔亮麗的制服，上頭繡有企業標誌，但那些在飯店門口代客泊車的、在櫃檯服務的、清理客房的房務人員，都不是希爾頓（Hilton）的員工，他們是飯店透過第三方僱用的約聘員工。聯邦快遞的遞送員、維修電纜設備的技師和地方辦公大樓保全，看似代表公司，實則對這家快遞業龍頭毫無忠誠度可言，他們是分包契約工。

蘋果、Google、臉書等科技巨頭，一向以津貼福利優渥、慷慨照顧員工出名，但實情不是這麼回事，科技大廠有愈來愈多員工也淪為約聘制。截至二〇一七年十二月，蘋果公司市值突破九千億美元，在美國聘僱的員工卻只有八萬名。二〇一五年，蘋果停止對外公布約聘人員的數目，但據蘋果自家徵才官網所示，聲稱在全美開出的職務達二百萬個。言下之意，蘋果的全職員工僅占總人力的一小部分。

勞工只能應徵到約聘職，不僅工作不穩定，該有的津貼福利也是看得到吃不到。很多臨時員工僅能勉強餬口，掙扎在貧窮線邊緣。據彭博社（**Bloomberg**）針對轉職趨勢所做的調查，近五〇%的美國勞工收入不穩定，週薪或月薪有多少說不出所以然。只要經濟出了小意外，都能演變成財務上的大麻煩。令人驚訝的是，有二八%的受訪者表示，他們會為突然冒出的十美元花費發愁；六二%受訪者則說，超過五百美元的支出會讓他們窮於應付。[22]

一窩蜂僱用約聘員工不僅限於美國，這股熱潮已蔓延全世界。根據英國智庫新經濟基金會（**New Economics Foundation**）資料，自二〇一一年起，按零時契約（**zero-hours contracts**）受僱的英國勞工，人數暴增五倍，每五人中就有兩人是不穩定就業。這些數據有助解釋，為何英國三分之二的貧童來自勞工家庭。[23]

《新教倫理與資本主義精神》（*The Protestant Ethic and the Spirit of Capitalism*）作者馬克思・韋伯（**Max Weber**）認為，低薪不利於經濟，這會讓勞工無法對自身的工作感到自豪。他主張：「低薪策略得不償失，只會適得其反。」倘若勞工把時間都花在為微薄薪水傷神，工作想必做不

圖4.6　馬斯洛需求層次理論

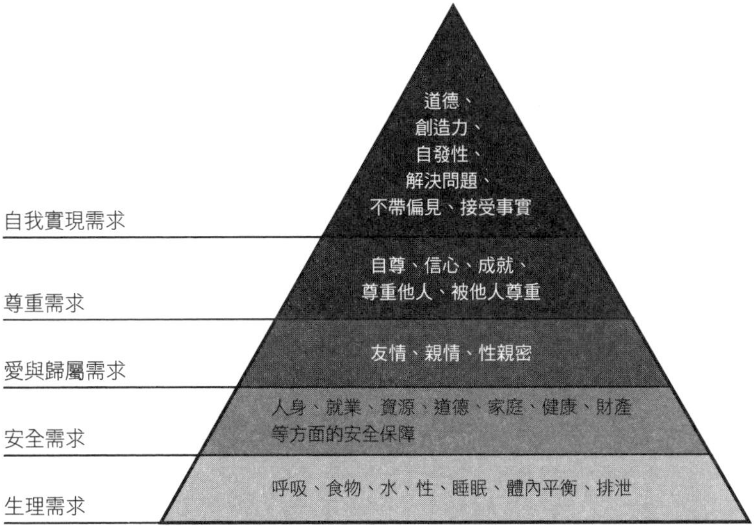

資料來源：維基共享資源（Wikimedia Commons），https://commons.m.wikimedia.org/wiki/File:Maslow%27s_Hierarchy_of_Needs.svg，依CC BY-SA 3.0授權條款使用。

好。「反之，必須能將勞動當成天職，純粹為勞動而勞動。」

彭博社調查美國勞工後發現，比起薪水是否優渥、工作是否令人滿意，受調者更在意的是收入的安全穩定性。我們來看看馬斯洛的需求層次理論，大多數勞工並非像韋伯所指的，冀求在工作中找到他們真正的天職，他們只求掙得足以維生的工資，確保自己在下個禮拜還能保住飯碗。勞工不求有保時捷（Porsches）可以開，也不求個人心靈啟發，他們要的是最基本的需求能獲得滿足（見圖4.6）。

有家公司很了解員工的需求，就是好市多。好市多始終是全球最受愛戴企業排行榜上的常客，可不只因為它會發送免費試用品。這家倉儲量販巨頭的業績持續超越對手，員工薪水給的大方，將近九成的員工都享有豐厚的福利，所以人員流動率很低。好市多員工時薪超過二十美元，年資一年以上人員的流動率僅五%。好市多執行長克雷格・傑立尼克（Craig Jelinek）是這樣說：「我想大家都需要能維持生活基本開銷的薪水，一份有醫療福利的工作。這樣也等於是讓更多的錢回流到經濟，國家將更健全，就這麼簡單。」[24]

薪資成長停滯而且沒有保障，是所有社會的問題。要是你餐廳員工吃不起自家菜單上的餐點，你的零售店職員買不起店內的衣服，整體經濟就會崩潰。還有的例子是，有人甚至連他們的工作所在地都住不起。

《紐約時報》記述了六十二歲婦女席拉・詹姆斯（Sheila James）的故事。她每天凌晨二時十五分醒來，要搭兩班火車和一班巴士到舊金山市區上班，通勤時間長達三小時。舊金山房價恨天高，逼得她住到離工作單位美國衛生及公共服務部（US Department of Health and Human Services）十萬八千里的地方，她每天光是來回通勤就耗掉六小時。[25]新經濟創造就業機會，卻讓人連住都成問題，實在是錯得離譜。

在沒有附加條件的勞動世界，勞工承擔的責任與得到的回報不成比例。他們被迫自掏腰包提升個人技能（而非企業資助職訓）；退休計畫和福利方案（如果有的話），還有保險，都得靠自己想辦法，就算有機會出人頭地，這都構成極大的阻礙。一旦健康又出了問題，不幸遇上車禍事故，替所愛之人料理後事，或是日常生活中很多大大小小的意外，都會讓已經拮据的經濟狀況雪上加霜，甚至被壓垮。

不僅僅是薪資低的問題，有時候勞工的薪水都被騙光光。低薪勞工向來是無薪加班的受害者，這個問題變得愈來愈普遍。公司不給加班費，也未遵守最低工資法，甚至沒有照他們實際工作時數發薪。過去十年，勞工自稱薪水被扣剋的案例激增三倍。二〇〇九年，一項以美國三大城四千多名低薪勞工為對象的調查發現，七六％的全職勞工沒領到加班費，或是加班費有短少情況；有二六％領到的薪水未達法定最低工資。[26]

西雅圖是全球前兩大富豪〔微軟創辦人比爾．蓋茲（Bill Gates）和亞馬遜創辦人傑夫．貝佐斯（Jeff Bezos）〕的大本營，但這裡還是有公司不把自家員工當一回事，連付給他們基本工資都意興闌珊。全球最大航空膳食供應商漢莎天廚（Sky Chefs），二〇一七年被西雅圖當局重罰三十三萬五千元，因其違反華盛頓州最低工資法的規定，付給員工的時薪未達法定的十三．五美元。[27]西雅圖市府之後與漢莎天廚私下和解，罰金降到十九萬美元，比原先判罰的少了四〇％。我們在撰寫本書時，漢莎天廚員工仍不滿爆料，尚未領到應該補發給他們的工資，有些員工被公司偷走積欠的薪水多達七千美元，這類情節經常上演。華府智庫經濟政策研究院（Economic Policy Institute）研究發現，光是因為企業違反最低工資法令，二百四十萬勞工每年一共少拿八十億美元工資（平均每位勞工每年短少三千三百美元），占了他們實領工資的四分之一。

當勞工權益遭到侵犯，他們有什麼機制可挑戰資方？欲了解當前的權力動態，求助歷史很有用。一九三〇年代初期經濟大恐慌之後，由於勞動條件惡化，勞資的緊張關係升高。鍵入「羅斯福新政」這個關鍵字搜尋，就會跑出一大堆大刀闊斧的改革措施，目的在鞏固千瘡百孔的經濟，提供基本勞動條件方針。美國小羅斯福總統（Franklin D. Roosevelt）的「新政」（New Deal）橫空出世後，幫忙重新壯大工會，這個作為勞工後盾的組織，在喧囂的一九二〇年代始終一蹶不振。今日工會嚴重分裂，在特定領域還被當成負面字眼。不過在這個歷史當口，工會依舊被視為平衡勞資權力動態不可或缺的力量。

這數十年來，工會依然在美國人的工作生涯扮演舉足輕重的角色，只是又見式微。一九八三年，美國人每五人有一人加入工會；而今美國民間部門勞工僅六．四%加入工會，占總勞工數不到一一%，[28]這代表勞工的組織能力大不如前。雖然工會的爭議不少，但可提供勞工一個必要的論壇，讓他們團結起來提倡集體權利。

不平等程度與工會會員數成反比，如圖4.7所示，繪製美國前一〇%富豪在國民所得囊括的占比，就充分反映此景象。工會的會員數愈低，前一〇%富豪占國民所得的比例就愈高，這或許多少能解釋近來所得不均的趨勢。

圖4.7　工會成員vs.前一〇%富豪所得分配

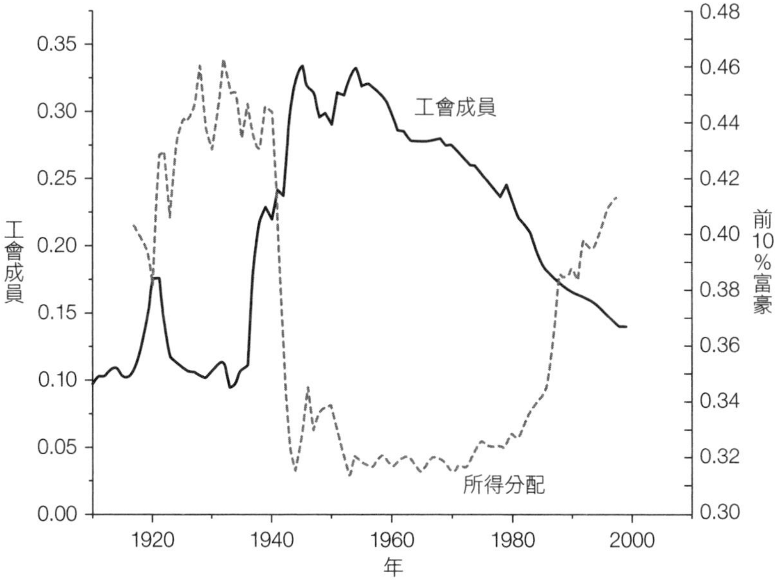

資料來源：Emin M. Dinlersoz and Jeremy Greenwood.[29]

企業管理高層代表的是數千，甚至可能是數百萬股東。同理可證，工會領袖代表的是數千，甚至可能是數百萬勞工。然而工會強大不僅來自眾志成城的力量，還有罷工手段的真實威脅。環顧歷史，美國罷工指數與勞工薪資成長有極高的關聯性（見圖4.8）。看看今天罷工活動極為罕見，這或可說明勞工薪情如此低迷的原因。

以今日加入工會的風氣不盛來看，勞工只能單打獨鬥，成了一盤散沙，這也給了企業可趁之機。這讓我們驚覺到另有一股隱藏的力量，在我們討論勞工弱勢時大多會忽略，就是強制仲裁。

圖4.8 薪資成長與罷工的密切關聯

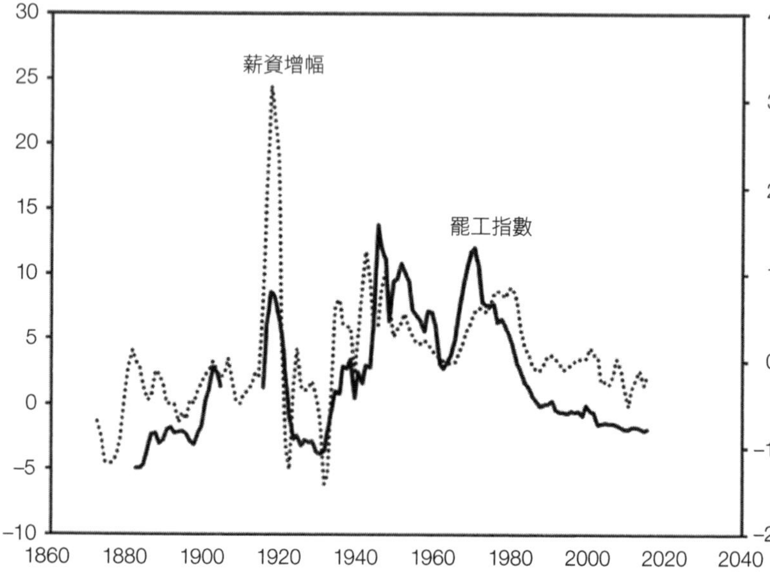

資料來源：泰勒．曼恩，松木資本。

勞工對雇主提告不成的情況日漸增多，魔鬼藏在細節裡，問題出在他們當初聘僱契約暗藏的條款。即便員工有冤屈不平，《聯邦仲裁法》（Federal Arbitration Act）給了企業避開法院系統的權利。如果你遇到職場性騷擾，領不到全薪，覺得遭受種族歧視，卻因放棄集體訴訟，讓你想公開向州法院或聯邦法院遞狀控告都不成，只能被迫與公司私下協商和解。

自二〇〇八年以來，計有六萬九千名女性對美國珠寶巨頭史特林珠寶（Sterling Jewelers）提出申訴仲裁，史特林旗下有凱伊珠寶（Kay Jewelers）、傑瑞德珠寶（Jared the

Galleria of Jewelry）兩大珠寶品牌。這些現任或離職的女員工指控，她們經常遭脅迫與主管發生性關係來換取升遷，還被強制參加名為年度主管會議，實為不准攜帶配偶的性愛派對，[30]這給該珠寶商主打的口號「每個吻都從凱伊開始」（every kiss begins with Kay）賦予新意義。七年後的二〇一五年，這些受害女性獲准提起集體訴訟，惟結果依然懸而未決。

一旦員工不能集體提告，他們已失去所有爭取有利結果的力量。強制仲裁被封為「騷擾者最好的朋友」，騷擾者無須出庭讓身分曝光，常獨留受害者孤軍奮戰。更何況企業若只是稍微虧待員工，了不起就是每月扣了點他們的薪水，員工也不可能為了個人案件，獨力負擔數十萬美元訴訟費。這正是集體訴訟的宗旨：一般人可將他們個別的申訴集結起來，集體向公司討公道。

不上法院改訴諸仲裁有其好處，例如可盡快化解爭端，成本比較低，企業也可避免這些不光彩的控訴成為媒體焦點。然而勞工在仲裁過程中被剝奪重要權利，他們舉證過程綁手綁腳，如果敗訴的話，還沒有上訴權。

企業強迫員工接受仲裁的真正理由，不是為了省下高昂的訴訟費。不出所料，比起讓法院判決，企業循仲裁管道的勝算要大得多，在仲裁獲判損害賠償的金額會低得多。[31]仲裁者未來很有機會被身為當事者的企業延攬，利之所驅之下，有可能做出偏袒資方的裁決。[32]

勞工不是仲裁中唯一的輸家，消費者也常在不知不覺中同意仲裁。逾五〇%的信用卡合約及九九%的手機合約，都內含強制仲裁條款，約簽下去之後，就算你沒有受到他們服務的保障，也告不了公司。你甚至可能還來不及閱讀合約內容，就先屈服於強制仲裁條款。要是你買的產品（像是手機），合約就封在包裝內，等於一入手這個產品，你就被裡頭的協議條款合法套牢。

最糟糕的例子莫過於二〇一七年七月的易速傳真（Equifax）個資外洩案，好一齣令人啼笑皆非的黑色喜劇。易速傳真是美國一家老牌信用評等公司，會蒐集資料摸清消費者底細，評判他們購屋、保險、貸款的信用程度。考量到這家公司的業務性質，不外乎蒐集並保護消費者資訊，你想當然耳認為他們會額外加強網路安全預防措施。大錯特錯，那根本是奢求。易速傳真承認遭駭客入侵，超過一億四千三百萬筆個人資料外洩，美國將近一半人口受波及。最差勁的是，這起事件完全可以事先預防，只要他們多用點心將軟體平台升級。憂心忡忡的消費者想確認個資有無外洩，但登入易速傳真線上系統時，竟被要求放棄集體訴訟權利。[33]

倘若僅一小部分雇主使出強制仲裁的伎倆，我們也不需要敲警鐘。一九九二年，也就是美國最高法院根據《聯邦仲裁法》對仲裁亮綠燈不久後，只有二%的企業採取仲裁。今天私人部門未加入工會的勞工，五六%被迫接受強制仲裁，而這當中的二三%被剝奪集體訴訟權利。這意味美國私人部門在職勞工，將近四分之一喪失控告自己雇主的基本權利。[34]另有研究發現，全美前一百大企業中，高達八〇%會在聘僱合約中加註強制仲裁條款。[35]如果企業必須爭搶人力，勞工有更大的議價能力，不太可能出現這類法律動作。

以下談到的事件，宛如好萊塢電影的場景。經過一個多月的策劃，佛羅里達州橘郡警長辦公室（Orange County Sheriff's Office）在二〇一〇年八月二十一日，兵分多路展開突襲行動。警方封鎖目標地點的停車場出入口，他們身穿防彈背心戴著面罩，荷槍實彈衝進大樓，如此大陣仗竟是要求看理髮師的執照。[36]

接著在九月、十月，警方的突襲搜查動作更大，突擊檢查九家店面，逮捕三十七人。據稱這回特種武器和戰術部隊（SWAT）的突擊行動，主要任務是在掃毒。但警方沒搜到毒品，落網的三十七人中，有三十四位因「無照理髮」而被捕，這在佛州屬輕罪。[37]

大部分員工就算真的無照執業，也不會引來警察中的菁英（特種武器和戰術部隊）上門，當然這不代表他們沒有觸法。職業證照法令已遍及美國，即便是最低階的職業，也要求有執照認證。勞工必須繳費，通過考試，符合最低年齡門檻，有些還須具備一定的工作經歷，政府才會核發工作許可給你。

在部分產業，證照有其重要性，因為要保護消費者，好比醫療業和教育業。可是路易斯安那州規定，從事編髮工作須先接受五百小時訓練才能取得證照。美容師平均得完成一年以上的教育訓練，或有超過一年的相關資歷；反觀緊急救護技術員（EMT，就是俗稱的救護員），受訓時間只需一個月。其實，根據狄克．卡本特二世（Dick M. Carpenter II）、莉莎．克奈普（Lisa Knepper）、基爾．史威特蘭德（Kyle Sweetland）與珍妮佛．麥唐納（Jennifer McDonald）聯手做的全國性調查，美國有七十三種職業的訓練負荷，比緊急救護技術員還重（例如調酒師、按摩治療師、樹木修剪師），[38]當理髮師比成為專業救護員還難。室內設計師的認證要求，是所有職業中最繁瑣嚴苛，受到的規範比小學老師和助產士還多。

七十年前的一九五〇年代，每二十個美國人約有一人需要職業證照。對照今天，卻是每四人就有一人，非得拿到執照才能討生活。而且證照規定各州大不同，對於教育和職訓程度的要求各異，如此憑添勞工舉家搬遷及與人合夥的難度。況且實施職業認證，與服務品質提升並無明顯關聯，亦即勞工經過篩選後，消費者受到的服務沒有顯著升級。

過度講求職業證照，最底層的經濟弱勢者恐大受衝擊，使他們的職涯起步格外沉重。即便對律師、醫生等高所得專業人士來說，負責監管他們的執照委員會，其角色變成將新進者拒於門外的守門員。多少人能打進這個菁英圈，由他們說了算，該委員會始終握有決定一個人能否執業的生殺大權。

美國聯邦貿易委員會代理主席莫林．奧赫爾豪森（Maureen K. Ohlhausen），提到這個問題的嚴重性：「某些從業人員對管理他們那一行的半官方委員會，取得實際控制權，早就屢見不鮮。一旦木已成舟，這些民間參與者運用政府給予的權力，阻擋潛在競爭者進入『他們的』市場。」

隨著官僚風氣日盛，勞工只能靠自己摸索混亂的訴訟程序。勞工考職業證照的熱度直線上升之際，加入工會的人數卻直直落（見圖4.9）。儘管工會組織有缺失，而且可能本身就是最大阻

圖4.9 大壓迫：工會式微和證照盛行，一九五〇年代至今

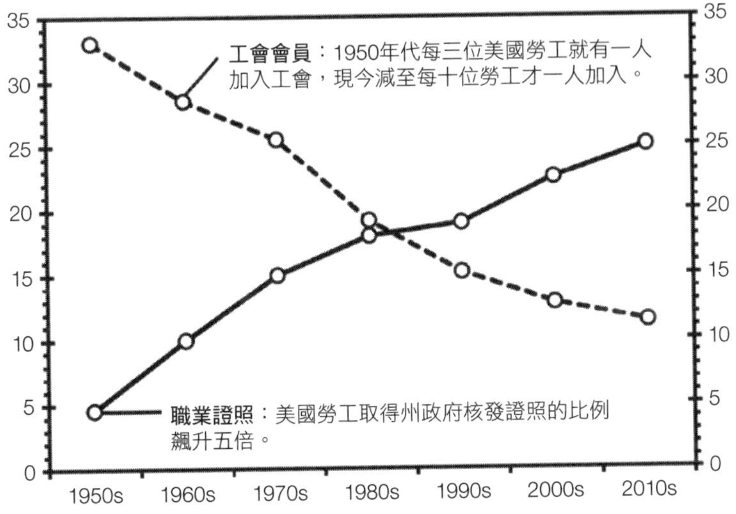

資料來源：泰勒．曼恩，松木資本。

礙，害新勞工不得其門而入，但沒有工會撐腰，勞工與集體議價能力便沾不上邊。

如今勞工面臨四面八方的壓力，政府過度講求職業證照，企業逼員工接受麻煩的聘僱條件。這些條件包括：競業禁止條款、強制仲裁、薪資停滯及繁瑣的職業認證。

沒有任何可以抗衡的力量，美國勞工總是單打獨鬥。一般美國大眾喝下的是有毒的雞尾酒，不適的原因是企業力在擴張，而多數受僱勞工卻連滿足基本需求都很吃力，那種宿醉感好真實。我們要的自由資本主義不是這副德行，也不期待重演數十年前矽谷「叛逆八人幫」的戲碼。但勞工值得更好的待遇。

本章關鍵思維

- 在買方壟斷市場，勞工對於在何處工作幾乎沒得選擇，也少有向資方爭取待遇的議價能力。
- 競業條款如同瘟疫一般四處擴散，美國整體勞動力中，將近一八%受這類限制性條款約束。
- 產業集中化之故，現在很多公司都具有買方壟斷力，亦即他們是唯一的勞工買方。
- 勞工對雇主提告不成的情況日漸增多，魔鬼藏在細節裡，問題出在他們當初聘僱契約暗藏的條款。

第五章　矽谷這樣侮辱人

避稅、關說、詐欺，絞殺新創

誰來監督監督者？

——古羅馬詩人尤維納（Juvenal），《諷刺六》（*Satire VI*），第三四七行至第三四八行

亞當・拉夫（Adam Raff）和希瓦恩・莫倫（Shivaun Moeran）攜手創辦的新創公司，你聽都沒聽過，卻是最有前景。

一九八〇年代末，拉夫在愛丁堡大學（University of Edinburgh）攻讀程式設計，莫倫在倫敦國王學院（King's College London）專攻物理學與電腦科學。拉夫和莫倫生長的地方相距不過〇・八公里，彼此卻素未謀面，他們的共同朋友想到兩人都有科學及工程背景，想幫他們牽線撮合。他們的朋友有先見之明，拉夫與莫倫見面後一拍即合，沒多久就步入禮堂共結連理。

夫婦倆的職業生涯都與科技為伍。希瓦恩在英國連鎖藥妝品牌博姿（Boots）及美國通用汽車，擔任軟體專案主管，亞當則看管歐洲氣象預測服務專用的超級電腦。

某日亞當在辦公室外吞雲吐霧，他靈機一動：如果能開發一個搜尋引擎，找出商品最實惠的價格如何？二〇〇六年，拉夫夫婦創辦線上比價網站Foundem，可搜尋出最便宜的網路價格。亞當和希瓦恩研發的技術好到沒話說，有辦法篩選出哪個網站會變相收取運費，哪個網站的標價最低。拉夫夫婦雙雙辭去工作，展開比價網站Foundem.com的初步測試，他們自認是大贏家。

然而Foundem.com正式上線後，消費者對該網站的興奮感迅速消退。起初用戶對這個網站一頭熱，但上線短短兩天後，訪客量突然急遽下滑，而且一去不回頭。[1]

拉夫夫婦大吃一驚，他們檢查任何導致流量驟降的可能原因，納悶究竟是怎麼回事。答案呼之欲出：他們的訪客都是從Google網站流失的。在初步測試階段，Foundem在Google的搜尋結果排名名列前茅，忽然之間從雲端跌落谷底，彷彿有人將這個網站列入黑名單。

一般人上Google搜尋時，多半只會點擊搜尋結果最前面四條的連結，網頁幾乎不會再往下捲，遑論跳到下一個頁面。如果你的網站沒有出現在搜尋結果首頁的上端，還不如死了算了。Foundem掉出Google搜尋結果的第一頁，但也不在第二頁，連第三頁或第四頁都排不上，好不容易在第十五頁發現它的蹤跡，甚至排到第一百七十頁之後，此實際結果跟Google完全沒有這個連結，簡直沒什麼兩樣。

在雅虎（Yahoo）等其他搜尋引擎，Foundem的排名依舊很高，但無濟於事。Google在全球搜尋引擎市場的市占率超過八五%，Foundem在Google銷聲匿跡，等於宣判死刑。

Foundem很明顯是遭到Google排擠，這家公司不僅從Google的有機搜尋結果除名，也不得透過關鍵字廣告服務Google AdWords*，購買廣告刊登位置。彷彿回到蘇聯史達林時代（Stalinist Soviet Union），Foundem的臉被從照片中抹掉，讓Foundem這個惱人的存在，從記憶中一筆勾銷。

Google的行事風格迥異於雅虎及其他小咖搜尋引擎，原因其實不難理解。Foundem之所以遭貶抑打壓，還不是因為Google有自己的產品搜尋網站要推。沒人找得到Foundem，Google的產品搜尋服務Google Product Search†，就能在所有類似服務中獨占鰲頭。

Google就是用這一招對付很多其他網站和潛在對手。Google雖以全方位搜尋網站聞名，但這家網搜龍頭也覬覦「垂直」搜尋的商機。所謂垂直搜尋，就是將搜尋範圍鎖定在特定領域，例如房地產目錄、地方商家名錄、法律檔案、比價圖檔等。

---

* 譯注：現已更名為Google Ads。
† 譯注：現轉型為Google Shopping。

Google開始偏袒自家產品搜尋網站後，旗下的比價購物服務大爆發，在英國的流量暴增四十五倍，德國是三十五倍，法國十九倍，荷蘭二十九倍，西班牙十七倍，義大利十四倍。與此同時，其他競爭對手的垂直搜尋網站流量潰散，在英國銳減八五％，德國慘跌九二％，法國痛失八〇％。[2]然而，不光是歐洲出這樣的問題。

多年來，Yelp穩坐美國最火紅的地方商家評比網站寶座。Yelp太受歡迎，Google也打起它的主意想收歸己有，卻被Yelp打回票拒絕求親，Google由愛生恨展開甜蜜復仇。Google將Yelp網站踢出搜尋頁面，搜尋者找不到相關訊息自然不會造訪，Yelp開拓新客源遇阻。Google每小時從Yelp網站截取近三十八萬六千張圖片，部分照片被挪用到Google Maps的商家資訊，[3]Google也開始推出自家版本的地方商家評比服務，與Yelp較勁的意味濃厚。

Google要「消滅」的網站名單落落長。蓋帝圖像（Getty Images）是全球首屈一指的照片供應商，長久以來是設計師和編輯一有需要就想要求助的圖庫網站。不過二〇一三年，Google下定決心想要取代蓋帝圖像，成為找圖的首選地，他們故技重施讓蓋帝的圖像消失，然後讓圖片在Google Images重見天日。蓋帝圖像也步上Foundem的後塵，流量狂掉八五％。[4]

專門預測名流身價的網站CelebrityNetWorth.com，創立於二〇〇八年，說到此網站的緣起，竟是主修金融、在數位媒體公司服務的創辦人布萊恩．華納（Brian Warner），好奇美國喜劇演員拉里．大衛（Larry David）的身價應運而生的。華納利用Google搜尋引擎查過大衛的財產淨值資料，他發現出來的結果全是「垃圾」，於是決定自己開辦網站。網友一味想知道自己最愛的大明星身價值多少，這個網站成了一探男女演員身家的熱門首選。華納開始招兵買馬，廣告營收滾滾而來。[5]

Google也嗅到商機，尾隨這家當紅炸子雞而來。二〇一四年，華納收到一封來自Google的電子郵件，詢問他有沒有興趣讓Google免費使用他網站的資料，被他一口回絕。他看不出有什麼理由這麼做，把耗費多年心血、斥資數百萬美元做出來的成果，白白讓人坐享其成。不過，Google無論如何還是利用了名人身價資料。

二〇一六年二月，Google把CelebrityNetWorth資料庫中二萬五千位名人，一一以精選摘要（Featured Snippet）方式展示。大家透過Google就能一覽這些明星名流的身價數字，不會進一步造訪原始網站。與蓋帝圖像和Foundem的命運一樣，CelebrityNetWorth的流量崩跌六五%，[6] 華納迫不得已遣散大部分員工。

Foundem的消失，是Google濫用市場地位輾壓對手的結果。但Google使出精選片段的招數，形同摧毀對手網站，增進其對搜尋業務與搜尋廣告市場的主宰性，這麼做也讓內容創作者成了犧牲品。

由於Google是一般人進入網路世界的門戶，該搜尋引擎龍頭用打壓或截取對方資料的手段，便能將競爭敵手排擠出市場。Google憑藉其全方位搜尋的產品優勢，跨足進軍其他市場，經濟學家稱之為「綑綁」策略，但有歷史案例判定違法。

消費者會在網路上看到什麼，Google握有很大的權力，而且擴展到桌上型電腦以外的地方。Google開發的安卓行動作業系統，是最多智慧手機安裝的平台，吃掉全球高達八五％市占率。[7]Google讓安卓作業系統綁自家的搜尋引擎，還有旗下的行動應用程式商店，成了名副其實的守門人，對那些行動應用程式與企業能接觸到的安卓消費者，進行把關工作。

Google同時利用自家瀏覽器的市場優勢圖利自己，Chrome瀏覽器全球市占率六〇％。[8]Google的Chrome瀏覽器會阻擋特定類型的線上廣告，現在更成了守門人，對供消費者觀看的廣告加以篩選。奇怪的是，被擋下的廣告類別正好是Google競爭對手投放的，絕非Google自家放送的。

Google聲稱新增的廣告阻擋功能，具集體性作用且涵蓋所有產業，為的是消除惱人的廣告。然而Google仗著Chrome在瀏覽器市場的支配地位，可逕自封鎖對手廣告，只准投放自家廣告，他們設下的標準自己不適用。[9]

我們撰寫本書時，美國科技巨頭的總市值，已超越德國、法國、義大利等國的國內生產毛額。總市值四兆美元的身價，讓美國這幾家科技巨擘加入標準石油（標準石油能在美國石油市場隻手遮天）的行列，榮登史上最有價值企業。或許也只有東印度公司的壟斷勢力凌駕其上，這家英國殖民統治印度的代理人，擁有自己的軍隊，掌控全球市場半壁江山。

現今Google雄踞近九成的搜尋廣告市場，臉書囊括近八成的行動社群流量。去年數位廣告營收的增幅中，這兩大科技巨頭就合力包辦將近九〇%。四五%的美國人從臉書平台獲取消息，比例驚人。要是你把Google算進去的話，超過七〇%的美國人，是經由這兩家公司滿足知的欲望。[10]臉書與Google掌握的用戶情資，甚至比政府情報機構還多，包括他們的喜好、偏好、政治信仰、人際關係等，這兩家公司透過完整的瀏覽和搜尋紀錄，就能追縱網路使用者。

亞馬遜是電子商務的第一把交椅，市占率估計有四三%，去年線上購物的總增值成長，這家電商龍頭就占了五三%。一項研究指出，超過一半的商品都是先從亞馬遜網站開始搜尋。[11]亞馬遜在書市早已具有壟斷地位，取得了七五%的電子書銷售。

Google、臉書和亞馬遜擁有高超的技術實力，但這幾家矽谷巨擘現今的地位與財務成功，可說是拜監管與反壟斷的疏失所賜，放任亞馬遜大肆收購數十家電商對手及網路書店，造就它今日在圖書業的買方壟斷地位。Google得以買下勁敵數位行銷平台DoubleClick，透過收購廣告交易平台，垂直整合線上廣告市場。臉書大張旗鼓買下照片分享平台Instagram和通訊軟體WhatsApp，也不見反壟斷主管機關質疑挑戰。[12]這些科技巨頭能在市場上呼風喚雨，有一大部分要歸咎於，反托拉斯法形同虛設不存在。

數位平台因其規模，與敵對的公司完全不在同一個檔次。法學教授兼數位平台專家法蘭克·帕斯奎爾（Frank Pasquale）曾指出，如今科技巨獸實質上如政府一般運作。「他們不再是市場參與者，在自己的領域，他們是造市者，能行使監管權力，主導其他業者銷售產品和服務的條件。

不僅如此，他們渴望假以時日取代更多政府角色。」[13]

行動應用程式能不能在iPhone或安卓手機的應用程式商店上架販售，要蘋果和Google說了算，這形同控制了數十億支手機。臉書超過了二十億用戶，它那完全令人費解的演算法，決定哪些貼文能瀏覽，哪些會被刪文。Google旗下的YouTube對保守派傾向明顯的言論有所限制，這類內容會被審查或停止流通，何以受到這種處罰是得不到解釋的，也沒有上訴方法。[14] 臉書則仗著自家的社群守則獨斷獨行，恣意過濾可接受的言論。[15]

我們自欺欺人相信，臉書及Google是用公正無私的演算法來監督言論。可是演算法是由人編寫程式而來，沒有人是完美的，只要是人多少帶有偏見。今天左派人士可能樂見保守言論遭到審查，但未來五到十年內，會是誰掌控這些平台？誰能阻止這些科技巨頭，不讓它們跟審查人民思想的國家狼狽為奸？

公然實行審查制度早就見怪不怪。根據《紐約時報》報導，臉書創辦人馬克．祖克伯（Mark Zuckerberg）學過中文。更重要的是，這家社群龍頭悄悄開發一種軟體能封鎖貼文，不會在特定地區用戶的動態消息網頁上出現。《紐約時報》報導：「設計出此功能，有助臉書打進中國市場，那裡的社群網路常被封鎖。」[16] 祖克伯表態支持並捍衛這項功能。二〇一四年，臉書順應俄羅斯政府要求，封鎖聲援俄國反對黨領袖亞歷塞依．納瓦尼（Alexei Navalny）的網頁。[17]

這些科技公司實際上以政府自居。在法界，提到私人政府一詞，最常聯想到美國律師兼經濟學家羅伯特・李・海爾（Robert Lee Hale）。他曾寫道：「有一種個人或團體形成的政府，無論何時都會吩咐他人必須怎麼做，該在什麼時間遵守，如有不從就會受罰。」[18]照海爾的定義，科技巨頭確實以政府自居。

談到稅務，科技企業自外於國家政府制定的法律，還引發其他國家展開逐底競爭，他們利用租稅協議的巧門避稅，把政府耍得團團轉。臉書、Google等科技公司，藉由「雙層愛爾蘭」（Double Irish）、「荷蘭三明治」（Dutch Sandwich）的避稅架構，隱蔽他們絕大部分的海外獲利，讓稅務人員查不到。他們的手法是將愛爾蘭子公司的營收，移轉到荷蘭空殼公司，再轉到英國海外屬地百慕達（Bermuda），信箱所有人是另一家在愛爾蘭註冊的公司。[19]儘管是鬧劇一場，卻百分之百合法。

歐盟窮國的稅收損失，估計每年高達六百億歐元。[20]個人和小公司的稅負不輕，反觀跨國企業獲利存放在避稅天堂的比例，自一九八〇年代以來竟增加十倍，而當中又以大型科技公司占得最多。[21]

科技巨頭是造成所得不均惡化的罪魁禍首，乖乖繳稅的民眾和小公司是輸家，利用他們避稅的企業滿手現金，股東成了贏家。[22]

科技巨頭一邊高唱社會團結，不要作惡（「不為惡」的口號似乎已經過時，Google決定將公司這個座右銘刪除），一邊讓數十億美元獲利流入海外避稅天堂，將它們的歐洲業務導向稅制環境友善的愛爾蘭。它們一方面鼓吹自由與獨立的價值，另一方面又撒下天羅地網，刺探蒐集不明數量的用戶資料。這些科技大廠非但在它們設有總部的民主國家逃漏稅，還放任自己成為對抗民主國家的工具。

今日看來，科技巨獸在很多方面的勢力，比絕大多數已開發大國還大。他們充當監管者及市場仲裁者，都遠比政府厲害，卻沒有政府行使權力牽制它們。

無人監督監督者。

這不是我們第一次親眼見到，企業憑藉他稱霸一方的優勢去控制別人。Google不就仗著自己全方位搜尋的本事，主宰比價之類的垂直搜尋領域，這家網搜龍頭也利用自家瀏覽器，進一步統治廣告業。

二十年前，微軟（Microsoft）的Windows，完全壟斷桌上型電腦作業系統。後起之秀網景（Netscape）公司發表瀏覽器馬賽克（Mosaic Browser）後，微軟擔心會在網路榮景中被拋諸腦後，於是微軟在視窗系統預先安裝瀏覽器Internet Explorer（IE），用這招打垮網景，即便網景瀏覽器從多方面來看更勝一籌，有高達八〇%市占率。

這場對抗從來就不對等。由於九成以上的新電腦搭載Windows系統，預設的ＩＥ成了默認瀏覽器。微軟靠著Windows作業系統，廣納用戶盡歸己有。情況更糟的是，ＩＥ瀏覽器深嵌在Windows系統內，如果你試圖解除安裝，整個Windows系統就會大亂。財務上也沒有人是微軟的對手，網景的總營收從來沒贏過微軟的利息收入，後者是拜微軟滿手現金之賜。短短幾年內，微軟就把網景打趴，鯨吞逾九成市占率。

一九九八年五月十八日，美國司法部與二十州檢察長難得展現對競爭的關心，對微軟提起反托拉斯訴訟。政府出示多封微軟內部電子郵件，內容赫見「拔掉他們的氧氣供應」、「擊垮他們」的用語。

一年多後，聯邦法官湯瑪斯．潘菲爾德．傑克森（Thomas Penfield Jackson）裁定，微軟利用其壟斷勢力傷害對手和消費者。傑克森法官同意政府的建議，讓微軟分成兩家公司，一家是「作業系統」（Operating System）公司，另一家是應用程式（Applications）公司，涵蓋網頁瀏覽器或Office套裝工具。

微軟還是逃過一劫，避免被分拆的命運，但此司法判決仍發揮強大作用，有利於競爭。微軟法務長布萊德．史密斯（Brad Smith），肯定這是場意義重大的審判：「顯然業界、政府乃至全世界，大多期待我們向前邁進，承擔更多責任，而非表面上爭論這個責任是否來自法律規定。」[23]

壟斷官司解決後微軟受到箝制，不得在桌上型電腦搞壟斷，Google及其他科技巨頭才得以生存，這也成了史上一大諷刺事件。微軟大眾化的網頁瀏覽器IE，傳出關於它重新編程的閒言閒語。根據微軟內部人士爆料，每當有人鍵入「Google」，他們的網頁就會被重新導向到微軟搜尋引擎MSN Search。[24]

一九九〇年代代表網景的律師蓋瑞．雷巴克（Gary Reback）指出：「多虧反壟斷執法，我們才有今天的Google，沒有其他原因。」[25]

當今的聯邦貿易委員會和司法部，與數十年前相比判若兩人。比價網站Foundem創辦人拉夫夫婦見過聯邦貿易委員會官員後，發現他們對Google如何影響市場競爭很感興趣。但時間過去了，拉夫夫婦始終得不到聯邦貿易委員會的回音，他們有預感，什麼事都不會發生。

當聯邦貿易委員會的政治任命者，重新檢視拉夫夫婦及Google同業對手的投訴後，決定兩手一攤，什麼事也不做。

在Google同意主動修改若干常規慣例後，聯邦貿易委員會委員在二〇一三年初一致表決通過，中止對Google的反壟斷調查。聯邦貿易委員會主席喬恩．萊伊博維茨（Jon Leibowitz）宣布：「總體來說，雖然Google的所作所為並非全都有益，但是我們不認為現有證據足以佐證聯邦貿易委員會的質疑。」

聯邦貿易委員會為何不像對微軟那樣指控Google，一直是個謎。失去的那塊拼圖終於在二〇一五年出現，在《華爾街日報》援引《資訊自由法》（Freedom of Information）的要求下，聯邦貿易委員會內部一份備忘錄意外曝光。這份厚達一百六十頁的報告在二〇一二年總結，Google使出反競爭手段，濫用壟斷勢力。報告聲稱Google的行為：「已經或即將對消費者及線上搜尋、廣告市場的創新，造成實質傷害。」報告建議聯邦貿易委員會對Google提起訴訟。

競爭對手要求Google別再染指他們的內容，Google便威脅要讓他們徹底消失。報告指稱：「Google的威脅顯然是刻意製造的，也確實產生它要的效果，迫使Yelp和TripAdvisor打退堂鼓。」Google也釋出訊息：「會運用在搜尋市場的壟斷優勢，強摘對手創新的果實。」[26]

既然有這麼壓倒性的證據擺在聯邦貿易委員會委員面前，他們仍拒絕依循微軟模式，投票反對控告Google的原因何在？

答案很簡單：政治考量。

Google、臉書還有亞馬遜的作風與微軟如出一轍，但他們另外花了不少時間先發制人，不僅對政黨進行遊說，也做了政治捐獻。歐巴馬政府不可能對Google窮追猛打，理由很簡單：前總統歐巴馬尋求連任的競選經費中，壟斷企業是第二大企業捐款來源。

白宮與Google過從甚密的程度可說是史無前例。自歐巴馬入主白宮起到二〇一五年十月為止，Google代表平均每週不只一次進白宮開會。在歐巴馬執政期間，將近二百五十人卸下公職被延攬進Google，反之也有相同數量自Google轉進政府單位服務。[27]白宮選了兩位Google人出任技術長與副技術長，而他們仍不時發電子郵件給老東家。

二〇一七年，矽谷四大天王蘋果、亞馬遜、臉書及Google的遊說支出，合計將近五千萬美元。其中又以Google的手筆最大，狠砸一千八百萬美元遊說美國政府，這個數字已讓科技同業瞠乎其後，更別提其他一大票美國企業。亞馬遜將遊說支出擴大三倍，臉書這方面的花費也創新高紀錄。[28]

Google有的是理由自我辯護。該搜尋引擎巨頭現今在全球線上搜尋的市占率，估計達八七%，基本上是私人經營的全球性公用事業。Google深知以其在搜尋市場的壓倒性優勢地位，勢必成為監管機關的眼中釘。二〇一一年，在被拷問Google是否為壟斷企業時，Google執行長施密特一時說溜嘴，他是這麼答覆：「我不否認我們是。」他驚覺自己失言後，開始有所防備：「我不是律師，但就我所了解，判決壟斷與否屬司法程序。」[29]

Google不僅僅在遊說上下足工夫，還有龐大的學術網絡撐腰，會因應需要撰寫報告，當中有部分荒唐可笑。反壟斷法律專家傑弗瑞・曼恩（Geoffrey Manne）主張，線上比價網站Foundem營運上真正失敗之處，在於依賴Google來衝流量：「Google營造了讓其他公司依賴它的機會，但業者在沒有可行的應變計畫下還決心這麼做，稱不上是有商業頭腦。」[30]依傑弗瑞・曼恩之見，是Foundem的錯，說得好像網站明明有選擇權利，卻看上Google在全球近九〇%的市占率而依賴它。Google現階段根本與公用事業沒什麼區別。

很多律師與學者會挺Google在意料之中。傑弗瑞・曼恩的父親亨利・曼恩（Henry Manne），在喬治梅森大學（George Mason University）成立法律暨經濟國際中心（International Center for Law & Economics），父子倆雙雙接受Google資助。新聞記者大衛・戴恩（David Dayen）發現，從二〇〇九到二〇一五年期間發表的六十六篇研究論文，作者不是「受Google委託」、「獲Google資助」，就是「Google公司餽贈贊助」。[31]

智庫與學術界要是不順應Google要求，後果可是不堪設想。專攻反壟斷議題的研究學者巴瑞・林恩（Barry Lynn），只因撰寫批評Google的文章，就被他服務的新美國基金會（New America Foundation）掃地出門。這家華府著名智庫，接受Google執行董事長施密特逾二千一百萬美元的資助。[32]

比爾・蓋茲對矽谷新巨頭提出警告：不要成為下一個微軟。他告誡這些科技業者：「要謹言慎行，別試圖凌駕政府，以為自己的見解比政府的看法更重要。」[33]

微軟反壟斷案後歷經這麼多年，科技巨擘從網景與微軟的瀏覽器戰爭學到的，盡是錯誤的教訓。他們汲取的教訓不是「不要濫用壟斷地位」，學到的竟是遊說的力量。

對Foundem來說，打倒Google的大好機會不在美國而在歐洲，畢竟這家網搜巨人在歐洲的朋友不多。

二〇一四年八月，瑪格莉特・維斯塔格（Margrethe Vestager）獲任命為歐盟競爭事務專員（European Commissioner for Competition）。維斯塔格是丹麥政壇的超級巨星，連丹麥電視台熱播的政治劇《權力的堡壘》（*Borgen*）主角，都是以她為原型塑造。她主要的志趣在環保，原本無意領導歐盟競爭委員會（Competition Commission），儘管這份職務並非她的首選，她卻成為全球最著名的主管競爭政策官員。

維斯塔格在重新檢視拉夫夫婦和其他人提交的訴狀後，以觸犯反托拉斯法為由，宣布正式控告Google。歐盟競爭委員判定Google違法，鑑於「犯行的持續時間與嚴重性」，判罰將近三十億美元。[34]美國將反壟斷傳統棄如敝屣之際，歐洲提醒了美國人還有這條人跡罕至的路。

歐盟在判決中點出這些平台的本質。Google的搜尋量愈大，Google就愈能掌握用戶的搜尋目標，搜尋結果也愈理想。搜尋量愈大，湧入Google的廣告主也愈多，營收便隨之增多。廣告主愈多，廣告拍賣的效果就愈好。

大部分的科技壟斷企業，諸如Google、臉書、亞馬遜、優步，稱作「平台」公司，擁有強大的網路效應。這些企業的共通點是，能幫兩個不同的群體牽線，讓他們各取所需，例如要找出租房的度假客與有空房出租的房東。傳統製造業者買原物料，製作產品，然後賣給顧客。另一方面，平台業者能吸引到各式顧客群，將他們串連在一起。上短期租屋平台AirBnB搜尋的度假客愈多，愈能吸引房東將出租物件放上網站。AirBnB上的待租物件愈多，上其他租屋網站搜尋的機率愈低。

如果你是優步唯一搭載的乘客，此主打共乘的叫車服務價值有多少？答案是零。你需要有買家和賣家，區區兩個人，不會有多高價值。若有一百人，那就有意思多了；一百萬人都使用優步這個叫車平台，其他對手則難以匹敵。賣家會想往買家匯聚的地方靠攏，買家也會以賣家雲集的地方為目標。買家與賣家愈多，優步作為叫車平台才愈有價值。這套用在微軟通訊軟體Skype上亦是如此，要是幾乎無人掛在Skype，誰也呼叫不到，當然是愈多人在線上，可呼叫的人就愈多。如果第三方支付平台PayPal的使用者只有小貓兩三隻，不會運作地多好，但人人都接受PayPal的話，幾乎一切交易你都能透過它支付。eBay、PayPal、Skype、推特或臉書的用戶愈多，這些業者遭逢對手挑戰的可能性就愈低。

數學家提出各種不同的數學方程式，將這類平台的價值歸功於網路效應，包括沙諾夫定律（Sarnoff's Law）、梅特卡夫定律（Metcalfe's Law）、瑞德定律（Reed's Law）。這幾項定律證明，網路價值取決於與用戶之間的函數關係，用於分析網路時歸納出一條規則，即網路每多出一位使用者，用戶之間的連結互動程度會呈指數型成長。網路價值不是像算術（3＋3＝6）那麼簡單，更具有指數型成長的爆發力（3×3＝9）。

大的好處不只一點點而已，大代表一切。對創投者而言，「網路效應」實際上意味壟斷。回饋循環是各大平台固有的特性，因此有很強的贏家通吃的動力。平台愈大，地位愈難撼搖。也難怪這些年來，不再有可靠的新搜尋引擎出現，像雅虎、Ask等現有搜尋引擎，還將搜尋業務外包給Google或微軟的Bing。Google完勝其他對手，徹底稱霸網路和行動搜尋業務。[35]

Google等公司仗著平台勢力已是不同等級，他們世界的規則由他們來定，我們只能身在其中。

臉書與Google讓人瞠目結舌的獲利能力，還有完全宰制網路世界的勢力，全拜媒體史上最大宗套利事件所賜。傳統媒體及網路發行商從事分析、報導、事實查證、撰寫、發布新聞，無一不需負擔成本。寫歌者和音樂家從詞曲創作、錄音到音樂成品出爐，樣樣都是財務負擔。然而臉書和Google沒有付過他們一毛錢，這兩家科技壟斷企業卻占盡經濟好處。

臉書與Google從不以媒體公司自居，但他們在數十億用戶面前扮演網路守門人，還從中蒐集數量不明的使用者個資。這兩家公司透過中間人角色，攫取所有經濟利益，榮登全世界最有價值企業。

臉書與Google其實就是發行商，但他們不情願承認，認了不就意味平台上發生的一切他們負有責任，必須酬庸內容創作者。

音樂創作者不斷向Google旗下的影音平台YouTube，發送「取下」（takedown）通知，但經常看到的結局是，一條連結移除後，歌曲又從另一條連結重出江湖。二〇一六年第一季，Google接獲通知要求取下的連結，超過兩百萬條。Google和臉書無意自創內容，也不酬謝內容創作者，一心只想利用流量及用戶資料牟利。[36]

臉書與媒體的關係被形容為和惡魔打交道。新聞媒體對於能與臉書的二十億用戶搭上線垂涎不已，盡可能將自家內容放上這個社群網路。起先新聞媒體鼓勵讀者，貼上導回他們網站的連結。[37]臉書衝高流量後，以此說服發行商，將即時文章直接貼在臉書上，如此一來文章載入速度更快，而且內容也是專為臉書閱聽者量身訂做。漸漸地，臉書開始對頁面上的內容施以愈來愈多控制，都到了這種地步，臉書成為每位用戶內容的主要發行者。

臉書執行長祖克伯說，他的網站是個「社群」，但不是合作社。臉書握有內容曝光與否的決定權，占盡所有利益。

臉書的動態消息被源源不絕的兒童棒球遊戲、爆紅貓咪、出醜影片及新聞文章灌爆，臉書便開始對貼在動態消息的內容有所限制，只有當紅謎因（meme）得以曝光。新聞編輯想讓自家報導被讀者看見，就得付費給臉書，他們的文章才有機會被強力推廣。

今天說穿了，臉書是一場賄賂騙局，想要粉絲看到你的內容，你就得從口袋掏錢。哪些文章能刊登，什麼內容可接觸到讀者，全由這家社群網路決定。媒體專家馬蒂．李杜寧（Matti Lituunen）指出：「臉書先讓某一內容類型大量自然覆蓋（即在無投放廣告之下免費觸及用戶），接著必須以投放付費廣告覆蓋，最後付費是觸及用戶的唯一途徑。」[38]

付費方能觸及讀者，對大部分發行商來說或許稱得上屈辱，但這還不是最糟的情況。有發行商控告臉書，指控它對多項廣告指標做了不實報告，[39]誇大貼文的自然覆蓋效果，還有用戶花在閱讀文章的時間。[40]臉書坦承有人為疏失，將二〇一四到二〇一六年用戶觀看影片花費的時間，浮報了六〇%至八〇%，但辯稱是因影片的廣告收視率計算方式出了差錯。[41]奇怪的是，廣告數據報告的失誤全都對臉書有利，客戶得不到任何好處。

套句英國劇作家奧斯卡．王爾德（Oscar Wilde）的名言：「失去雙親之一或許被視為不幸，兩個都失去怎麼看都是粗心大意。」誤報一個廣告指標是不幸，弄錯好幾十個成了一種特徵。

廣告詐欺猖獗氾濫，廣告主對於數位巨頭提出的瀏覽數字，愈來愈持保留態度。Google也從灌水的指標獲益，市調機構comScore發現，讓廣告主花錢投放的展示廣告，有五四%從未在活人面前出現。[42] 遭控廣告詐欺的Google，不得不賠償客戶。

講到電視和廣播，對於美國廣播公司（ABC）、哥倫比亞廣播公司（CBS）及國家廣播公司（NBC）灌水的廣告收視數據，市場研究機構尼爾森（Nielsen）會提出檢驗報告。當今對臉書、Google的監督卻少之又少，這些平台自有一套法律規範。臉書還是在頻頻出包後，才終於開放外界來驗證它的廣告數字。[43]

臉書的問題不光是誇大廣告瀏覽量，連用戶數都很唬爛。澳洲新聞網站AdNews發現，臉書號稱觸及澳洲一百七十萬十六歲到三十九歲族群，但根據澳洲人口普查資料，這個年齡層的人口根本沒這麼多。在美國也出現類似烏龍，臉書聲稱十八歲到二十四歲的觸及人數可能達四千一百萬，二十五歲到三十四歲的觸及人數達六千萬，三十五歲到四十九歲的觸及人數達六千一百萬，這幾個數目全都超過美國人口普查局數據。[44]

不單單是新聞將死，全球資訊網發明人提姆．柏納茲．李（Tim Berners Lee）認為，**網路本身也日薄西山**。[45] 二〇一四年，網路陷入黑暗期。在此之前，網站的流量來自四面八方，網路是生機勃勃的生態系統，豈料自二〇一四年起，網路一半以上的流量都被臉書和Google包辦。時至今日，臉書與Google支配逾七〇%的網路流量。[46]

對美國知名搞笑網站「不搞笑，毋寧死」（Funny or Die）之類的網站來說，臉書坐享其成，把他們創作內容的經濟利益「整碗捧去」。隨著喜劇網站退燒沒落，「不搞笑，毋寧死」網站最後也只能收掉編輯團隊。「不搞笑，毋寧死」網站大舉裁員後，員工麥特．克里曼（Matt Klinman）發推文抒發情緒：「祖克伯剛剛走進『不搞笑，毋寧死』網站，把我所有朋友都解僱了。」他解釋說：「在網路上做喜劇再也賺不到錢，臉書將獨立數位喜劇徹底消滅，我們怎能不提一提這該死的東西。」[47]

今天既然從臉書上就看得到搞笑影片，沒有理由還要連上擁有這支影片的喜劇網站。要是臉書懂得補償這些公司一些廣告營收，豈不皆大歡喜，偏偏臉書吝於將廣告營收與發行商分享。

網路意在打造開放、無政府、去中心化，更重要的是無拘無束的世界。一九九〇年代，網路服務供應商美國線上（America Online, AOL）幫助消費者上網挖掘內容，但最終還是難逃殞落命運，原因出在它是圍牆花園（意指封閉型平台）。美國線上決定策劃使用者經驗，這與網路精神背道而馳。一旦用戶透過地方電纜公司上網，而Google協助他們在網上搜尋任何目標，便沒有人想回頭求助美國線上。

臉書成了美國線上2.0，提供用戶集中式設計的網路，你找到的內容都是經這家公司篩選過的。臉書沒有比美國線上酷到哪兒去，卻不會落得和美國線上一樣的下場，多虧這家社群龍頭牢牢鎖定用戶的生命歷程、照片、交友圈及家庭關係。難以計數的文章與影片須經臉書把關方可上線，臉書已形同數位護照，很多應用程式和網站，諸如交友軟體Tinder或Bumble等，甚至要求用戶有臉書帳號才准加入。

Google依恃自家開發的新技術侵蝕網路，利用加速行動版網頁或行動應用程式雲端開發平台Firebase等工具，讓網頁載入速度更快。這些技術就跟臉書的即時文章一樣，乍聽起來很了不起，直到你恍然大悟，網頁加速載入Google與臉書的伺服器，只會排擠第三方廣告網絡，進一步將整個網路和這兩大巨頭的生態系統綁在一起，好方便他們行使控制權。[48]

而今個別用戶與私人企業處於權力嚴重失衡的狀態，Google和臉書掌控大部分流量，網路不再開放自由。開放源碼開發者安德烈·史塔爾茨（André Staltz）曾提到，科技巨頭能對用戶下禁令，「沒有義務保證你絕對能使用他們的網絡，對於他們的伺服器帳號，你不具法定權利，就算以社團名義，我們也不能要求這樣的權利。」[49]

面對封閉的網路遭兩大私人企業把持，用戶已有要求Google、臉書自我調整的呼聲。美國作家兼記者麥特·泰比（Matt Taibbi）一針見血指出：「解鈴還需繫鈴人，Google和臉書是問題的起因，也是解決的關鍵，這告訴你政府與主管機關的角色，是如何變得無關緊要。」[50]

海倫娜・史迪爾（Helena Steele）二〇〇二年自創廚房服飾品牌Jessie Steele，二〇〇九年開始在亞馬遜網站上架銷售，但二〇一四年她收手不玩，亞馬遜網站上假貨氾濫，逼得她不得不這麼做。

亞馬遜上販賣的Jessie Steele商品不是真品，而是在中國工廠製造，盜用史迪爾的商標。她密切追蹤自家存貨，要求第三方賣家白紙黑字保證，不會在亞馬遜上販售她旗下商品。但史迪爾的商品在亞馬遜網站上仍買得到，標榜「亞馬遜網站出貨販售」。史迪爾透露，她自家產品的銷售量慘跌九〇％，她對我說：「亞馬遜把我們打得跪地求饒，我們的財務被它掏空。」51

品牌被盜用的不僅限於小企業。二〇一六年，德國豪華車廠牌賓士（Mercedes-Benz）的母公司戴姆勒（Daimler AG），向美國華盛頓州地方法院遞狀控告亞馬遜，指控這家電商巨頭販售侵害戴姆勒專利權的輪胎「因此獲利」。戴姆勒在訴狀中指出，消費者信賴標榜「亞馬遜網站出貨販售」的商品，亞馬遜理應善盡責任，「查明必遏阻」侵權行為。

二〇一七年，德國百年涼鞋品牌勃肯（Birkenstock）執行長，指控亞馬遜是「現代版海盜行徑」，放任仿冒品在網站上販賣，他最後壯士斷腕，讓勃肯與亞馬遜劃清界線。此外，勃肯拒絕授權第三方賣家在亞馬遜販售。儘管亞馬遜和勃肯已公然互槓，然而今天花不到幾秒鐘時間搜尋，仍可在亞馬遜上找到山寨勃肯鞋的清單。

通常在法律保護傘下，電商網站不必為第三方賣家在他們平台上的行為負責。美國國會一九九八年通過的《數位千禧年著作權法》（Digital Millennium Copyright Act），[52]提供網路服務供應商「安全避風港」，對其用戶侵害著作權的行為予以免責。與臉書的廣告指標造假一般，亞馬遜犯的錯何止是不幸。與那麼多假貨為伍，亞馬遜似乎完全不覺得有什麼不妥，盡可能地拉高存貨，正是亞馬遜商業模式不可或缺的一環。

電子商務約占美國零售總額的一〇%，亞馬遜是電商市場第一把交椅，市占率估計達四三%。二〇一七年，美國網路購物的增值成長，亞馬遜包辦了五三%，代表該電商龍頭仍在繼續擴大它的主宰優勢。一份研究指出，消費者選購產品時，超過一半從亞馬遜網站搜尋起。半數美國家庭都付費成為Amazon Prime的會員，看上的是亞馬遜基礎設施支應下，商品配送的便利性。另有研究發現，付費加入亞馬遜忠誠方案的消費者，僅一%上網購物時不排除比較各店商品。

美國家庭約有一半是Amazon Prime會員。二〇一八年，五五%的網購搜尋從亞馬遜網站開始，比例高於二〇一二年的三〇%。運動用品大廠耐吉（Nike）和老牌連鎖百貨西爾斯（Sears）也低頭認輸，同意在亞馬遜上開賣運動鞋及楷模（Kenmore）家電。[53]

亞馬遜的反競爭效果源自於它本身的內在衝突，既是直接銷售者，又身兼第三方交易平台的經營者。亞馬遜的優勢展現出，網路效應是如何自我強化。商家在亞馬遜的銷售業績愈好，購物者就愈確信這個平台什麼都有，沒有搜尋不到的賣家。上亞馬遜購物的人愈多，賣家就愈將亞馬遜看成「非有不可」的交易平台。痛批亞馬遜而一戰成名的反壟斷專家卡恩，在她的論文中寫道：「亞馬遜自我定位為電商中心，如今對其他多數商家來說，是必要的基礎設施，沒有誰不依賴它。」[54]

二〇〇〇年亞馬遜內部掀起論戰，如果開放倉儲和配銷設施給第三方賣家及潛在對手使用，有主管擔心會養虎為患，反而壯大競爭對手。執行長貝佐斯卻另有體悟，成本昂貴的倉儲與配銷設施，須擴大吞吐量才能發揮效益，將自家基礎設施供其他同業使用，反而能取得關鍵優勢。對手若透過亞馬遜平台交易，貝佐斯便可完全掌握他們的銷售狀況。

全球亞馬遜網站陳列的商品，其中四四%是由獨立商家賣出，他們的業績成長速度甚至比宿主網站亞馬遜還快。亞馬遜簡直就是電商版的優比速或聯邦快遞，但有別於優比速或聯邦快遞的是，這些物流運輸業者所受的規範或監督，亞馬遜根本不甩，對它起不了管束作用。部分批評者指出：「沒人能擔保亞馬遜不會占便宜，一些事例證明他們可是會這麼做。亞馬遜的銷售行為是基於自身利益，它們會觀察商品賣得好不好，讓自己立於不敗之地。」[55]

根據以色列零售分析提供商Upstream Commerce的研究，亞馬遜追蹤了第三方賣家在其平台的銷售數字，利用這些數據選賣最熱銷的商品，與市場競爭者正面對決。Upstream取樣逾八百五十件新上市的女裝商品，觀察亞馬遜何時會開始跟進銷售。結果十二週之內，亞馬遜就會賣起二五%熱銷的新上市女裝。[56]

亞馬遜作為大客戶，可享有聯邦快遞和優比速給予的優惠折扣，亞馬遜再將這些折扣，轉讓給使用該公司履單服務的獨立商家。顧客對於商品配送方便且物美價廉大聲叫好，商家別無選擇只好使用亞馬遜的履單服務，除非他們不想要具競爭力的出貨率及受歡迎的商品清單。

一提到亞馬遜的打假政策，還有與自己的合作夥伴競爭，這個電商巨人明顯身處利益衝突狀態。就跟臉書和Google冀望投放的廣告能吸引到最多目光一樣，亞馬遜作為電商平台，無不希望線上銷售數字極大化，至於內容是否為盜版，商品是否有假，科技巨頭根本不在乎。

如大家所知，亞馬遜創辦人貝佐斯喜歡在開會時放一張空椅子，提醒員工要重視顧客需求。但講到顧客找尋商品，亞馬遜其實是把自己放在第一位。美國非營利調查新聞媒體ProPublica研究發現：「亞馬遜運用其市場勢力和專屬演算法來圖利自己，犧牲賣家及多數顧客權益。」[57]顧客在網站上搜尋數百件商品，約有四分之三的機會，亞馬遜自家商品的排序，會在使用該平台的第三方賣家商品之上，縱使第三方產品的價格更便宜。交易平台能成為自己市場的監管者，沒有比這更划算的事。

有這樣的盟友，還需要敵人嗎？

大企業會給對手難堪很正常，這個隱喻在矽谷也同樣適用。

我們為本書做調查時，某位創投家告訴我們，科技經濟如今變成叢林，掠食者與獵物的隱喻我們不難理解，但他描述地更具體。矽谷現今宛如在叢林最深處，就是所謂的三重天篷（triple canopy），參天樹木遮蔽所有光線，地面寸草不生。今天，新創企業幾乎照不到陽光。

城市佬大多會這麼想，叢林這麼濃密，不可能徒步穿越，但那只是部分事實。在雨林深處有一獨特珍奇的結構，好幾個垂直層樹林形成一個天篷，最上層的天篷離森林地面約有三十九．六公尺高。野生動物幾乎都住天篷，很多動物棲息在樹上，終其一生都沒有踏到下頭的土地。一旦你深入三重天篷的叢林中心，會發現地上什麼都沒長，受到濃密的樹葉阻擋，僅二%的陽光能照到地面。地面被薄薄一層落葉枯枝覆蓋，很快就會分解腐爛。[58]

美軍對越南叢林的三重天篷再熟悉不過，天篷底下的溼度高達九五%，讓人快要窒息，人被搞得筋疲力竭，衣服也破損，幾乎沒有生物能在天篷底下長久生存。胡志明小徑*就開闢在三重天篷叢林，直升機與戰機的視線幾乎完全被密林遮蔽，無法支援在下面叢林作戰的美軍。[59]美國國防部的因應之道，竟是噴灑約七千一百九十二萬公升的落葉劑（除草劑），毒害越南土地。[60]

過去十年，Google、亞馬遜、蘋果、臉書、微軟等科技巨擘，合計收購超過四百三十六家企業及新創公司，監管機關卻不聞不問。光是二〇一七年，Google等矽谷巨頭就大灑逾三百一十六億美元在收購活動上。現在大多數小公司不奢望憑自己的力量成功，在被擊潰之前，趕緊投靠科技巨頭作為「出路」，是他們唯一目標。

* 譯注：胡志明小徑是越戰期間，北越領導人胡志明下令開闢支援南方戰事的通道。

與大企業對抗恐蒙受無窮無盡的損失，這個理由足以讓新創公司俯首稱臣，把自己賣給市場老大哥。嬰兒用品線上零售商Diapers.com，起初將上門求親的亞馬遜拒於門外，亞馬遜便開始大動作施壓，大砍自家尿布商品的售價，擺明採取掠奪性訂價策略進逼。Diapers.com主管根據寶僑（Procter & Gamble）的尿布成本及運費估算，亞馬遜單季光是尿布商品要損失一億美元，需要靠創投挹注銀彈的新創公司，不可能籌到等額資金與亞馬遜抗衡。到頭來，Diapers.com還是拒絕不了亞馬遜的收購提議。[61]

亞馬遜不惜賠本把尿布售價砍到見骨，似乎是瘋了，但亞馬遜本來就不是家正常公司。《媒介者》（*Matchmakers*）一書的作者大衛．伊凡斯（David Evans）與理查．施馬蘭奇（Richard Schmalensee）指出：「舉例來說，傳統經濟認為，賠本賣產品絕無獲利可能。新型態的多邊經濟證明，即便你不向顧客索取任何費用，甚至還付錢給他們，依然有利可圖，這並非只是紙上談兵，常看到確實可行。」[62]既然身為平台公司有贏家通吃的好處，亞馬遜樂於賠本賣尿布，只要能爭取到更多買家和賣家在它的平台上交易。

新創企業不是接受大公司收購，就是等著被無情摧毀。大部分創業者面對市場大咖身不由己，只好把心血結晶割愛脫手。社交軟體Instagram和WhatsApp創辦人就是代表性例子，讓自家公司委身嫁給社群龍頭臉書。將不能拒絕的收購邀約打回票的話，恐面臨腥風血雨的殘酷競爭：新創公司的創新技術遭模仿複製，捲入專利權訴訟大戰，內部頂尖人才被挖角。

科技巨頭偏愛新創公司，就像萬獸之王獅子喜歡大快朵頤享用蹬羚屍肉。新創公司不是提供連科技大廠內部都提不出的創新技術，就是付費給大型科技公司，有幸使用他們的基礎設施。

新創公司Snap的遭遇或許是最血淋淋的例子，它正是即時通訊軟體Snapchat的母公司，Snapchat主打限時自動銷毀功能。縱使Snap是最創新的消費者導向網路公司，還是不敵科技巨頭的猛烈攻擊。Snap當年首次公開上市，目標籌資三十四億美元，創下數年來最大宗首次公開上市案的輝煌紀錄。*臉書覬覦Snap這家成長飛快的新創企業，收購不成後，便讓已經收編到麾下的另家新創明星Instagram，一再模仿複製Snap的關鍵創新技術。之後Snap的股價萎靡不振，跌破首次公開上市發行價，科技巨頭的路殺（road kill）戲碼再添一樁，下一個挑戰巨人歌利亞的大衛，恐怕籌資的難度更高。

但踩著Snap屍體搏取成功的科技巨頭，可不只有臉書。二〇一七年一月，Snap與Google簽訂雲端主機使用合約，Snap同意未來五年內，年年支付Google四億美元，約占Snap年營收的五成左右。[63]

* 譯注：Snap於二〇一七年掛牌上市，是繼二〇一四年阿里巴巴後美股最大首次公開上市，也是自二〇一二年臉書後，科技業史上最大首次公開上市。

接受科技巨頭資助創投基金的新創公司，總是要吃點苦頭才會學到教訓。亞馬遜的創投部門，投資新創企業Nucleus五百六十萬美元，創辦人喬納森．法蘭科（Jonathan Frankel）欣喜若狂，Nucleus專攻視訊通話技術。豈料一年後，法蘭科由當初的狂喜轉為憤怒，亞馬遜最新發表的聲控裝置Echo Show智慧音箱，被控抄襲Nucleus的產品。[64]他告訴科技新聞網站Recode：「他們只想多賣一點清潔劑，而我們確確實實想幫助一般家庭溝通更便利。」[65]

建置網路服務的技術成本較之以往更便宜，新創公司想成功絕非難事。線上平台掌控必要的基礎設施，連對手都有求於他們。科技巨頭經營雲端、應用程式商店、廣告網絡，旗下有創投公司，還控制網際網路骨幹。

新創業者於臉書、Google砸下數億美元廣告支出，為的是幫自家產品，爭取到在潛在用戶前面曝光的機會。他們想在應用程式商店上架，還得看蘋果、Google的臉色。他們付費給Google、亞馬遜，圖的是這兩大巨頭的伺服器和雲端服務。新創公司就好比是中世紀歐洲的農民，寧可付買路財給強盜貴族，只盼一路上不會遭到襲擊。

迄至目前為止，Google依然睥睨對手，自二〇〇八年以來，甚至再無新公司踏進Google雄踞的搜尋市場。沒有創投業者資助開發新的搜尋引擎。

Google的營運規模令人嘆為觀止，到難以理解的地步，還不是因為這家網搜龍頭有很多技術，仍是嚴加看管的機密。正確來說，就算Google不是搜尋引擎，從它鋪設的光纖電纜數量來看，也名列全球前三大網路服務供應商。[66]Google成立的數十座數據中心遍布全球，座落於美國本土的至少有十二座，[67]其中一座大型數據中心就位在奧勒岡州（Oregon），約有兩座美式足球場這麼大，配備四層樓高的冷卻塔。過去三年來，Google大舉鋪設連接雲端數據中心的電纜，為建置此基礎設施狠砸三百億美元。[68]任何一家新創公司都不可能有此財力，做媲美Google的資本支出。

網際網路構築的資訊高速公路，每個人的資料須經此傳輸，將其控制在手的可不只有Google一家科技巨頭。愈來愈多大型網路壟斷企業，在世界各地自行鋪設光纖電纜。Google和臉書聯手打造第一條直接連結洛杉磯與香港的海底光纖電纜，全長約一萬二千八百七十五公里。臉書及微軟則宣布合建橫跨大西洋的光纜Marea，每秒可傳輸一百六十TB（terabytes，兆位元組）。[69]科技巨頭握有資訊高速公路這類公用事業，其他同業得向他們上繳過路費。

如果你不認為當今企業一肚子壞水，問問創投業者吧。照矽谷創投家班尼迪克・伊凡斯（Benedict Evans）的說法，Google、臉書和亞馬遜是「逞凶鬥狠的街頭霸王，多虧這幾家公司大多有二十年以上的歷史，他們都親眼見識到微軟的遭遇」，不想讓微軟的慘痛經歷發生在自己身上。[70]

商家評比網站Yelp共同創辦人兼執行長傑瑞米・斯托普爾曼（Jeremy Stoppelman）表示：「倘若你在Google的獲利領域提供出色的內容，會被視為潛在威脅，他們將封殺你，讓你就此消失，把你徹底埋葬。」

此情此景簡直是一九九〇年代末期的翻版，若是你打算涉足牽涉到微軟的領域，創投基金半毛錢都不會資助你，這在當時幾乎無人不知、無人不曉。[71]如果有什麼新產品或新方案妨礙微軟的目標，微軟內部人員連「讓我們『砍了嬰兒』」這種狠話都說出口，此用語隱喻微軟會先下手為強，在小咖競爭對手成氣候前就做掉他。[72]

今天舊事重演。紐約聯合廣場創投公司（Union Square Ventures）執行合夥人艾伯特・溫格（Albert Wenger）指出：「這些巨頭企業無論是他們的規模，或對創投資助的目標、哪些項目會成功的影響力，都如此巨大。」溫格提到，很多投資人不過是拒絕資助在「絞殺地帶」（kill zone）的事業。[73]

誰知道有多少好公司，因創投業者忌憚科技壟斷企業的淫威，痛失取得金援的機會？斯托普爾曼上《六十分鐘》（*60 Minutes*）節目接受專訪時說：「如果我拖到今天才創業，怕是沒有機會成立 Yelp。」

今日科技巨頭打造出的生態體系，讓他們即便沒有率先想出絕佳點子，也能夠荷包賺滿滿。對科技巨頭而言，與新創公司競爭成了單向投機。

本章關鍵思維

- 美國科技巨頭的總市值，已超越所有西歐國家的國內生產毛額。
- 對科技巨頭而言，與新創公司競爭成了單向投機。
- 談到稅務，科技企業自外於國家政府制定的法律，還引發其他國家展開逐底競爭。
- Google等公司仗著平台勢力已是不同等級，他們世界的規則由他們來定，我們只能身在其中。

第六章 強盜逼收買路財

從牛奶、媒體、藥妝店到殯葬業

與其靠我自己付出百分之百的努力，倒不如讓一百人各自為我貢獻百分之一的力量。

——約翰．戴維森．洛克菲勒

想像一下這樣的世界，巨頭企業緊盯你每天的習慣，對你的一切瞭若指掌，知道你的好惡、和誰交談、買了什麼東西、有沒有準時繳帳單、與朋友談論的話題。假如這家公司給你打了高分會怎樣？高分能讓你住好房子，開好車，甚至過更好的生活。

那聽起來像是網飛影集《黑鏡》（*Black Mirror*）的劇情。其中一集描述某虛構的社群媒體平台，讓用戶相互打分數，就像TripAdvisor或Yelp網站評鑑飯店、餐廳一樣，評分決定你個人的信用程度，還有你身而為人的價值。你的排名愈好，社會階級就愈高，評分低會讓你與工作、福利、交友絕緣。

此暗黑式的幻想已在中國成真。二〇一四年六月十四日，中國國務院發表名為《社會信用體系建設規劃綱要》（Planning Outline for the Construction of a Social Credit System）的文件。標題本身聽起來無聊乏味，內容卻提出使用革命性新工具監控人口的建議。中國人人都有判定他們信譽高低的分數，[1]民間科技巨頭協助政府監控及評價十三億人民。這些信貸分數的用途幾乎無所不包，會追蹤網路用戶在線上的一舉一動，包括他們的交友狀況和言論。中國政府將這套系統定調為向上提升的方法，就如官方宣傳告訴我們的：「保持良好信用是榮耀。」

中國成了大數據遇上老大哥的實驗室，大型科技壟斷企業與政府攜手合作。如果說當初列寧、史達林、毛澤東統治下體現的共產主義失敗，歸咎於中央規劃是一場災難，現在有大數據神救援。中國電商龍頭阿里巴巴的用戶數破五億，創辦人馬雲二〇一七年聲稱：「大數據讓市場變得更聰明，得以規劃並預測市場力量，使我們最終能實現計畫經濟。」[2]

二〇一三年前中情局承包商雇員愛德華．史諾登（Edward Snowden），揭發美國政府的全球網路監控計畫，踢爆美國企業與情報機構也參與其中，給政府存取個人資料的機會。美國人為此群起憤慨一陣子之後，又繼續過他們以往的生活。其實是消費者自己引狼入室，邀請老大哥進他們家門。現今數百萬消費者有了像是Amazon Echo或Google Home等「智慧」裝置，這兩款由亞馬遜和Google推出的智慧音箱，能分毫不差鑑別語音，而且是全天候待命。

臉書及旗下的社交軟體Instagram、WhatsApp，對你的電子郵件、電話號碼、好惡、交友、家庭、大部分瀏覽歷史，還有你去過哪裡、做過什麼都一清二楚。Google則有你完整的搜尋紀錄，靠著你的IP地址和Google地圖，一聲不響地記錄你所到之處的痕跡。

科技巨頭連人離線時都不放過，透過他們的臉來追蹤。Google有一款聰明靈巧的行動應用程式，掃描使用者的臉部後，從資料庫中比對出相似度最高的藝術品，Google因此取得數百萬筆臉部掃描資料。臉部辨識技術是蘋果iPhone X主打的賣點之一，臉書的人臉辨識正確度達九八%。[3]你可以更新密碼，臉卻不是說變就變。

幾乎無人把科技壟斷企業控制我們的生活當一回事，直到俄羅斯情治單位企圖影響美國大選與英國脫歐公投的證據浮出水面。臉書、Google作為「新聞」和「資訊」源頭，牽涉的規模及範圍之廣顯而易見。無法無天的假文章在臉書上流竄，此問題終於引起公眾注意。臉書的演算法給爭議性貼文優先待遇，雖然賺到點擊率，但同時也讓正確性打了折扣。

就連臉書的早期投資者，都轉頭批評起這家公司。創投家羅傑・麥克納米（Roger McNamee）與臉書執行長祖克伯相識多年，被祖克伯奉為導師的他，在經營策略上給了很多建議。而今他批評政府對科技巨頭亮綠燈，放任他們為所欲為：「沒人阻止他們侵吞內容創作者的獲利；沒人阻止他們蒐集每位用戶網路生活各方面的資料；沒人阻止他們這樣累積市占率，是標準石油時代以來僅見。」[4]麥克納米從過去的臉書推廣者，轉而呼籲分拆這些數位壟斷企業。

諸如金融巨鱷喬治・索羅斯（George Soros）的投資大亨也驚覺到危險，警告富數據（data-rich）壟斷企業的權力之大，恐怕會與極權國家組成「邪惡聯盟」。到最後，「可能導致極權主義控制的網路成形，連阿道斯・赫胥黎（Aldous Huxley）或喬治・歐威爾（George Orwell）＊都想像不到。」[5]

不過是十年前，奇異、艾克森美孚（Exxon Mobil）、微軟、花旗集團、美國銀行等美國排名前幾大的企業，合理呈現美國經濟的面貌。但如今美國企業前五強：亞馬遜、臉書、Google、蘋果、微軟，清一色是科技公司，他們對我們生活的影響力，遠勝西聯匯款、標準石油或AT&T等過往的壟斷企業。

科技巨頭不僅接管美國，他們還接管全世界。過去一年，亞馬遜、蘋果、Google、微軟的市值加總起來達八千二百五十億美元，無論是巴西、義大利或西班牙股市掛牌公司的整體市值都望塵莫及。臉書的用戶數比伊斯蘭教的信徒還多，很快就會超越全世界的基督徒人數，所以祖克伯將臉書與教會相提並論一點都不奇怪。

科技壟斷公司成了史上最大企業，他們的高層主管生活在另一個世界。現今矽谷郊區阿瑟頓（Atherton）是全美最昂貴的郵區，科技鉅子的豪宅及產業隱密性高，很難從路上一窺堂奧。當地頂級豪宅售價在三千萬美元左右，每戶均價逾九百萬美元，前Google執行長施密特、前惠普執行長梅格・惠特曼（Meg Whitman）、臉書營運長雪柔・桑德伯格（Sheryl Sandberg）都在這裡置產。[6]

超過一世紀時間，加州體現了美國科技和經濟進步。而今金州（Golden State，加州別名）的貧窮率竟居全美之冠，甚而高過密西西比州（Mississippi）和阿拉巴馬州（Alabama）。美國接受社福救濟人口約三分之一集中在加州，此比例是加州在全美人口占比的三倍。[7]

昔日加州科技業產生的工業就業機會，不但繁榮了矽谷，也帶旺聖荷西（San Jose）等勞工階級城鎮。蘋果**iPhone**是矽谷的象徵，而今你買的**iPhone**，雖說在加州設計，卻是中國製造，勞工階級的製造業工作機會長期流失。

科技壟斷企業獲利數十億美元，矽谷成長引擎卻反轉倒退。二〇一七年，就業成長開始不增反減，舊金山灣區（Bay Area）有大半時間是裁員人數比聘僱人數還多。[8]住房成本變得高不可攀，只能選擇住在房價低廉地區，使得通勤時間拉得更長，這已引起勞工注意，所以他們用腳投票。根據一項調查，二〇一六年矽谷的外移人口，比起二〇〇六年來任何一年來得多。

宛如中世紀農奴的翻版，莊園主人住在高牆後面，生活每況愈下的加州人變多，比父母那一輩更糟。[9]加州愈來愈像階級嚴明的中世紀社會，金字塔頂端的財富並沒有下滲（**trickling**

---

* 譯注：赫胥黎的《美麗新世界》與歐威爾的《一九八四》被譽為反烏托邦小說的經典之作，前者描述科技如何泯滅人性，後者預言科技被獨裁者利用來監控人民。

down）。*根據紐約布魯克林社會科學研究委員會倡議計畫「衡量美國」（Measure of America）的報告，加州是全美貧富最懸殊的一州。[10]矽谷三〇％左右家庭若無政府或私人的非正式援助，光靠收入根本無法應付基本需求，而西班牙裔或拉丁裔家庭陷入此困境的比例，躍升到五九％。[11]

社會大眾終於對數位壟斷企業的危險性有所警覺，也意識到億萬富豪壟斷者及下層農奴的隔閡之大。但壟斷的問題並不侷限於矽谷科技企業，他們只是冰山一角。

「強盜貴族」（robber baron）一詞源起於中世紀德國的強盜騎士（Rauberitter），會對橫越他們領地的人強索過路費，卻無任何修繕道路舉措。過路費是變相徵稅，要平民百姓乖乖掏錢上繳貴族。

美國人每天為了生活奔波，他們誤以為自己有所選擇，但他們過的日子是，付費給少數幾家缺乏實際競爭的公司。

提到消費者選擇，晚近的資本主義與蘇聯時代邏輯如出一轍。美國人每天一覺醒來，可以吃家樂氏（Kellogg’s）、通用磨坊（General Mills）、Post等牌子的麥片當早餐，這三大品牌在麥片市場囊括八五％的市占率。工作休息時間，美國人想喝個軟性飲料輕鬆一下，前三大飲料巨頭包辦八五％以上市占率，[12]龍頭是可口可樂（Coca Cola），老二和老三分別為百事可樂（PepsiCo）及胡椒博士集團（Dr. Pepper Snapple）。要是他們不喜歡含糖飲料，或許會買些瓶裝水，在這個市場他們會發現前十大品牌中，出自雀巢（Nestlé）、可口可樂、百事可樂等大廠的就有九個之多。如果下班後想來杯啤酒，他們有百威（Budweiser）、可樂娜（Corona）、時代（Stella）或酷爾斯（Coors Light）幾個牌子可挑選。不過在美國司法部認可莫爾森酷爾斯與百威英博的新雙頭壟斷成形後，這兩大釀酒集團如今連袂吃下美國九成啤酒市場，還包括不少據稱是「精釀」的啤酒。[13]

消費者或許只想暢飲可口可樂、沛綠雅（Perrier）礦泉水或百威啤酒，誰會在乎軟性飲料市場被少數幾家企業把持？事情要是那麼簡單就好。超市貨架是備受覬覦的不動產，強勢品牌常能爭取到排擠其他品牌的上架協議，不少超市會做「品類管理」，「指揮官」，也就是強勢品牌，會協助指定什麼品牌擺在什麼位置。[14]事實上，這也是某種形式的卡特爾，令人不解的是，弱勢品牌老是被苛待。[15]你在主要零售商的貨架上，找不到任何小品牌的蹤跡。

當你打開手機，可能不是用蘋果iPhone的iOS系統，就是Google開發的安卓系統，歡迎進入蘋果、Google雙頭寡占的世界。你的手機公司具寡頭地位，可能不會讓你每天牽腸掛肚，但你的網路十之八九是由地方電纜公司提供，對七五%的美國人來說，這類業者完完全全壟斷地方市場。

如果談這麼多市場集中化的問題讓你頭痛，別擔心。你大可上CVS或沃博聯（Walgreen

---

* 譯注：美國有所謂的「涓滴經濟學」（trickle-down economics），認為富人與企業減稅有利總體經濟，也可讓底層貧困階級雨露均霑。

Boots）門市買阿斯匹靈，這兩大連鎖藥妝品牌在藥房和藥品福利管理市場形成雙頭寡占。然而司法部不是普通的大膽，居然只准沃博聯收購同業來德愛（RiteAid）一半的門市。[16]就像不滿自己兒子有嗜喝可樂習慣的父母，吩咐他只能喝半罐，此比喻用在這裡真是再恰當不過。

假使你看到保單覺得自己就要心臟病發作，很可能你是向地方雙寡頭保險公司買的健康保險。根據二〇一四年美國政府責任署（Government Accountability Office, GAO）調查，全美有三十七個州，前三大保險業者的總市占率起碼都有八成。[17]一旦你要上醫院恐怕會覺得困擾，醫院整併的緣故，九〇%的美國都會區，都有醫療院所高度集中化的現象。[18]

一般人都清楚他們的處境很糟糕，也覺察到現行的壟斷體制對他們不利。我們希望接下來幾頁能確切說明，每天為生活奔波的他們，為什麼會有這種感受。

數十種產業明目張膽集中化，讓人不禁要問，有關當局究竟把時間耗在什麼地方。我們不知道，只知道金融危機惡化導致經濟衰退期間，竟有證券交易委員會（Securities and Exchange Commission, SEC）的員工上班時間瀏覽色情網站。[19]我們實在不願對司法部和聯邦貿易委員會多加揣測。

首先，讓我們徹頭徹尾檢視壟斷企業，他們通常來自看似競爭，實則具地方獨占性的產業。接著我們要研究的是雙頭寡占，再來是寡頭壟斷。為了不造成讀者困擾，我們只觸及少數幾個領域，實際上另有數十個之多。要是你讀畢本章還能夠平心靜氣，可見你敷衍了事看得不夠仔細。

大多數產業將美國分割得四分五裂，他們只有一個目的，就是壓榨消費者。

壟斷企業（及地方獨占者）

電纜／高速網路

三家公司掌控美國六五％的電纜市場，但這個數字毫無意義，就地方層級來看，電纜公司並未面臨實際競爭。這關係可大了，因為你要使用高速網路，電纜業者是唯一的選擇（而且僅二五％鋪設光纖電纜，數位用戶迴路（DSL）電話線傳輸速度又太慢）。[20]二〇一一年，跨國電信公司自由全球（Liberty Global）董事長約翰．馬龍（John Malone）公開表示，提及美國高容量資料連線，「現在的電纜業壟斷色彩濃厚。」他說得一點都沒錯。美國全境實質上幾乎已按地緣性瓜分。

電腦作業系統

微軟的電腦作業系統有超過九成的市場占有率，微軟也藉由辦公套裝軟體Microsoft Office，強勢主宰辦公軟體市場（我們就是用Word軟體寫這本書），微軟一向的策略是利用現有產品來庇蔭新品。WordPerfect、Lotus等其他同業開發的文書軟體，打不進Windows系統的應用程式介面，全因這個作業系統自我封閉，微軟不與其他同業分享。Windows的版本一個接著一個不斷更新，微軟總是比其他開發商早好幾步掌握最新的應用程式介面。微軟利用Microsoft Office和Windows深切整合的優勢，剷除競爭者Lotus Notes、WordPerfect。[21]

社群網絡

臉書在全球社群媒體的市占率突破七五%，勝過推特或Pinterest等其他對手，[22]該社群龍頭的線上展示廣告占有率也逼近四五%。[23]臉書執行長祖克伯是個資皇帝，二十億用戶將他們的私人資料、政治觀點、喜好偏好乖乖交出來。

臉書用戶理應嚇得魂飛魄散。祖克伯創立臉書時，還是哈佛學生的他發了封電子郵件這麼寫著：「柯克蘭（Kirkland）宿舍臉書在我的桌上型電腦開張，有人的臉書照片非常嚇人，我差點忍不住要把一些人的尊容放在農場動物照片旁邊，讓大家投票看誰比較美……開始駭入我的網頁吧。」[24]臉書於焉誕生。臉書持續擴張壯大，祖克伯自己都不敢相信，臉書用戶笨到這種地步，二話不說交出他們的個人資料，「他們信任我，蠢貨。」[25]我們完全認同。

網路組織愈來愈有贏者全拿的派頭，無一不想在網路上擁有最多用戶。若第三方支付龍頭PayPal僅有你一位使用者，那麼這個平台還有何價值可言？答案是一文不值，你需要買家和賣家。兩人買賣交易，價值才能彰顯。有一百位使用者，發展前景耐人尋味；一百萬人都愛用，PayPal在業界幾乎所向無敵。網路用戶多達數十億人，世界各國還有幾乎所有宗教都相形見絀。

搜尋

Google鯨吞九成的搜尋廣告市占率。這家網搜龍頭完全採自我強化的商業模式，搜尋的人愈多，搜尋業務就愈火紅；搜尋流量愈高，就能拉到愈多廣告主；搶著刊登的廣告主愈多，廣告投放的成效愈好。搜尋市場的進入壁壘高，建置搜尋引擎的成本昂貴且耗時長，逾十年來沒有新進者成功打入。根據歐盟的反壟斷調查結論，Google濫用市場勢力來推廣自家網站及其搜尋結果，開罰二十七億美元。[26]難以置信的是，Google竟獲准收購網路廣告服務商DoubleClick等對手，從而降低競爭威脅。[27]

線上數位廣告基本上已是Google和臉書雙寡頭壟斷的局面，臉書主宰展示廣告，Google支配搜尋廣告，這兩大巨頭犧牲其他同業，在這個產業占盡好處。[28]

牛乳

美國牛乳市場看起來碎片化，但大多數酪農將生產的牛乳賣給當地單一收購大戶，也就是地方壟斷者。如果你是酪農，講到賣牛奶常常沒得選擇。美國乳業龍頭迪安食品（Dean Foods）是市場主導者，握有四〇％左右的市占率，靠發動一連串收購戰壯大。[29]這家公司為了價格操縱及壟斷訴訟，已經付了幾百萬美元。[30]迪安食品不得不支付和解金來擺平官司，它被控與兩家同業國家乳業（National Dairy Holdings）、美國酪農（Dairy Farmers of America）操縱市場價格，這三家乳業巨頭聯手控制美國東南部七七％的乳品生產，還達成互不競爭的協議。[31]

鐵路

鐵路一看就是寡占事業，只有幾家主要業者把持，事實上他們是地方和區域壟斷企業。美國貨運鐵路業集中度高，由少數幾家公司主導市場：股神巴菲特旗下的柏林頓北方聖塔菲鐵路公司（BNSF Railway）、CSX運輸（CSX Transportation）、諾福克南方鐵路（Norfolk Southern Railway）、聯合太平洋鐵路（Union Pacific Railroad）及規模最小的堪薩斯城南方鐵路（Kansas City Southern Railway）。

一九七〇年代，美國約有十二家鐵路公司歷經破產或靠政府資助重整的慘況，而國會於一九八〇年通過《斯塔格斯鐵路法》（Staggers Rail Act）之時，這個國家的貨運鐵路基礎設施大多一團糟。今日鐵路運輸的噸英里（ton-miles，貨運量單位）是一九八〇年的兩倍，卻是由極少數幾家業者達成。[32]《斯塔格斯鐵路法》實施後，美國一級鐵路公司的數量從三十多家劇縮到四家。廣義而言，鬆綁鐵路管制的做法奏效。然而，一旦鐵路業者驟減只剩四家，競爭性便煙消雲散，價格按實值計算漲了四〇%。[33]

鐵路業看起來像寡頭壟斷，但對很多形同俘虜的貨主來說，鐵路業其實是獨占事業，因為他們只能找一家鐵路公司服務。[34]今天講到穀物運輸服務，已是雙頭寡占的局面：柏林頓北方聖塔菲鐵路和聯合太平洋鐵路稱霸美西，CSX運輸及諾福克南方鐵路主宰美東（見圖6.1）。[35]

種子

當今市場是基因改造種子的天下，美國八〇%的玉米種子和九〇%以上的黃豆種子，都掌握在種子商孟山都（Monsanto）手中。[36]我們寫這本書時，德國化工大廠拜耳（Bayer）打孟山都的主意尋求收購。*孟山都在海外最大的死對頭是先正達（Syngenta），這家瑞士農業化學巨頭已被併入中國國營企業中國化工（ChemChina）。與此同時，美國兩大化工巨擘陶氏化學（Dow Chemical Co.）與杜邦強強合併，並決定合體後分拆農業業務。這幾樁合併案全數完成後，三大企業巨獸掌控近七成的全球農藥市場，以及八成的美國玉米種子市場，[37]少數幾家公司控制我們整體糧食供應的勢力將集結完成。美國人也不用看什麼反烏托邦電影，在很多方面我們已身在其中。

* 譯注：拜耳於二〇一八年六月完成孟山都收購案。

圖6.1　鐵路營運商合併：四巨頭成形

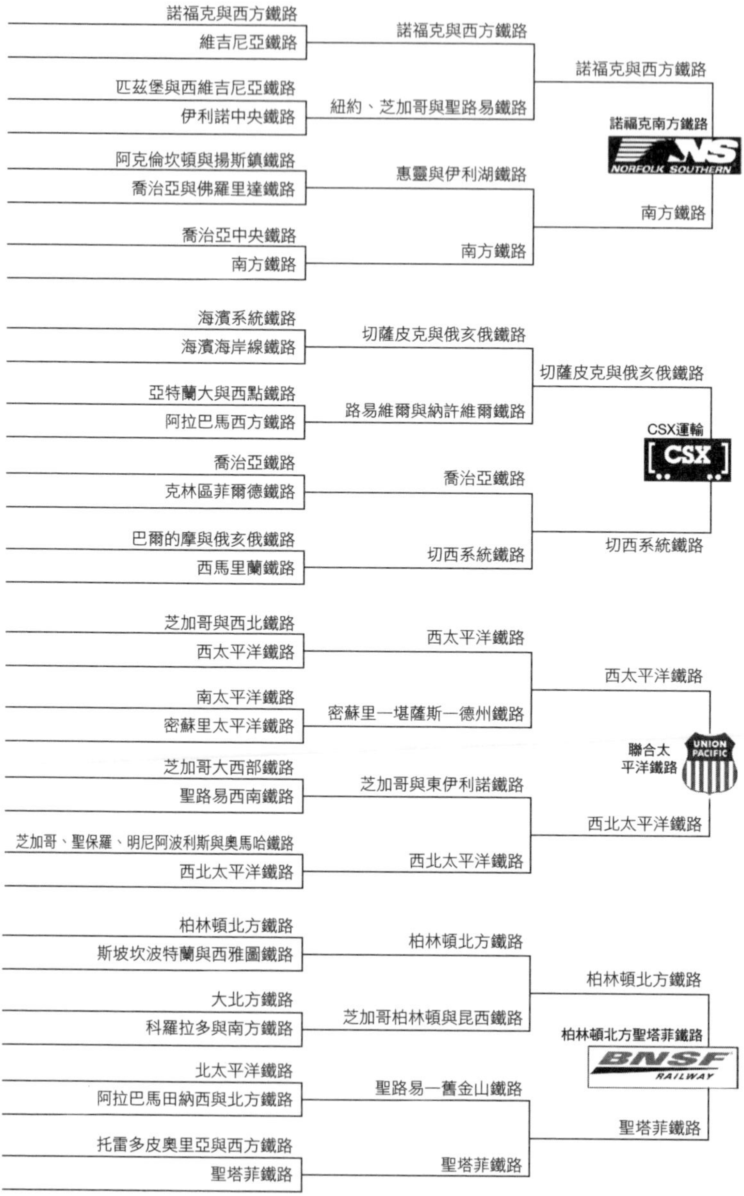

資料來源：Testimony of David Cleavinger, President, National Association of Wheat Growers, House Committee on Small Business, *Hearing to Review Rail Competition and Service*, May 1, 2008, p. 2.

微處理器

晶片龍頭英特爾在微處理器市場的占有率高約八〇%，對手超微半導體（Advanced Micro Devices, AMD）盤旋在二〇%左右。[38]但在過去二十年，英特爾的市占率多半逼近九成，是名副其實的壟斷者。若說壟斷有什麼通例，無非是壟斷者有獨占習慣。英特爾因濫用市場地位，被迫支付可觀的罰金。歐盟執行委員會（European Commission）在二〇〇九年發現，英特爾提供補貼及獎勵給電腦製造商，以換取英特爾晶片的採用順位，優先於對手超微半導體的產品。[39]早在此之前，超微半導體就指控英特爾從事不公平競爭，給日本個人電腦製造商補貼的甜頭，日本業者因而同意取消或限制採購超微半導體生產的微處理器。二〇〇九年十一月，英特爾與超微半導體化干戈為玉帛，兩家公司在全球互告興訟的案子全面和解，英特爾同意支付十二億五千萬美元的和解金。[40]

殯葬業

美國殯葬業有高度碎片化現象，但在大多數鄉鎮和城市，這一行通常具地方壟斷地位。大部分喪家不會找離家超過大約八十公里的殯儀館，痛失至親之下，根本無心貨比三家，哄抬價格的機會來了。

殯葬業的八百磅大猩猩，是殯葬服務供應商國際服務公司（Service Corporation International, SCI），經營超過二千家殯儀館與墓園，市值破七十億美元。二〇一三年，聯邦貿易委員會無視消費者的抗議怒吼，批准國際服務公司收購最大勁敵Stewart Enterprises。

一九六〇年，殯儀館清一色是獨立小商家，平均每人殯葬相關花費不過七百美元。今天美國的殯葬費用平均在八千美元之上，光是棺木就動輒要價超過一萬美元。[41]國際服務公司的收費比起其他獨立殯葬業者，貴上三〇%到四〇%。[42]不少州通過立法，保護殯儀館不受競爭威脅，阿拉巴馬州甚至有修道士賣手工木棺遭裁定起訴。[43]美國消費者簡直是打從出生就任業者宰割，一直到進棺材。呱呱墜地時，打交道的醫院壟斷地方；蒙主寵召時，非依賴不可的殯儀館服務沒有競爭壓力。

雙頭寡占

支付系統

萬事達卡和威士卡幾乎包攬整個信用卡市場，這兩大發卡組織是市場的雙寡頭，美國運通（American Express）排行老三。信用卡市場何以如此集中，站在商家立場，幕後原因不外是支付系統是壟斷性基礎設施。無論你使用的是何種終端機或處理器，你的核心基礎設施，仍是奠基於雙寡頭萬事達卡與威士卡掌管的「管路」。這兩家公司在全美經營信用卡交易，收取巨額的過路費，相當於隱形的交易稅，他們多年來強迫商家支付沉重的交換費。二〇一二年，威士卡、萬事達卡及美國龍頭銀行，同意付給數百萬商家七十三億美元，來擺平糾纏七年的信用卡「刷卡」費爭議。[44]

啤酒

美國司法部爆出有員工上班玩單人紙牌或逛色情網站之際，啤酒巨頭合併的消息被反托拉斯機構視而不見。令人詫異的是，美國政府竟允許全美啤酒市場被兩家公司壟斷。美國啤酒市場是如假包換的雙頭寡占，區區兩家業者就控制九〇%以上的啤酒市場。每當你痛快暢飲冰啤酒時，想想這件事吧！

近來啤酒市場的動作，就好像是重新安排鐵達尼號（Titanic）上的甲板椅子，競爭這檔事跟著沉入海底。這幾年來，我們看到啤酒業掀起史無前例的整併潮。合併第一砲出現在二〇〇八年，司法部核准美國釀酒商莫爾森酷爾斯（Molson Coors）和同業英國南非美樂，組成合資企業美樂酷爾斯。短短幾個月後，美國啤酒龍頭老大安海斯—布希與比利時釀酒商英博集團聯姻，合體成了全球最大啤酒商百威英博。一夕之間，美國國內九〇%的啤酒生產，握在這兩大集團的手裡。接著二〇一六年，百威英博吃下南非美樂，當時南非美樂得出脫合資企業美樂酷爾斯的持股，致使美國啤酒市場重新洗牌，變成莫爾森酷爾斯與百威英博雙寡頭壟斷。這幾樁併購案獲准放行，理由據稱是消費者可因此受惠，但結果是啤酒價格漲了六%。[45]

你上超市買酒或到酒吧小酌，或許會認為自己選擇多多，但你可能大錯特錯。想來瓶百威之類的美國啤酒？還是偏愛像凱斯酒廠（Keith）印度淡色艾爾啤酒（IPA）或藍點（Blue Point）等所謂的精釀啤酒？這些啤酒巨頭應有盡有。比利時的豪格登白啤酒（Hoegaarden）、徠福金修道院啤酒（Leffe Blonde），或諸如Löwenbräu的德國啤酒也是，這些全歸百威英博所有。百威英博旗下有二百五十個啤酒品牌：時代、滾石（Rolling Rock）、可樂娜、麥格（Michelob）等。每當你點啤酒的時候，荷包還是看緊點的好。

手機作業系統

手機作業系統是蘋果和Google雙寡占市場，全球將近九九%的手機，不是內建蘋果iOS系統，就是Google的安卓系統，安卓的市占率在八〇%左右，其餘則落入蘋果之手。但蘋果與Google不只控制你的手機，還有應用程式商店，那可是價值數十億美元的市場，任由這兩大科技巨頭開價。如法學教授、科技法律專家帕斯奎爾所言：「科技巨頭不再是市場參與者，而是他們領域的造市者，能對其他業者銷售貨品服務的條件，施展管控權力。」[46]要是你的行動應用程式不討蘋果及Google的歡心，他們可以經由自家行動作業系統封殺，龐大客戶群讓你可望不可及。

線上廣告

Google與臉書聯手統治線上廣告市場，兩巨頭各有一片天，在自己的地盤享壟斷地位，都有自己的市場利基。二〇一七年，Google在搜尋廣告市占率七六％。[47]同年全球數位廣告支出排除中國不計，Google與臉書就吸納其中的八四％。[48]二〇一六年全美社群廣告支出中，臉書包辦七八％。[49]

腎透析（洗腎）

美國洗腎連鎖龍頭德維特與全球最大洗腎醫療服務供應商費森尤斯醫療集團（Fresenius）幾經合併後，美國腎透析市場形成雙頭壟斷（偏愛雙寡占的股神巴菲特有德維特持股）。全美約莫有四十九萬人須接受透析治療，這兩大洗腎機構分別有三〇％左右市占率。與美國醫療保健業其他業者一樣，德維特勒索政府和病患。有吹哨者檢舉，德維特密謀向政府超收費用，這家洗腎龍頭於二〇一四年與二〇一五年，支付八億九千五百萬美元的和解金。[50]二〇一七年，德維特接到法院傳票，它被控指點窮困的洗腎病患，到特定私人保險公司投保，藉此獲取暴利。德維特獲私人保險支付的金額，比醫療補助或聯邦醫療保險高出十倍。[51]

眼鏡

選購新眼鏡時，常看到價格貴得離譜令人咋舌，即便它們的製作成本不高。追根究柢，都怪有家叫羅薩奧蒂卡（Luxottica）的公司完全主宰這個產業。全球眼鏡業產值二百八十億美元，義大利眼鏡巨擘羅薩奧蒂卡一家就握有八〇%主要品牌，[52]將亮視點（LensCrafters）、Sunglass Hut、Bright Eyes、Sunglass Icon、擁有眼睛保健連鎖店Pearle Vision的Cole National等眼鏡零售商收歸到麾下，且在連鎖百貨西爾斯、梅西百貨（Macy's）、JC Penney及折扣商店Target等零售通路設有光學部門。羅薩奧蒂卡旗下還有全美第二大視力保健公司EyeMed Vision Care，據業界消息人士爆料，EyeMed會誘導有眼鏡需求的顧客到羅薩奧蒂卡旗下門市，惹惱其他眼鏡製造同業。

二〇一七年，羅薩奧蒂卡提議併購法國光學鏡片製造巨頭依視路（Essilor），兩家合體後將占據全球四分之一的眼鏡市場，羅薩奧蒂卡的全球市占率可達一四%，依視路則有一三%。在美國更不得了，羅薩奧蒂卡橫掃四〇%到五〇%的美國眼鏡市場，依視路也不遑多讓，約有四〇%市占率，兩大巨頭合併後，成為美國最大眼鏡零售商。依視路還有拔得頭籌的壯舉，收購美國一群專業驗光師組成的服務網絡Vision Source，旗下有三千三百處驗光執業據點。羅薩奧蒂卡和依視路的合併案*仍有被擋駕的風險，然而一旦通過，消費者的選擇將更少。[53]

寡頭壟斷

信用報告機構

歷經多番合併後，今天只剩Experian、易速傳真和Transunion三家信用評級公司，掌控美國整個信用報告市場。[54]

但是否非需要這幾家機構不可，讓人不禁打上問號。放貸業者可自行做徵信的工作，取得申貸者基本資料，要不然信用評分程式設計公司費艾茲（Fair Isaac Corporation, FICO）的信用評分公式也可計算出。這三家公司的勢力實在太大，他們照例會在信用報告犯下數百萬個錯誤，對無辜之人造成傷害，要是他們出了差錯，想修正你的信用紀錄都難。可是他們又再次壓榨消費者，以提供監督服務及信用凍結為由向客戶索費，鬧再多烏龍、出再多包還是能獲利。[55]

大多數美國人對信用評等機構一知半解，直到易速傳真遭駭客入侵才知道事情大條，一億四千三百萬人的社會安全碼、生日、地址、信用卡號、駕照號碼等個資被盜。但易速傳真電腦被駭事件曝光前，公司主管還有閒工夫趕在股價下跌前，出脫價值數百萬美元的持股圖利自己。易速

---

* 譯注：羅薩奧蒂卡與依視路已於二〇一八年十月完成合併。

傳真正式對外公布公司遭駭後，開放大家上網查詢，美國人又再被剝一層皮，為了確認個資有無外洩，他們只好簽字出賣自己的權利。[56]這起事件暗喻了寡頭企業是怎麼對待消費者，又是如何步步壓榨他們。

報稅

美國納稅人平均花十三小時報稅，使用報稅服務要付兩百美元，這相當於聯邦平均退稅額的一〇%。說起網路報稅，H&R Block、TaxAct及市場領導者Intuit開發的TurboTax，這三大報稅軟體聯手吃下九〇%市占率。報稅軟體開發商Intuit一家的占有率就高達六五%，[57]H&R Block試圖收購TaxAct，將寡占市場變成雙頭壟斷，但司法部罕見硬起來，提起勇氣封殺這起合併案。[58]

這個看似重要的產業其實可有可無。一九九八年，美國國會通過《美國國稅局重構與改革法》（IRS Restructuring and Reform Act），要求財政部在二〇〇八年之前，發展出實施「免費報稅」系統的程序，利用納稅人每年已向國稅局（IRS）申報的資料，來計算個人稅負。但稅務服務業者成功遊說政府，扼殺所有的改革。[59]你每年要報稅時，切勿忘了這一點。

航空公司

美國國會在一九七八年解除對航空公司的管制，鬆綁管制提高獲利能力，但航空業難逃景氣榮枯的洗禮，主要是油價和高固定成本作祟。如《紐約時報》報導所言：「一個先天就缺乏競爭的產業，從被管制的卡特爾，到短暫的毀滅性競爭，再到完全不受規範的卡特爾；服務品質會受到什麼樣的衝擊可想而知。」[60]航空公司設計出飛行常客獎勵計畫及「要塞樞紐」（fortress hubs），要將他們的訂價能力推向極致。

航空業者都有互不踩進彼此大本營的默契，勢力大的航空公司還會買斷機場的航班時刻，用這種手段阻擋新進者。這好比石油大亨約翰．戴維森．洛克斐勒（John D. Rockefeller）買盡賓州主要的狹長土地，不讓獨立鑽油商自建輸油管，以防他們擺脫對鐵路的依賴，而鐵路商都在標準石油的控制之下。[61]

現在要搭哪家航空公司，我們沒有太多選擇，正因如此，每次我們搭機時，業者就一點一滴把我們榨乾。照旅遊諮詢公司IdeaWorks與租車服務平台CarTrawler所做的調查，迄至二〇一七年底，全球航空公司收取的額外費用超過八百二十億美元，與二〇一〇年的統計數字二百二十六億美元相比，暴增二六四%（見圖6.2）。[62]

電信商

美國手機市場由四家電信商把持：威訊（Verizon）、史普林特（Sprint）、AT&T和T-Mobile。[63]你光有手機裝置還不夠，得預先獲電信商批准開通才能用，否則它幾乎都處在上鎖

圖6.2　航空公司合併形成今日寡占局面

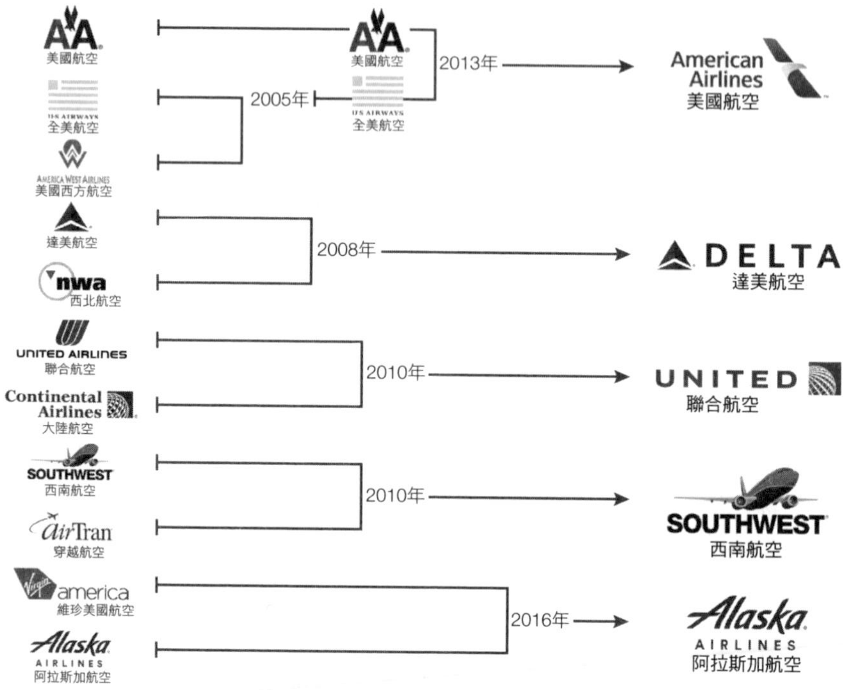

狀態。若是你的筆記型電腦想採3G上網，要有每月多付三十美元的心理準備。如果你要換機，常被迫換成更貴的資費方案，即便你目前使用的方案已經是吃到飽。[64]反正說起手機，你的選項一般來說寥寥無幾。

銀行

根據數據供應商SNL金融（SNL Financial）編纂的資料，金融體系崩潰的十年後，全美銀行持有的十五兆三千億美元資產中，四四%操之在前五大金融巨擘手中。摩根大通集團、美國銀行、花旗集團、美國合眾

圖6.3　美國銀行業合併

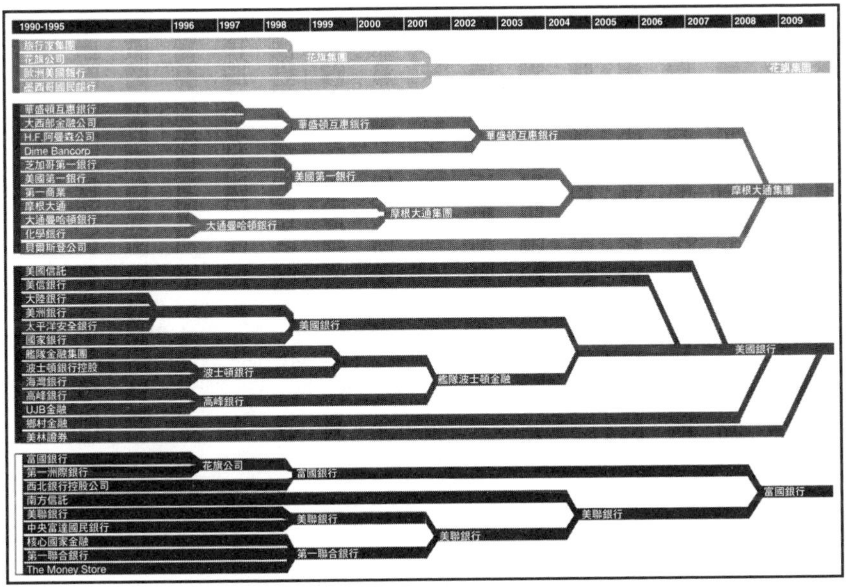

資料來源：M. Martineau, K. Knox, and P. Combs "Learning, Lending, and Laws: Banks as Learning Organizations in a Regulated Environment," *American Journal of Industrial and Business Management* 4 (2014): 141-154.

銀行（USB）等銀行，合計握有近七兆美元資產。一九九○年，全美前五大銀行掌控的資產，在整個業界的占比不到一○%，不過自那之後節節攀升。時至今日，富國銀行手持的資產比例，基本上與一九九○年前五大銀行加總的資產占比相當。

根據聯準會二○一五年生效的規範，如若銀行合併後，負債超過整個金融業債務的一○%，此合併案不予批准。然而，傷害已經造成（見圖6.3）。

健康保險

美國的保險與醫療業緊密相連，集結不良誘因、貪婪中間人、專門壓榨消費者的權勢企業，形成魯拉帕路薩（lollapalooza）效應，*之後還產生更負面的影響。由於健保這個產業不透明，公然詐欺及違法情事猖獗，《經濟學人》指出，光在二〇一三年，聯邦檢察官展開調查的健保詐欺案就超過二千件，[65]當整個制度設計的用意在壓榨消費者，就會發生這樣的事。

在本章之前我們就說明過，保險市場是如何被瓜分，如同黑手黨委員會在全美劃分勢力範圍一樣。保險同業很少互踩地盤，這個產業極端集中化，沒有真正的競爭。據美國政府責任署二〇一四年的調查，全美計有三十七個州，呈現前三大保險業者總市占率至少在八成以上的情況。[66]

醫療保健

《平價醫療法案》（Affordable Care Act, ACA）引爆醫療界瘋整併，但早在ＡＣＡ上路前就有好幾波合併潮。†美國將近一半的醫療市場如今被視為高度集中化，[67]從一九九八到二〇一五年，有一千四百一十二起醫院合併案。美國醫院協會（American Hospital Association）指出，併購活動風起雲湧之故，醫院數量持續下滑，一九九七年尚有六千一百家，到了今天減至五千五百六十四家。[68]

醫院整併層出不窮牽連到每個人，醫療收費變高變貴。一九九〇年代針對醫院合併活動的研究發現，醫療院所集中度高的區域，醫藥費大漲四〇%甚至更多。在更近期的研究則發現，醫院高度集中的市場進行整併後，醫藥費漲幅超過二〇%。[69]醫院合併的步伐加速前進。二〇一五年，全美對外宣布的合併案計有一百一十二件，比起一年前多出一八%，與二〇一〇年相比激增七〇%。[70]近年來，美國大醫院對收編個別開業醫師更是一頭熱，在多個地區大舉收購獨立執業的私人診所，形成醫師壟斷地方的現象。二〇一五年，醫院將二六%的私人診所納入麾下，是二〇一二年的近兩倍。[71]直到最近，聯邦貿易委員會終於開始振作起來，對西維吉尼亞州、賓州、伊利諾州的醫院合併案提出質疑。[72]可惜的是，現在亡羊補牢為時已晚。

藥品集中採購組織

藥品集中採購組織（Group Purchasing Organizations, GPOs）是何方神聖，或許你以前從未聽過。儘管你聞所未聞，Vizient、Premier、HealthTrust及Intaler這四大供應商，每年要替五千家醫療院所，還有數千家非急性照護設施，採購價值逾三千億美元的藥品、醫療器材、備品。[73]這些

---

* 譯注：巴菲特長年合夥人蒙格提出魯拉帕路薩效應（Lollapalooza Effect）一詞，概指各因素相互強化。

† 譯注：ACA即俗稱的「歐記健保」，是美國前總統歐巴馬主政時期力推的醫改法案。

神神祕祕的組織又是另一個例子，看他們是怎麼欺壓美國醫療體系，又是如何步步算計，來敲消費者竹槓。

藥品集中採購組織的故事荒謬到令人難以置信，但確有其事。發起藥品集中採購組織原是出自這樣的構想，倘若醫院將他們的採購力量集結起來，就能壓低價格。起初或許發揮這樣的作用，但假以時日，藥品集中採購組織的採購商哄抬價格，變成醫療系統的吸血蟲。讓人不敢相信的是，美國國會一九八六年通過的反回扣法案，竟將藥品集中採購組織豁免在外。藥品集中採購組織不是向身為採購集團一分子的醫院收取應收費用，竟是向供應商索取「管理費」，與拿回扣無異。如此非但沒達到壓低價格的目的，反倒助長供應商抬高價格。要是你覺得藥品集中採購組織免受反回扣法約束很不妙，更糟的還在後頭。一九九六年，司法部和聯邦貿易委員會修訂反壟斷法規，除了「特殊情況」之外，藥品集中採購組織可免除反托拉斯訴訟。[74]只要是與壓榨消費者有關的，你都可以靠政府幫忙。

藥品福利管理

假如你的醫療保險有納入藥品給付，可能會發給你一張印有藥品福利管理名稱的卡片。這類組織是巨人般的中間人，迄至二〇一六年，藥品福利管理替二億六千六百萬美國人管理藥品福利。[75]今日藥品福利管理「三巨頭」：快捷藥方（Express Scripts）、CVS Caremark與保險巨頭聯合健康集團（UnitedHealth Group）旗下的OptumRx，握有七五％到八〇％的市占率。

美國人支付的健保費用高居全球之冠，涵蓋最貴的藥品、醫療器材，以及其他保健服務和相關產品。藥品福利管理從醫療體系吸走大筆的錢，社會大眾卻幾乎沒人知道他們的角色。

藥品福利管理在一九六〇年代晚期成形，據稱是要協助處理文書工作，藉由彙總訂單來降低成本，豈料事與願違。跟藥品集中採購組織的弊病一樣，藥品福利管理向藥廠收回扣，確保他們的藥品在「處方集」之上，或列入了核准給付清單。他們還有其他自肥手段，提高藥價或以中間人之姿分一杯羹。一九八七到二〇一四年，美國的藥品支出暴增一，一〇〇％，藥品福利管理是問題的主要癥結所在。以快捷藥方為例，自二〇〇三年起這家藥品福利管理公司龍頭，平均每張處方箋的獲利大漲五〇〇％；每張保單理賠後的盈餘，由二〇一二年的三．八七美元，升高到二〇一六年的五．一六美元。[76]

藥品批發商

美國藥品批發商三巨頭：美源伯根（AmerisourceBergen）、麥克森（McKesson）和卡地納健康集團（Cardinal Health），把持全美九成以上的藥品，有此局面主要是經由數十回併購而來。[77]這個國家每售出五種藥品，其中四種就是由三巨頭經手。[78]

權力使人腐化，絕對的權力使人絕對的腐化。一旦你擁有媲美藥品批發商的權力，你也會濫用。美國四十五州的檢察總長聯手出擊，指控美源伯根、麥克森及卡地納健康集團價格操縱。[79]

批發商本來不過是做了價格灌水的勾當，後來更一腳踏進犯罪領域。自二〇〇〇年以來，將近二十五萬美國人死於鴉片類藥物過量，[80]是批發商推波助瀾害死這麼多條人命。二〇一四年，美國緝毒局（Drug Enforcement Administration, DEA）發現，在距離丹佛市（Denver）約四十公里外有個人口三萬八千人的小鎮，鎮上有間藥局一天配出二千顆藥丸。當藥房舉報有可疑訂單，面臨供給限制問題，批發商麥克森只是一再調高上限。美國緝毒局發現，麥克森供給數量龐大的藥物給藥局，結果藥局竟淪為販毒集團的供應管道。藥局配藥量觸及上限時，麥克森一味放寬限制，這在全美十二處麥克森配銷中心都發生過。[81]但國會遊說之故，美國緝毒局的查緝行動徒勞無功。麥克森繳了一億五千萬美元罰款，對這家公司而言只是捨入誤差而已。

壟斷和寡占普見於美國醫療保健業及保險業，美國因而與所有其他國家分屬不同聯盟，這可不妙。你甚至可以說醫療保健業與保險業壟斷盛行，是要敲詐消費者的陰謀。美國的醫療保健支出遠比其他已開發國家還高，在提升預期壽命這方面卻乏善可陳（見圖6.4）。

家禽肉類

美國肉豬市場早有急速集中化現象。一九七九年，全美有六十五萬家養豬場之多；到了二〇〇四年，數量驟降至七萬家，至今僅剩近六萬五千家。今日的養豬業已不是你父母那一輩熟悉

圖6.4　預期壽命vs.逐年醫療保健支出（1970-2014）

Our World in Data

醫療保健支出係衡量醫療保健產品服務的消費狀況，包括個人醫療保健（積極治療、復健治療、長期照護、輔助性服務、醫療用品）及集體服務（預防暨公共衛生服務和健康管理），但排除投資支出不計。圖示指的是醫療保健支出總額（財源來自公家與私人）。

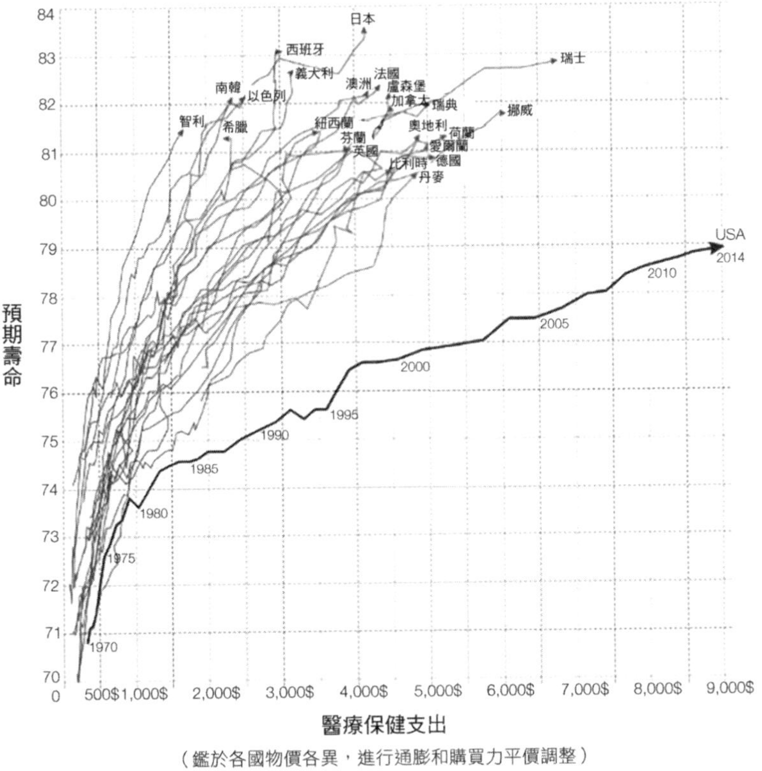

資料來源：醫療保健支出數據出自經濟合作發展組織（OECD）；預期壽命數據出自世界銀行（World Bank）。作者馬克思．羅瑟（Max Roser）經CC-BY-SA授權。互動資料視覺化請見網站OurWorldinData.org，可找到原始資料及更多與此主題相關的視覺化資料。

資料來源：Our World in Data.

的面貌，而是像麥當勞那樣採連鎖經營方式。「農戶」拿出錢來，史密斯菲爾德之類的豬肉生產巨頭給予「品牌」加持。養豬商提供「農戶」豬隻、飼料、藥物，詳細指導他們如何結合這些元素，養出準備掛上鉤子的豬隻。

縱使養豬農或其他農戶努力想擺脫對這類壟斷系統的依賴，但壟斷幾乎無所不在，讓他們躲都躲不掉（見圖6.5）。有所謂的肉品「經紀」業務，協助將肉品送進連鎖超市喜互惠和克羅格上架，該業務由三大相關業者主宰，糧商巨頭嘉吉、阿徹丹尼爾斯米德蘭公司把持穀倉及穀物運輸，這兩方面常呈現地方壟斷，另外孟山都控制種子市場。既然勢單力薄的農戶，得與各方寡頭壟斷企業周旋，也難怪個體戶農場收入遽減，大多數農戶走上破產一途。

農業

糧商界的「四大天王」或稱作「ＡＢＣＤｓ」的阿徹丹尼爾斯米德蘭公司（ＡＤＭ）、邦吉（Bunge）、嘉吉（Cargill）和路易達孚（Louis Dreyfus），據估計掌控全球七五％至九〇％的穀物交易。這個數字不夠精確，四大糧商的其中兩家是未上市企業，並未公開市占率的資料。[82]這些糧商巨頭利用糧倉、港口、船舶、農民關係交織成的網絡，超額收購穀糧，然後賣往世界各地，從穀片大廠家樂氏到埃及在內的政府機構，都是他們的客戶。

圖6.5　全球主要肉品加工商所有權變化大事紀（1996-2016）

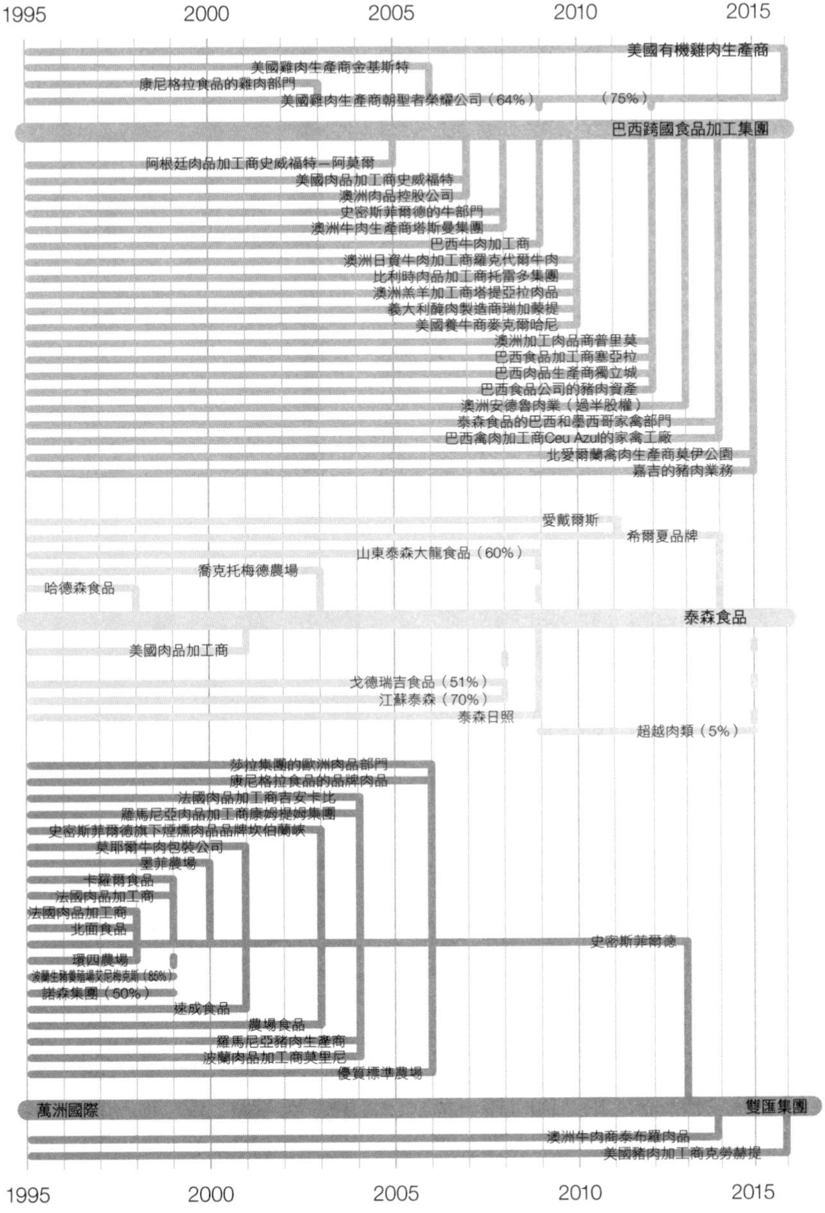

資料來源：承蒙菲利浦・霍華德（Philip Howard）提供。

媒體

全國性大眾媒體與新聞機構，是寡頭壟斷最具代表性的例子，九成的美國媒體機構隸屬以下六家公司：迪士尼（Walt Disney）、時代華納（Time Warner）、哥倫比亞廣播公司、維亞康姆（Viacom）、NBC環球及傳媒大亨魯柏·梅鐸（Rupert Murdoch）創辦的新聞集團（News Corporation）。媒體集團總部幾乎全設在紐約，往壞處想是助長團體迷思，好處是遠離一般美國人的日常生活。美國民眾對大眾媒體的信任度，在一九七六年攀上高峰達七二％，自一九八〇年代以後節節下滑，二〇一六年觸抵三二％的歷史新低。過去四十年來，媒體信任度與企業持股、產業集中程度，有很明顯的反比關係。

似乎嫌媒體生態還不夠集中似的，我們寫這本書時，迪士尼與有線電視巨擘康卡斯特兩虎相爭，競購梅鐸旗下福斯公司的媒體資產，涵蓋電影及電視工作室，迪士尼開出五百二十億美元的收購價碼，為什麼？*嗯，既然反壟斷機關怠忽職守，這麼做又有何妨？迪士尼旗下已經有動畫工作室皮克斯（Pixar）、美國廣播公司、體育頻道ESPN、漫威影業（Marvel）、A&E電視網、Lifetime娛樂服務、試金石影業（Touchstone），還有很多品牌事業。合併案傷害的不僅僅是消費者，內容創作者也不能倖免，關於電視電影的題材內容，愈來愈少人有權置喙。美國編劇工會（Writers’ Guild of America）激烈反對迪士尼和福斯的併購交易，照他們的說法是：「大企業持續不懈要消滅競爭，所以他們對整併有永不滿足的欲望。迪士尼和福斯靠著寡占式控制獲利幾十年……常常犧牲創作者權益，這些人是驅動電視電影業營運的幕後功臣。」[83]

產權保險

產權保險可謂業者設的陰謀騙局，完全沒有存在必要，卻因有監管機關這個幫凶，以寡占姿態公然為非作歹。富達（Fidelity）、第一美國（First American）、史都華（Stewart）、老共和（Old Republic）等四大承攬產權保險的業者，連袂攫取八七％的市占率。[84]這幾家公司賣過時的保險商品，一年賺進數十億美元，偏偏依法非有這類業務不可。[85]產權保險公司早在一世紀前就出現，成立用意是保障購屋者避免落入詐騙陷阱，有不肖賣家根本沒有待售不動產的所有權。但現今已是網路世界，上網就搜尋得到產權資料，產權保險徹底不合時宜。

二〇〇七年，美國政府責任屬就示警，由於產權保險市場欠缺競爭，產權保單價格遭灌水，還普遍存在非法回扣問題。產權保險代理商會違法給回扣，對象包括不動產經紀人、貸款經紀人、貸款專員及準備結束營業的商家。[86]《紐約時報》將產權保險業稱為騙局。[87]少數幾州除外，幾乎各州都立法禁止其他領域的保險巨頭，像是美國國際集團（AIG）或州立農業保險公司

＊　譯注：最後康卡斯特退出戰場，迪士尼成功收購福斯核心娛樂業務。

（State Farm），提供產權保險服務或做削價競爭。

每當你忙著張羅日常生活所需，購買穀片、啤酒、肉類、牛奶、醫療保健服務、軟性飲料、手機，還有每次上網的時候，切記你正把自己薪水的一部分，奉送給寡占者和壟斷者。那是累退稅（即稅率隨收入增加而遞減的稅制）的強勢展現，窮人送錢給富人。

倘若你對所得與財富不均何以如此嚴重感到納悶，那是因為美國人生活必經的收費道路，幾乎全被富人把持。紐約大學經濟學家愛德華·沃爾夫（Edward N. Wolff）的論文指出，所得高居前一〇%的美國富有家庭，現今持有全美八四%的股票。儘管目前美國人的財富平均值，已超越二〇〇七年觸及的前次峰點，但財富中位數比起該年下滑三四%。貧富懸殊不是沒有原因，將近九五%的富豪都有可觀的持股，中產階級這方面的比例僅二七%。貧民不但手中沒有股票，還因為負債累累，資產淨值是負數。[88]

富人掌握收費道路，其他人得付費才能通行。

本章關鍵思維

- 美國人每天為了生活奔波，他們誤以為自己有所選擇，但他們過的日子是，付費給少數幾家缺乏實際競爭的公司。
- 數十種產業明目張膽集中化，讓人不禁要問，反托拉斯當局究竟把時間耗在什麼地方。
- 倘若你對所得與財富不均何以如此嚴重感到納悶，那是因為美國人生活必經的收費道路，幾乎全被富人把持。

第七章 托拉斯與納粹

權力集中化

我們必須說服德國人相信，在政治上，將權力無可挽回地授予某個獨裁者是不牢靠的……我們還是必須說服他們相信，在經濟上，允許某個私人企業對經濟其他部分取得專制權力，也是不牢靠的。

——〈波茨坦週年：投降後的德國經濟〉，美國戰爭部

康內留斯．范德堡（Cornelius Vanderbilt）是十九世紀美國獨占業者的化身，象徵大鯨魚般的企業巨擘，然而一開始，他也只是隻小蝦米。

紐約州在一八〇八年建立為期二十年的渡輪專營制，由前紐澤西州州長艾倫．歐格登（Aaron Ogden）買下獨占權，並與一名富有的律師湯瑪斯．吉本斯（Thomas Gibbons）合夥經營

航運。當兩人的合夥關係破裂，在往來紐約和紐澤西的航運生意上成為競爭對手，最後終於對簿公堂，進了紐約州法庭。

吉本斯決定提起反對壟斷之訴，官司一路打到最高法院。結果，吉本斯僱了一個名叫康內留斯・范德堡的二十多歲船夫來駕駛他的渡輪。范德堡擔任船隊指揮，不畏坐牢風險，用削價競爭對抗大鯨魚。

這樁一八二四年「吉本斯訴歐格登案」（*Gibbons v. Ogden*），成為支持自由貿易的法律里程碑。最高法院認定，國會對跨州商業往來的管制權，效力及於航運業。自此之後，紐約的水域上可自由進行商業活動，沒有公司能在法律上享有州際貿易的獨占權。美國人對壟斷企業的長期抗戰，又獲得一次勝利，吉本斯和范德堡可以無拘無束的招攬生意。

沒有幾年，范德堡不但讓自己的船隊遍行整個紐約周邊地區，更把觸角伸向鐵路。他的競爭作風強悍，到一八四〇年代末期，幾乎每個來往紐約和波士頓的人，不是搭乘范德堡的船，不然就是坐范德堡的火車。幾年後，他也掌控了從紐約到芝加哥這條路線。

范德堡整合鐵路運輸，創造出美國有史以來最大的財富。他窮盡一切手段，先是買下紐約與哈林線（**New York & Harlem**）及哈德遜線（**Hudson Line**），接著取下紐約中央鐵路（**New York Central Railroad**）。范德堡經常靠著操縱股票、壟斷市場和從事今日所知的內線交易來接管企業。

范德堡也是狠心之人。某個嚴酷的冬天，伊利運河都結冰了，他拒絕接收中央鐵路的乘客和貨物，不顧他們的交通中斷。中央鐵路沒有選擇，只能棄械投降，把控股權賣給范德堡。從紐約市到芝加哥的鐵道交通，很快便被他全數收入囊中。有了中央鐵路作為憑藉，一如他的公司威名，范德堡的勢力龐大到依照《大西洋》的說法，他「在合眾國內建了一個王國」。[1]

商人們都知道別去招惹范德堡。有一次，有合夥人密謀竊取他的資產，他透過登報冷酷昭告他們：「紳士們：你們做出欺騙我的事。我不會告你們，因為走法律途徑太慢了，我會摧毀你們。」[2]

他的自傳作家施泰爾斯（T.J. Stiles）雖然很喜愛傳主范德堡，但也不得不承認：「此人製造出永遠無法完全解決的嚴重問題：貧富之間產生巨大的財富鴻溝；大權旁落，集中在私人手中；詐欺與自利的瞞騙作風，在缺乏監管的環境下遍地開花。」[3]

「海軍准將」范德堡曾說，只有一個人能讓他聽話，那就是洛克斐勒。[4]范德堡辭世時，是全美最富有的人。而就跟范德堡主宰鐵路業一樣，洛克斐勒自己不久也併吞了石油業，在權勢達到頂峰之際，他的公司標準石油控制了美國九成的精煉油。最後，洛克斐勒的財富將壓過范德堡。

今天，當我們聽到「強盜貴族」這個字眼，就會想到像范德堡和洛克斐勒這類宰制產業的十九世紀實業家。他們的名字經常出現在大學裡，譬如史丹佛大學以鐵路大王利蘭·史丹佛（Leland Stanford）命名，或范德堡大學乃取自這位海軍准將的名字。而卡內基美隆大學（Carnegie Mellon）就是以控制美國鋼鐵業的安德魯·卡內基（Andrew Carnegie）為名的。

這些留存在世人記憶中的大慈善家，也有黑暗的一面。很多強盜貴族為了遂行私慾而去行賄民選官員。洛克斐勒和合夥人經常祕密串通其他公司和鐵路業者來壓迫小型競爭對手，他的運送成本可以拿到高達七成五的折扣，使他的貿易條件好過小型商家。[5]等到其他公司無力競爭，他就會提議買下公司或是讓他們關門大吉。

小農家、小煉油廠和小商家痛恨這些企業鉅子，因為他們一手掌控了工業交通要道、生產工具，以及商品從生產者流向消費者的所有管道。

誠如范德堡在收購某條鐵路後所發現的，掌握貿易要道，能更進一步擴大你的影響力。在當時，利用權力的欲望永無止境。引用馬修．喬瑟夫遜（Matthew Josephson）在他的經典著作《強盜貴族》（*The Robber Barons*）中所寫的：

> 所以鐵路業者會擊敗煤礦業者，成功征服對方後，便能剝削仰賴煤礦供給的那些行業。或是擁有穀倉塔或屠宰場的財團也可以跟鐵路業者相互勾結，剝削糧食及牛隻的生產者；煉油業者剝削探勘業者，然後就能征服過往的對手，或者結合他們來共同剝削底層的消費者。[6]

隨著鐵路往西部挺進，用鐵軌把美國串連起來，強盜貴族們的權力也隨之增長。情節猶如今日的景況，你擁有某個產業，就能把另一個產業的供應者擠出市場。

西部農家對小麥鐵路運輸受制他人感到憤慨不已。他們接觸不到自己的顧客，運費不得不任鐵路公司予取予求。農人們組織起來，政治候選人也撿到槍，提出他們的政治訴求。一場為後人所知的進步運動因此興起，呼籲對企業進行管制，保障競爭與自由企業。

國會回應了來自選民的政治壓力，在一八八七年頒布《州際商業法》（Interstate Commerce Act）管制鐵路業，接著把手伸向獨占企業。

一八九〇年，國會通過一個劃時代的法律《薛曼法案》（Sherman Act），如今成為全世界反托拉斯法的根基。《薛曼法案》有兩條，第一條明文規定，任何限制州際或國際貿易之「契約、托拉斯或其他方式之結合或共謀行為」，均為不法。第二條則禁止個人或企業試圖壟斷商業。條文的用語非常廣泛，而且沒有一個制式方法可以實踐目標。這就是問題的核心所在，時至今日仍然如此。今天，幾乎每個國家的類似法律都有這種條文。歐盟禁止「濫用優勢地位」，而英國的反托拉斯法則不允許違反「公共利益」的行為。

通過《薛曼法案》被譽為一場重大的政治勝利，提案人參議員約翰．薛曼稱其為「一種人權法案，自由憲章的又一章」。法案獲得通過的原因有很多。在辯論時，有些參議員把焦點放在幫農人壓制運價，有人不喜歡托拉斯企業的共謀行為，也討厭生產者和鐵路業者之間的協議，其他人則憎恨產業被某個企業鉅子所主宰。不可否認，該法案並非純粹出於經濟目的。限制大型獨占業者哄抬價格是一個目標，但政治與社會目標的重要性就算沒有更高，至少也是旗鼓相當。

避免任何行業的權力集中化，是《薛曼法案》背後的推力。薛曼參議員把產業大亨視為現代的經濟君王，在一八九〇年參議院辯論中，他如此聲明：「如果我們不能容忍政治權力上的君王，也就不應該容忍一個箝制生活必需品的生產、運輸與銷售的君王。如果我們不向皇帝屈膝，也就不應該臣服於有力量阻礙競爭和制定商品價格的貿易獨裁者。」

反托拉斯的時代在眾人高度期待下展開，旋即令人感到失望。事實上，由於法院執行法案的態度含蓄保留，接下來十年，美國史上最大的合併潮拉開序幕。從一八九〇年代到一九〇四年間，我們看到各行各業出現廣泛的壟斷性兼併，美國也從擁有許多小型企業的經濟，轉變為由大公司主導整個產業。

企業的運作依然故我，彷彿天下無事一般。他們並沒有錯，《薛曼法案》通過超過十年，幾乎不曾用來打擊壟斷。老羅斯福總統（Theodore Roosevelt）後來在一場演講中這麼說：「等到我上任時，反托拉斯法已經實質形同廢紙，州際商業法也奄奄一息。」[7]

造成反托拉斯法執行成效不彰的原因有好幾個。這是一個全新的法律領域，而該項法案的措辭極為籠統，使法院難以做出司法解釋。不過，最大的敗筆恐怕在於美國司法部缺乏資源對抗多數的合併案。[8]到頭來，第一波合併熱潮之所以停下腳步，是因為一九〇三年經濟趨緩和股票市場崩盤所致。

就跟今天一樣，落實《薛曼法案》精神的關鍵問題出在法院。由於法院對貿易與商業所下的定義極為狹窄，控告托拉斯企業的挑戰通常以敗訴收場。比方說，《薛曼法案》通過不到五年，在「美國訴奈特公司」（*United States v. E. C. Knight Co.*）一案，對控制超過九八％製糖的糖業托拉斯的上訴，便完全遭到法院駁回。令人詫異的是，法院認為製造不屬於州際貿易的範圍，而這根本就是在幫獨占企業完全壟斷市場大開方便之門。[9]

《薛曼法案》是一個崇高的理想，離一八九〇年代的赤裸現實太遠。一如為基督教正統大力辯護的切斯特頓曾經寫道：「基督教的理想從來不是因為嘗試後發現有所欠缺，而是因為覺得困難重重，所以從來不曾嘗試。」

令人震驚的是，儘管反托拉斯法旨在遏制獨占企業，但早期卻主要用來對付被法院視為非法組織的工會。在「洛伊訴勞勒案」（*Loewe v. Lawlor*）中，最高法院認定工會不能排除在反托拉斯法的管制範圍外，自此之後，許多工會發起的活動，都被認為是對貿易造成限制。[10]

大體來說，《薛曼法案》在早期一敗塗地，不過在對抗托拉斯企業方面，也有過幾次重大勝利。

一九一一年，美國最高法院做出指標性判決，勒令拆解兩家最有權勢的產業托拉斯：標準石油公司與美國菸草公司。美國菸草公司被拆成四家公司，而標準石油則被拆成三十三家公司。老羅斯福總統稱此為：「我們國家所贏過最為重大的一次正派勝利。」[11]

建立托拉斯不難，可是要拆解它們就比較難了。你要怎樣把一顆歐姆蛋還原呢？今天，當我們要拆解當代的獨占企業時，也得再次回答這個棘手問題。

美國菸草公司創立於一八九〇年，兼併超過兩百家公司，控制了菸草市場。這家公司起初之所以成功，是因為它的效率比競爭對手高出太多。當同業都還在徒手捲菸時，詹姆斯・布坎南・杜克（James Buchanan Duke）便引進一種機器，以更高的精準度與更便宜的方式捲菸。該公司賣的香菸比較便宜，也贏得顧客歡心，是個不折不扣的資本家成功故事。然而，這家公司真的擴大規模，是靠著合併它的五個主要競爭對手，取得九成市場占有率而做到的。它以「菸草托拉斯」聞名於世，價錢很低，可是是由一家公司主宰整個市場。美國菸草不以擁有全部的菸草公司為滿足，開始進行垂直整合，掌握香菸生產的每一道步驟，甚至自己掌管菸草種植。

回到合併以前的日子不是個簡單工程，因為這些品牌已經完全整合成一台巨大機器。不過到最後，美國菸草公司還是被拆分成四家寡占公司：美國菸草公司、雷諾菸草公司（R. J. Reynolds）、李杰及麥爾斯菸草公司（Liggett & Myers）和羅瑞拉德菸草公司（Lorillard）。

標準石油則是一隻不一樣的巨獸，也是經過多次合併才長成這樣，不過，它的規模有大部分來自垂直整合。從地底下把石油挖出來，到成為汽車裡燃燒的汽油，是一條龐大的生產鏈。標準石油公司控制了整個過程的每一道步驟。從石油的鑽探與煉油生產，到行銷與最終銷售，要拆解這種種步驟是比較容易的，公司的各個部分有其完全不同的功能。

洛克斐勒聽到消息時，人正在打高爾夫球。「去買標準石油的股票吧！」他這麼建議球友。這是個很讚的股票明牌，一如我們前面已知，更大並非總是更好。標準石油的各部分分開來比合在一起更有價值，這家公司拆分後，洛克斐勒反倒比以前更有錢了。

大多數其他托拉斯企業避開了風頭，而獨占引發的議題也沒能消失無蹤。選民要求採取更多作為，來反制這些日益壯大的企業巨頭宰制美國產業。

一九一二年，老羅斯福總統組建了終結托拉斯的平台，以進步黨的身分競選總統。老羅斯福雖然多次在政治演說中大談獨占的危險，但他擔任總統期間提起的反托拉斯訴訟卻少之又少。事實上，他的反托拉斯署（Antitrust Division）總共只有五名律師，而且他面對的又是美國史上最有錢的人：洛克斐勒、約翰・皮爾龐特・摩根（John Pierpont "JP" Morgan）和卡內基。

權勢無邊的企業強權主導了整場選戰。選前一個月，民主黨總統候選人伍德羅・威爾遜（Woodrow Wilson）在內布拉斯加林肯市對支持者發表演說，這場演講後來成為大聲疾呼經濟與政治自由的經典之作：

> 各位想要哪一種？你們想要住在承蒙偉大的資本家聯手寵幸的城鎮，只因為他們挑中一個合適自己產業生根發展的地方，然後吸納你們成為他們的員工？還是你想要看到你的兒子、兄弟、丈夫開創自己的事業，在法律保護下，任何大企業，不管規模多麼龐大，都不可

能壓榨他們、害他們倒閉，如此一來，他們才能在一個自由的國度裡，跟世界上任何地方的產業龍頭或金融業者鬥智角力？

鄉親們，美國絕對不會向壟斷業者屈膝，美國絕對不會放棄自由，選擇奴役。[12]

請留意，這段話裡沒有隻字片語訴求更低的價格、消費者福祉或者效率。

一九一四年大選過後，國會通過兩項讓《薛曼法案》得以發揮戰力的法律。第一個是《克萊頓反托拉斯法》（Clayton Antitrust Act），其次則是設立聯邦交易委員會，讓政府有個專責機構有權對違反反托拉斯法進行調查，並發布命令禁止不公平的競爭行為。

即便通過《克萊頓法》，也設立了聯邦交易委員會，反托拉斯法仍然極少執法。不過短短幾年，美國便在一九二〇年代經歷了史上最大的合併潮。這第二次的大合併潮與一九二〇年代的股市繁榮正好同時，不過兩者相偕而來也不令人意外，今天經濟學家已經發現，當股價上揚的時候，執行長們就能用價值翻倍的股票來建立更大的王國。[13]

從許多方面來看，當時的景況和今日若合符節。因為有反托拉斯法，企業不會想要壟斷超過九成市場，免得他們跟標準石油一樣，落得拆分的下場。反之，他們不求徹底的獨占，而是進行所謂的「寡占式合併」。各個產業自己組併成少數領導廠商，彼此串謀，心照不宣，而沒有一個統攝一切的獨占企業。[14]

圖7.1　第一次和第二次合併潮（1890-1903，1920-1930）

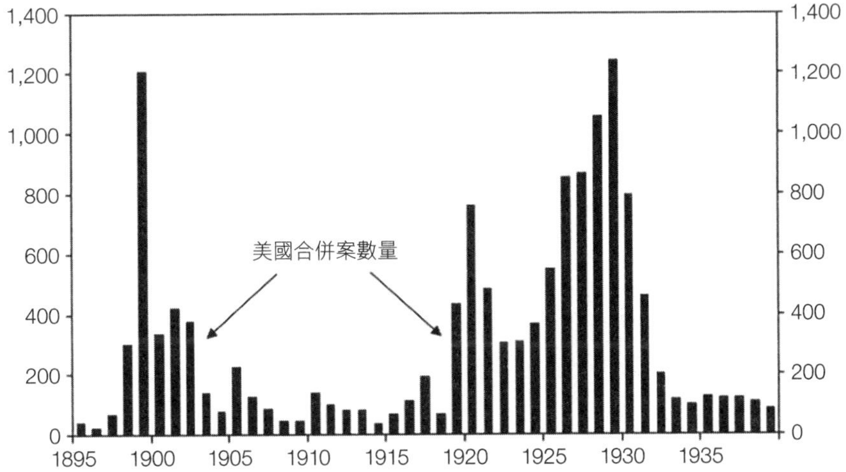

資料來源：承蒙泰勒·曼恩（Taylor Mann）提供。

第二次合併潮跟第一次很像，隨著一九二九年大崩盤而跟著落幕。終結這場合併熱的不是管制機關，而是市場崩潰。無論如何，等到經濟大蕭條來臨，很多產業已經處於寡占型態了（見圖7.1）。

如果一九二〇年代是投機與毫無節制的年代，那麼一九三〇年代就是改革與翻轉的年代。經過這番波瀾壯闊的合併潮，政治圈轉而開始反對寡占。就跟今天一樣，經濟學家們注意起壟斷現象。亞瑟·羅伯特·柏恩斯（Arthur Robert Burns）一九三六年的經典著作《競爭的殞落》（*The Decline of Competition*），便是在檢視新興的寡占企業。然而，反托拉斯法的執法依舊鬆散。

當小羅斯福總統在一九三三年入主白宮時，反托拉斯署有十五名律師，比起二十年前沒有增加多少。這個狀況在一九三八年發生決定性變化，小羅斯福總統任命耶魯大學法律系教授瑟曼．阿諾德（Thurman Arnold）來領導反托拉斯署，後者大幅擴展反托拉斯法的施行，並且開始形成一套連貫政策。

到了一九四二年，阿諾德的反托拉斯署有五百八十三名律師，大大提高了反托拉斯法的落實程度。他領導的部門績效卓著，反托拉斯法問世五十三年以來，有將近半數的訴訟是他在任五年內提起的。[15]更廣泛來說，小羅斯福政府舉辦了以經濟集中化為題的公聽會，在一九三八到一九四一年間，針對獨占問題就出版了四十五冊聽證紀錄。

羅斯福總統之後的歷任政府，未曾改變其落實反托拉斯法的立場，顯示管制機關和法院像油輪一般堅定向前。杜魯門（Truman）、羅斯福、艾森豪（Eisenhower）、尼克森（Nixon）、福特（Ford）和卡特（Carter）全都採取更為強硬的態度反托拉斯。

聯邦交易委員會（FDR）成立後，幾十年來，反壟斷政策一直是美國政治的一塊基石，民主黨與共和黨皆然。杜魯門總統在一九五〇年國情咨文演說中譴責獨占企業，籲請重新展開行動遏制壟斷，免得經濟「落入少數幾個主要經濟集團之手，他們的權力之大，將會成為民主制度的考驗」。艾森豪在他最後一次國情咨文演說中，則將美國經濟的強盛，歸功於他所帶領的政府：「過去八年來強力執行反托拉斯法，並且不斷努力……提升我們的經濟自由。」[16]

過去幾十年來，司法部雷厲風行，反對任何形成寡占的結盟。不管入主白宮的是民主黨或共和黨，共識已經形成，大型競爭對手進行合併不是好事。

反集中化取得全面勝利。

德國公司拜耳的執行長卡爾．杜伊斯堡（Carl Duisberg）在一九〇三年來到美國參訪化學工廠。他沒看到什麼特別之處，但卻得到一個非常重要的見解：美國托拉斯的威力。

美國的工廠跟德國完全不同，設備簡陋，工廠管理者在他看來也不專業，而且工人享有的工會權利似乎太多了。不過，儘管化學工廠不入杜伊斯堡的法眼，他倒是對洛克斐勒的標準石油公司讚嘆有加，返回德國途中，都在思考如何應用美國托拉斯的學習。

六個月後，杜伊斯堡提交一份五十八頁的備忘錄給主要競爭對手：赫斯特（Hoechst）、巴斯夫（BASF）及愛克發（Agfa）。他提出的宏大願景，是要仿照美國托拉斯，全面調和生產、訂價與競爭。[17]由於這份備忘錄，他建立了龐大的企業集團法本公司（IG Farben）。

杜伊斯堡是德國醫療照護業與化工業的其中一名歷史核心人物。[18]他年幼時完成第一份化學作業後，就知道自己這輩子想要做什麼。「我想要當化學家。」四年級的他這麼告訴母親。他說到做到。杜伊斯堡於一九三五年三月辭世時，已經是德國及全世界的知名人物。《泰晤士報》（*The Times of London*）在其發布的訃聞上，如此總結杜伊斯堡的成就：「從各方面來看，他的國家失去了一位我相信是世界上曾有過最偉大的實業家。」[19]

杜伊斯堡死時已經完成夢想；法本公司是強大凶悍的企業巨神，堪與美國的標準石油匹敵。迪爾米德．傑佛瑞斯（Diarmuid Jeffreys）寫了一本關於這家公司的書，名為《地獄卡特爾》（*Hell's Cartel*），根據他的說法，法本公司是「一個威猛無比的企業巨人，一隻張牙舞爪的大章魚……把觸角伸向每一個大國。」它擁有廣袤無邊的經濟力，素以「國中之國」聞名。[20]這家公司聘請了好幾位諾貝爾獎得主，也發明出阿斯匹靈之類的神奇藥物，巔峰時期的僱用人數高達數十萬人。

然而，杜伊斯堡死後不過十餘年，他建立的王朝便土崩瓦解，所有法本公司的高階主管都將因戰爭罪在紐倫堡受審。

對法本公司經營階層的起訴書於一九四七年五月三日提出，他們被控涉及侵略他國的規劃、準備、發起與展開，犯下戰爭罪與違反人道罪。法本公司曾經製造用來種族滅絕數百萬猶太人的毒氣齊克隆B（Zyklon B）。[21]

大部分指控皆被撤銷，但特別法庭仍判決十三名被告應為他們在奧斯威辛集中營（Auschwitz）所犯下的罪行負起責任。[22]他們被判的刑期從一年半到八年不等，已服刑時間可計入。[23]

不過，法本公司那時已不復存在。

艾森豪將軍下令將法本公司這家獨占企業解體，一九四五年七月五日，它被美軍分解成三大公司：巴斯夫、拜耳和赫斯特。早在幾個月前，一份艾森豪將軍委託的報告斷定，該公司在德國的戰爭行動中扮演關鍵角色，少了它的生產能力和科學才智，希特勒（Hitler）便無法如此興風作浪，[24]產業集中化對納粹興起的重要性不可小覷。

納粹奪權成功二十天後，在一次祕密的重整軍備計畫裡，徵召二十名主要的德國實業家，其中包括克魯伯軍火工廠的克魯伯·馮波倫（Krupp von Bohlen）、法本公司的代表和其他實業家。希特勒和赫爾曼·戈林（Hermann Göring）把計畫解釋給他們聽，請他們幫忙納粹黨募款三百萬德國馬克。[25]

德國從來沒有出現跟美國一樣大規模的反獨占運動，產業與金融業的領導人深信：「卡特爾和托拉斯代表最高形式的經濟組織。」[26]許多學術界和政府人士也認為，卡特爾是形式「比較高等」的經濟組織，以合作與聯盟的制度來取代野蠻的競爭風氣。[27]

德國產業想要限制競爭的欲望遠遠超出國界之外。一九三九年，德國實業家們和英國工業聯合會（Federation of British Industry）簽訂杜塞道夫協議（Düsseldorf Agreement）。「以建設性的合作來取代處處可見的破壞性競爭，是極其必要之事。」他們如此宣稱。若非幾個星期後爆發第二次世界大戰，這份協議說不定已經成功的消滅了化工業、煤業與鋼鐵業的國際競爭。

在納粹掌權下，托拉斯、聯合企業和卡特爾掌握整個經濟。壟斷式價格限制成為大多數產業的常規，由卡特爾來設定價格、限制生產，並且合意瓜分市場。[28]

納粹偏愛獨占企業與卡特爾是有它的道理的。經濟學家亞瑟·史懷哲（Arthur Schweitzer）

曾經為文論及一九三六年的納粹黨、大型企業與軍方將領之間的權力結構。他在自己的著作《大企業與第三帝國》（*Big Business and the Third Reich*）中是這麼寫的，希特勒掌權幾年內，「中產階級社會主義」潰不成軍，集體協商遭到禁止，工會成為非法組織，被視為另一種權力中心而遭到鎮壓。史懷哲指出，大企業之所以比小企業更受青睞，是因為：「當權者跟少數幾家大型企業周旋，要比應付數不清的小企業簡單多了。」[29]職是之故，納粹政權在壟斷式集中的過程中給予支持，鞏固產業巨頭的權力，弱化中產階級與勞工階級。[30]

納粹希望幾乎每個產業都變成卡特爾形式。一九三六年，他們通過一道卡特爾法律，強迫還沒有的產業組成卡特爾。[31]在納粹主導下進行卡特爾整併，是它的總體政策一環，意在減少政府必須應付的私人企業數量。[32]

法本公司如果沒有跟標準石油密謀瓜分世界市場的話，美國還不會把矛頭指向它。一九二九年，這樁被法本公司稱為「結親」的交易達成，標準石油退出包括合成橡膠在內的化工業，[33]交換法本公司退避石油產業，只留在本國市場裡。[34]

直到轟炸珍珠港事件爆發，美國才幡然醒悟，發現自己被大型產業托拉斯所挾持。美國被斷絕了世界最大的天然橡膠供應來源，只好自力救濟，最後終於得以自行生產合成橡膠，只是付出了極大的代價，時程也耽擱許久。[35]

由於國內橡膠短缺，使司法部開始拼湊標準石油與法本公司的關聯，這家石油巨擘跟德國人各方面的合夥關係很快便被攤在陽光下。結果，標準石油及六家子公司加上許多高階主管被控與法本公司違法共謀，限制全世界合成石油與合成橡膠的交易，而且遭判有罪。[36]

標準石油的判例成為戰後拿獨占企業與國際卡特爾開刀的計畫起點。拆解國際卡特爾成為美國的核心戰爭目標。[37]在懷特．威爾斯（Wyatt Wells）的書《反托拉斯與戰後世界局勢》（*Antitrust and the Formation of the Postwar World*）裡，訴說了這段世所遺忘的歷史，而這是早就被多數歷史學家和美國人拋棄了的過去。

一九四四年九月，美國總統寫了一封署名給國務卿科德爾．赫爾（Cordell Hull），但意在對大眾公開的信。他在信上如此表示：「遺憾的是，有幾個國家，尤其歐洲大陸，並沒有……反制卡特爾的傳統。相反地，其中有些政府還鼓勵有加，德國尤其如此。尤有甚者，卡特爾還被納粹收編成政府機構，以遂行其政治目的……」這些卡特爾必須被遏止，他如此評斷。[38]

當同盟國在擘劃戰後的世界時，美國司法部則把焦點放在德國的卡特爾上。反托拉斯署署長溫德爾．伯奇（Wendell Berge）在一九四四年寫了一本鏗鏘有力的書《卡特爾：自由世界的挑戰》（*Cartels: A Challenge to a Free World*），抨擊法本公司與其他德國產業聯盟造成的影響。伯奇在書中寫道：「情況再清楚不過，只要國際貿易仍然被私有產業政體所宰制，美國就永遠不可能有本於民主、國際親善與自由企業精神的外交政策。」[39]

不過，國際卡特爾只是德國產業的其中一個面向，想要擁有長久的和平，不是消滅卡特爾就夠了。真正的問題，出在由本國卡特爾及法本公司這類主宰整個經濟部門的大公司所代表的德國企業，所施展出來的集權力量。美國軍方認為，大型獨占企業和卡特爾是希特勒能重整軍備的關鍵所在。如果政治與經濟權力沒有如此集中，希特勒的戰爭機器便不可能這麼快重整旗鼓。想要維繫和平，就需要一套「去卡特爾化與去集中化」的政策。

戰後，同盟國齊聚於波茨坦（Potsdam）商討德國的重建，以及如何對付還在戰場上的日本。德國在九個星期前同意無條件投降，故而他們在此聚首，決定如何管理戰敗的納粹德國。儘管最終的條約本身大多屬於戰爭性質的課題，但也很強烈地提到了德國卡特爾和獨占企業。

一九四五年八月二日簽訂的《波茨坦條約》（Potsdam Treaty）第十二條寫著：「在最早可行的日期下，德國經濟應該去集中化，以消除目前經濟過度集權的現象，尤其是例如卡特爾、企業集團、托拉斯及其他壟斷性約定。」[40]

艾森豪將軍在一九四五年四月就已經發布一道命令：「你們要禁止所有的卡特爾或其他私下商業約定及卡特爾式的組織。」他接著說：「這是政府政策，使德國產業的擁有權及掌控力能有效的分散。」[41]艾森豪後來當上總統，仍持續放很大的力氣在反托拉斯上。

德國在一九四五年投降後，美國對占領德國採取三個原則：去納粹化、去軍事化、去卡特爾化。美國的決策者在找一個經濟上的理由，可以解釋何以像第三帝國這類極其恐怖的東西會出現，答案看來就是卡特爾。德國的卡特爾化比任何其他國家都來得廣泛，美國認為這對第三帝國肯定有著獨特的貢獻。[42]

美國甚至對經濟援助設下條件，要求必須減少產業的競爭障礙。譬如對歐洲煤鋼共同體（European Coal and Steel Community）的一億美元貸款，其運用方式就必須「符合共同市場的運作，不使國家或私人設下競爭的屏障或阻礙」。[43]

美國軍方全心全意灌注反托拉斯的觀念，使之成為重建德國的一塊基石。事實上，在一九四六年，也就是波茨坦會議一年後，美國軍方寫了一份關於德國經濟進展及戰後重建的報告，在反對經濟與政治權力集中化方面，恐怕沒有其他宣言，能比這份報告提出更清楚的理念或論據了，故而值得在此充分引述原文：

> 去卡特爾化部門……正在窮盡一切努力，使德國經濟的過度集權皆能全盤去集中化與去卡特爾化。**在執行計畫時，它會努力說服德國人民了解，經濟民主是政治民主的必要基礎。**（以粗體強調是事後加上的）
>
> 就某些方面來看，以近似民主的方式重整德國經濟，比起僅僅機械式的去集中化來得更重要。德國人民必須學到，民主式經濟是最有利於個人全面發展的環境，而在這樣的環境下，個人在物質上的成功，將主要有賴於本身滿足其他人經濟需求的能力。在這樣的體制下，個人將能對其政府施予警醒而有效的控制，也將能迫使政府官員在行事時以全民福祉為

要，而非只照顧某些特殊階級的利益。我們必須說服德國人相信，在政治上，將權力無可挽回地授予某個獨裁者或威權政體，是不牢靠的。同樣地，我們必須說服他們相信，在經濟上，允許某個私人企業對經濟其他部分取得專制權力，也是不牢靠的。

本部門將大量汲取美國發展經濟民主制所獲得的經驗，努力說服德國人民，發展自由市場、避免商人與實業家之間的歧視待遇、消除經濟上收過路費的作風和保護消費者，是重建民主式德國新經濟的基礎。[44]

美國戰爭部並未提到消費者福祉或效率，美國此舉並非純粹出於經濟目的，而是有非常明確的政治企圖。

在美國人的協助下，德國在一九四七年通過去卡特爾化的法律，避免經濟力量集中化。他們相信，在重建的德國，競爭是制衡權力，並且避免政治力與經濟力集中化的最適當手段。[45]美國的影響力不只及於德國，更對一個又一個政府施加壓力，要求其約束卡特爾。在接下來的二十年，有超過二十個工業化國家採取針對卡特爾的措施。

把歐洲整個反托拉斯的重心都歸功於美國並不公平。歐洲人對產業集中化的關心，根源至德國知識分子的思想，尤其是秩序自由主義（**ordoliberalism**）。

歐洲秩序自由主義是古典自由主義的一個分支，在納粹時期萌芽發展。當時，有一群異議分子以佛萊堡（Freiburg）的經濟學家華特・歐肯（Walter Eucken）為首，聚集在一起，反對納粹德國與蘇聯的計畫經濟。奧地利的經濟學家弗里德里希・海耶克（Friedrich Hayek）則是自由市場的信徒，對集權化多所責難。他相信，一旦經濟權力被統一起來，獨占企業和卡特爾將無可避免的成為「政府遂行其政治目的的工具」。[46]

秩序自由主義主張，資本主義需要強而有力的政府來建立一套規則框架，以維繫自由市場妥當運作所需的秩序（拉丁文為*ordo*）。

秩序自由主義者認為，國家藉由反托拉斯出手干預，是市場運作的一項基本要素。政府必須維持一個公平的競爭環境，好讓競爭蓬勃發展。對秩序自由主義者來說，競爭者消失，受傷害的是消費者，因為消費者的選擇變少了，而主導廠商的力量變大了。在他們看來，競爭是避免私部門或公部門過度集權的最佳方法。競爭是政治自由的最大保障，也能提供世人一個優越的經濟機制。

西德首任經濟部長暨第二任總理路德維希・艾哈德（Ludwig Erhard）被秩序自由主義視為其中一員，靠著他位高權重，秩序自由主義得以對戰後經濟政策發揮強大的影響力。德國競爭政策背後的驅動力量，來自一股避免政治或經濟權力集中化，也避免再次回到獨裁國家的決心。[47]因此，當歐盟成立時，德國反過來將其反托拉斯的力道施加其上。[48]

美軍重建歐洲和秩序自由主義知識分子都同意一件事情：經濟自由與政治自由密不可分，而避免經濟力量集中化是政府的責任。[49]

就跟其他革命一樣，反獨占與反寡占的運動偶爾也會做得過火。有兩個指標性案例引發針對反托拉斯管制的抗議聲浪，那就是布朗鞋業（Brown Shoe）案和馮氏超市（Vons）案。兩者皆因拙劣的決定引人側目，使即將到來的反革命師出有名。

一九六二年，美國最高法院禁止鞋子製造商布朗鞋業與零售商金尼公司（G.R. Kinney Co）合併。兩家公司都是小蝦米，營業額只占鞋子總零售銷路的二・三％。整個產業並未大一統，有超過八百家的鞋子製造商，接近教科書裡完全競爭的典範。[50]

四年後，美國最高法院又禁止兩家洛杉磯超市合併。馮氏超市和購物袋超市（Shopping Bag）分別是洛杉磯地區的第三大和第六大連鎖超市，兩邊的市場占有率加起來不超過一〇％。即便洛杉磯有數千家超市，但是法庭就是不喜歡這種朝向整合的舉動。法官史都華在不同意見書中，認定雜貨零售業並無重大進入障礙。他寫道：「我能找到的唯一一致性，是如果以第七條*進入訴訟程序的話，政府總是會贏。」[51]

有鑑於同產業的合併案幾乎沒有通過的可能，一九六〇年代的執行長們發起第三波合併潮，進軍八竿子打不著、遠在天邊的行業來發展企業集團。像國際電話電報公司（ITT）、天納克公司（Tenneco）和海灣與西部集團（Gulf & Western）就購併了完全南轅北轍的業務。比方說海灣與西部集團旗下便擁有五花八門、琳瑯滿目的企業，包括出版書籍的西蒙與舒斯特出版社

（Simon & Schuster）、製作電影的派拉蒙影業公司（Paramount）、製造汽車零件的ＡＰＳ公司以及聯合雪茄公司（Consolidated Cigar）。沒有理由一家出版社應該要跟一家汽車零件製造商有任何瓜葛，不過這麼做的出發點在於毫不相關的業務部門能夠抵銷彼此的上下景氣循環。

企業集團利用自己價值高估的股票來買小公司，每次收購都讓他們變得更大更腫。隨著企業集團愈長愈大，華爾街對他們的股票也就出價愈高，從而助長他們去做更多收購。到了最後市場下跌，便能清楚看到，把一家好萊塢製片廠跟一家雪茄製造商和一家汽車零件製造商兜在一起，實在是個蠢主意。

更大並非更好，然而執行長們依舊對買下競爭對手充滿渴望。不過他們不用等太久。

經濟學家凱因斯曾說：「實務界的人有自信能不受知識分子的思想影響，卻常常成為幾個已故經濟學家的奴隸。」他應該把已故的法學教授也納進來。

我們今日的處境，可以追溯至芝加哥學派的經濟學家。如果不是羅伯特．伯克（Robert Bork）和芝加哥學派，我們就不會有高度集中化的產業。

不管任何革命，都是由一群思想家組織起來發展觀念並熱切傳播所致。由傅利曼和喬治．史蒂格勒（George Stigler）領軍的芝加哥學派，是抨擊反托拉斯法的先鋒。諷刺至極的是，他們對

---

* 譯注：此處指的是《克萊頓法》第七條有關合併的規定。

獨占企業和集權化譴責有加，可是實際上卻是他們為後者創造出的所有必要條件。

傅利曼和史蒂格勒一開始是反托拉斯的擁戴者，可是最後卻討厭任何形式的國家管制。根據傅利曼的說法：「反托拉斯法並未促進競爭，卻有意反其道而行……因此，我必須說，反托拉斯帶來的弊多於利，如果根本沒有它，或是能擺脫它的話，我們會過得更好。」[52]此話不假，芝加哥學派這幾十年來，一直想要去之而後快。

他們對國家的反感和對完全市場的信念是如此徹底絕對，以至於大力倡導幾乎不管任何情況，國家都不應該管制商業。他們假定存在一個沒有任何進入障礙的完美世界。如果競爭者不存在，他們就會假定他們存在。理論上，所有的市場都是還沒被辨識出來的（不存在）企業「可競爭」的市場。如果某家公司占有百分之百市占率，這不成問題，因為不久的未來就會有新的進入者出現，使局勢改觀。他們拿著經濟童話故事，大筆一揮，便抹去了幾十年來的經驗和實務判決。

對傅利曼和史蒂格勒來說，獨占企業就像傳說中的龍，是既危險又恐怖的生物，但卻不是真的，因此無須掛心。任何看起來像是一家壟斷市場的企業，之所以能主導產業，只不過因為「效率」更好之故。就算它似乎是一家獨占企業，你也不必擔心，因為競爭讓它撐不了多久。而且，維持獨占地位既花錢又困難，所以是不可能的事。

對芝加哥學派來說，若有貌似獨占企業、舉止似獨占企業、嘎嘎叫如獨占企業的什麼出現，恐怕只是出於你的想像。

芝加哥學派不只不相信獨占企業，實際上他們什麼都不信。企業間的勾結？不可能，因為有太多欺騙和避免合作的誘因了。就算真的發生，也無法持久。總之卡特爾極不穩定，終將分崩離析，只能在玩家數量極少之下運作。即便它們真的持續下去，也會有新的公司想要進入市場競爭，所以最好順其自然，切莫插手干預。你說新公司進入市場的困難度太高？才不是這樣，進入障礙是虛構的神話。新的競爭者如今並不存在？市場會召喚他們出現。任何他們不同意的東西，都經由思想實驗或大膽的立論，從理論層次加以消滅。

我們只是把他們的重要論點用白話講出來，免得你以為這是誇張可笑的觀點。讀讀看〈芝加哥學派的反托拉斯分析〉（The Chicago School of Antitrust Analysis）一文，這是同為芝加哥學派的律師暨經濟學家理查．波斯納（Richard Posner）寫的。[53]他是一位能言善道的教授，最後當上法官，得以將自己的觀念付諸實行。

經過二〇〇七至二〇〇八年的全球金融危機後，波斯納寫了一本書《資本主義的危機》（*A Crisis of Capitalism*），在書中自曝，他的資本主義之理性選擇與自由放任理論可能存有瑕疵。然而，他的觀點已經造成傷害。

經濟學恐怕是唯一一門事實無關緊要、理論至高無上的專業。在科學界有科學方法與實驗，在經濟學界，諸如傅利曼、波斯納、史蒂格勒之流，則能基於純理論做出論斷。

獨占企業並非鳳毛麟角，所以傅利曼和史蒂格勒必須找出一套解釋得過去的說詞。他們發表演講，致力於重塑歷史，試圖否認任何導致標準石油崛起的可厭政策。值此同時，歷史學家們則開始為老一輩強盜貴族恢復名譽。商業歷史學家艾倫・芮文斯（Allan Nevins）在他的書《洛克斐勒：美國企業的輝煌時代》（*John D. Rockefeller: The Heroic Age of American Enterprise*）中主張，儘管洛克斐勒可能參與某些不法的商業活動，但這無礙於他建立了一個有條有序的產業。

這一派思想開始傳染給其他經濟學家。一九六〇年代初期，在一場反托拉斯研討會上，小有名氣的經濟學家艾倫・葛林斯潘（Alan Greenspan）在一場演講中哀嘆獨占企業之殞落。他呼應熊彼得的論點，主張說：「永遠沒有人知道，有什麼樣的新產品、流程、機器和節省成本的合併無緣問世，它們還沒出娘胎就被《薛曼法案》給扼殺了。這個法案使資本運用的效果較差，沒有人能算得出來，它害我們所有人付出多少代價，使我們的生活水準比原本可能的更低。」[54] 雖然他這麼說的時候，美國經濟正一片欣欣向榮，生產力與投資金額俱高，中產階級的薪資也正在上揚。但就算了吧！

你記得的葛林斯潘，可能是當上聯準會主席，帶給我們「大到不能倒」的觀念和金融危機的那個人。對他來說，數大就是美，而市場運作始終完美如常。金融危機後，他也寫了一本書，說他關於市場運作完美的觀點可能有瑕疵。我們永遠無法知道，他造成多大的損害。

然而，如果要抓出一個人為反托拉斯思想的革命負責，此人非伯克莫屬。大多數美國嬰兒潮一代會記得他，是因為一九八七年他那十分緊張的最高法院大法官提名聽證會；其他人會記得他，則因為他是「週六夜大屠殺」（Saturday Night Massacre）那晚，唯一願意遵照尼克森總統的命令，解僱特別檢察官阿奇博德．考克斯（Archibald Cox）的人。

伯克在一九六〇年代發表了一連串具有高度影響力的文章，極具爆炸性。他的文章出色，有原創性，而且大錯特錯。他抨擊美國反托拉斯政策的狀況，最值得注意的是，他的文章〈反托拉斯政策的目標〉（The Goals of Antitrust Policy）以一段成為經典的文字開場：「反托拉斯法的生命……從來……不合邏輯，也非出於經驗，只不過是拙劣的經濟學和糟糕的法理學。」[55]為了使誤入歧途的反托拉斯法回歸正途，伯克主張，反托拉斯唯一需要關注的事，應該是「消費者福祉」。而能衡量消費者福祉的其實只有低價格，除此之外，其他都是煽動言論。

照伯克的看法，保持市場對所有新進者敞開大門、分散經濟與政治權力、避免勾結串謀和保護小型企業免於掠奪性訂價，都不在其關心之列。唯一念茲在茲的只有價格。

伯克認為，某個特定業者之所以占有比例極高的市占率，大約是因為大公司擁有經濟規模和效率更高的緣故。以他來看，反托拉斯政策只能保護小型企業免於競爭，犧牲了成本效率，造成產業零碎化。[56]

幾十年來，立法者會保護身為商人、創業家和勞工的美國人，可是伯克引起一波知識革命，為求效率與便宜商品，把公民當成牲品送上祭壇。人民被《反托拉斯悖論》（*The Antitrust*

Paradox）簡化成單純的消費者。

伯克的論點在經濟學家與律師之間有著無比的影響力，而雷根總統上任後，也派人進駐司法部，把芝加哥學派的觀點付諸實行。領導反托拉斯署的是威廉・巴克斯特（William F. Baxter）教授，他馬上變更了所有的「合併指導原則」。反托拉斯署前助理檢察長保羅・麥克格夫（J. Paul McGrath）指出：「該署的主要目標是加強一個觀念，那就是實施反托拉斯法的唯一基礎，應該是本於經濟效率所做下的決定。」[57]司法部長威廉・弗倫奇・史密斯（William French Smith）則表示「大，未必不好」。[58]而如果可以讓前美國商務部長波多里奇（Baldridge）放手去做，這個政府會試圖把反併購的法律整個廢掉。[59]

反托拉斯管制的改弦易轍，簡直就是非民選官僚發起的一場革命。司法部藐視國會的表達意願，沒有經過立法、公開辯論或投票，就改變了反托拉斯法的本質，根本是乞丐趕廟公。反托拉斯訴訟的舉證重擔完全轉移，而阻止合併的門檻也高到不可能成立。

雷根的司法部徹底改變我們因應獨占企業的做法。這個政府不顧其他所有考慮，只看商品價格，建立了一個任何公司都可以玩弄的制度。不管你的市占率有多高，你都可以主張這是個「可競爭」的市場，新的進入者都能來競爭。合併案是否許可的決定權從管制者手中被拿走，交給了經濟學家。從此以後，整個有關反托拉斯的辯論，都照著伯克的意思走。

極度諷刺的是，「消費者福祉」是伯克憑空想出來的。撇開反托拉斯的領域不談，伯克最為人所記得的是立法本意學說。基本上，它的意思就是法官在做出判決之前，必須理解當初創立憲法者的真正立意為何。然而，當我們檢視伯克的反托拉斯觀點，卻發現它們與國會的立法本意相反，脫離了歷史的脈絡，而伯克表現出來的意識型態盲目則令人瞠目結舌。根據伯克的看法，國會制定《薛曼法案》、《克萊頓法》和成立聯邦交易委員會，只是為了追求更低的價格和「消費者福祉」。任何合併案只要能保證效率與低價，都應該被允許，不必管消費者、生產者或競爭者受到什麼影響。

有許多歷史學家研究過《薛曼法案》、《克萊頓法》及聯邦交易委員會的辯論。沒有人，一個都沒有，在法案中發現任何提到「消費者福祉」的字眼。伯克的觀點和立法本意如此南轅北轍，而我們現在必須用它來處理有幾十年歷史的反托拉斯法，實在太讓人震驚了。自此之後，每一份合併指導原則都只是讓公司完全主宰產業，使得利用收購提高市場占有率，變得更容易而已。

雷根主政下的反托拉斯革命，迎來美國史上最大的合併潮，把競爭者買下來的欲望過去幾十年遭到壓抑，在一九八〇年代得到了宣洩。股票市場進入一九二〇年代以來最大的榮景，即便遇上了一九八七年的股市崩盤，併購交易的熱情依然不減。

雷根政府釋放出市場上的動物本能。黛安娜・佛里蘭（Diana Vreeland）是《哈潑時尚雜誌》（*Harpers Bazaar*）的時尚編輯，也是南西・雷根（Nancy Reagan）的友人，她談到那個時期是這麼說的：「權力、金錢，還有怎麼運用它們才是王道……我們一定不能怕自己勢利與奢華。」[60]大約在股市崩盤期間上映的電影《華爾街》（*Wall Street*），掌握住那個時代的感覺。在一個令人難忘的場景中，高登．蓋可（Gordon Gekko）想要買下一家公司，他站起來對股東們說：

> 各位先生女士們，重點是：貪婪（我沒有更好的字眼可以形容了）是好的。貪婪沒有錯。貪婪有用。貪婪釐清、穿越、捕捉到演化的精髓本質。是各式各樣的貪婪，貪求生命、金錢、愛、知識，造就了人類的蓬勃發展。而貪婪（各位記好了）不但能拯救泰爾德紙業，更能拯救美國這家運作失靈的公司。

債券市場欣欣向榮，華爾街也提供資金給併吞公司的企業狙擊手。做投機買賣保證賺大錢，而併購套利則成為華爾街最有利可圖的交易策略，從而催生了以合併祕密來進行內線交易的家庭手工業。伊凡．博斯基（Ivan Boesky）之流在華爾街稱王，直到他和內線交易集團的其他分子被美國證券交易委員會逮捕為止。

管制機構不再關心合併，唯一能讓這股合併潮止息的是一九九〇到一九九一年的經濟不景氣和股市下跌。當局幾乎沒有出力阻擋任何合併案（見圖7.2）。

繼雷根之後，沒有一位總統曾經落實《薛曼法案》和《克萊頓法》的精神或執行裡面的條

圖7.2　反托拉斯執法預算

反托拉斯執法逐年下降

下圖顯示司法部與聯邦交易委員會執行反托拉斯法所花費的預算，經過通貨膨脹、國內生產毛額與生產力調整。以2009年美元幣值計。

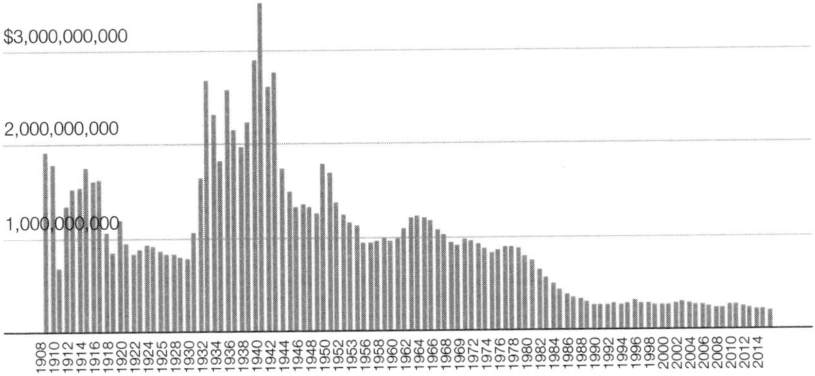

資料來源：與喬治亞州立大學法學教授雷希·伍考克（Ramsi Woodcock）的談話。

文。不管哪一黨控制國會或入主白宮，對產業集中化的政策向來看不出分別。事實上，執行反托拉斯法的預算隨著歷任總統不斷縮減，兩黨都拿社會議題爭取選民認同，可是講到企業，卻是同一張嘴臉。（如果我們不喜歡市場上的雙頭壟斷，也應該討厭民主黨與共和黨兩黨獨大，兩黨在反托拉斯議題上暗通款曲至為明顯，令人心寒。）

雖然從歷史上來看，合併潮不常發生，但自從雷根閹割反托拉斯法之後，我們看到每隔十年就出現一次合併潮。好像掣輪效應一般，公司只會變得更大更膨脹，再也回不去。一九九〇年代興起一波比一九八〇年代更大的合併潮。儘管是雷根總統讓《薛曼法案》和《克萊頓法》起不了作用，卻是柯林頓總統把合併熱燒得更旺更火。柯林頓當政期間，軍火公司從一百多家減少到只剩下五家大型軍火商，其中不少在各自生產的武器系統領域沒有競爭者（見圖7.3）。[61]

小布希和歐巴馬也許在社會議題上有著不一樣的主張，談到企業時的修辭也或許有差異，但他們的獨占及寡占政策卻根本一模一樣。比方說，即使惠而浦公司（Whirlpool）控制了很多家電品七五%的市場，布希政府仍同意該公司收購美泰克（Maytag）。又手機市場從六家公司整併成四家，其中兩家最大的公司控制了七成美國市場。

歐巴馬雖然對大企業與華爾街撂狠話，卻極盡所能的向他們募款，而且可以說比小布希更支持合併。他的司法部核准了所有的航空業合併案，形成只有四家航空公司的寡占局面，卻對要塞樞紐機場被獨占的現象不聞不問。他也任憑Google為了垂直整合部分廣告產業，而去進行大型收購案。

在歐巴馬主政下，情況變得更為極端。他的反托拉斯署署長在一場國會聽證會上說：「有人說這是合併潮，我們倒覺得這是海嘯。」然而，儘管海嘯來襲，反托拉斯學會（Antitrust Institute）發布的一份報告卻說：「在中度集中化的產業部門，併購的管控看來似乎已經停止了。」[62]（見圖7.4）

事實證明反托拉斯法已死。格魯隆在研究併購的挑戰時，發現《薛曼法案》第二條的執法從一九七〇至一九九九年的每年平均十五．七案，下降到二〇〇〇至二〇一四年的每年平均不到三

圖7.3　二十年來的產業合併

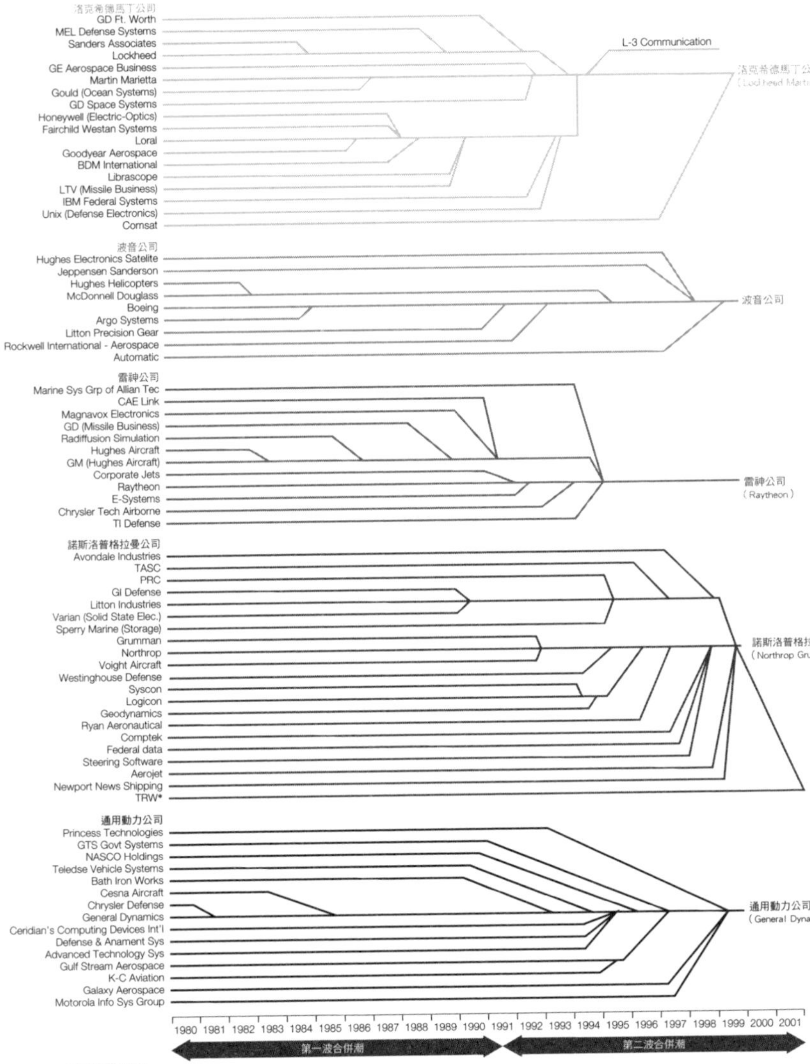

*合併案暫緩核准

資料來源：「美國航太工業的未來」總結報告。

圖7.4 過去三十年來的三次大型合併潮

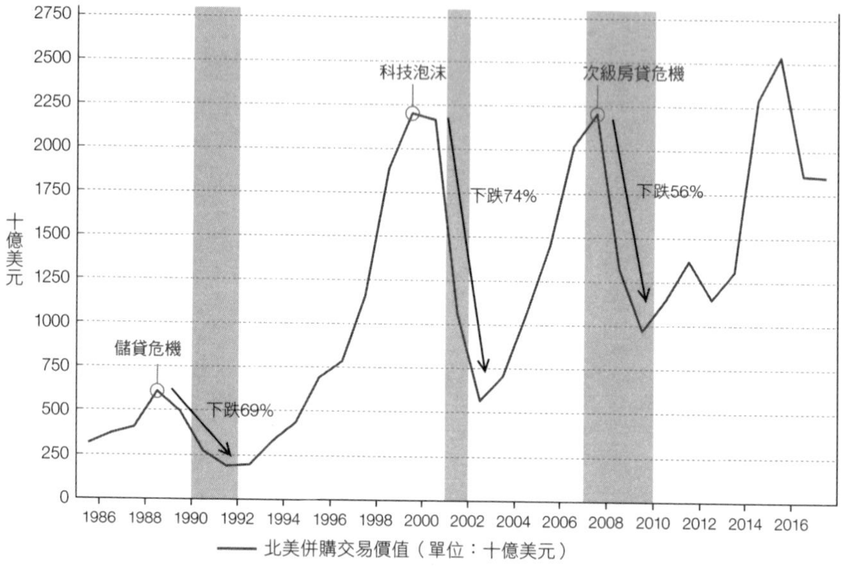

資料來源：Variant Perception.

案。難以置信的是，二〇一四年沒有提起任何訴訟案。[63]有鑑於產業年年變得愈來愈集中化，近期執行反托拉斯法的失敗程度令人瞠目結舌。

每一任總統的態度都比前一任更馬虎，如今的司法部根本是為企業的利益服務。這個領域的主要經濟學家們則來回享有顧問公司和司法部及聯邦交易委員會的高官厚祿。

合併對社會是好的，為了讓讀者感覺一下，提出這種主張到底可以得到多大好處，讓我們來看看丹尼斯·卡爾頓（Dennis Carlton）的例子，此人是芝加哥大學布斯商學院的經濟學家，每小時收費一千三百五十美元起跳。在其漫長的職業生涯中，他賺到的錢超過一億美元，期間他也曾擔任過公職。[64]他跟其他幾十個經濟學家收取數百萬美元為代價，撰寫論文主張合併無害。基本上，這是一種收費昂貴的學術娼妓。他們為一個又一個的合併案背書，造成物價上揚，勞工被壓榨。

合併案的執法已死。這個階段的聯邦交易委員會是經濟學家與律師出入政府機構、謀求高薪的職業介紹所。古斯塔沃．格魯隆教授發現，合併交易的成功比例接近九成。[65]（見圖7.5）而交易不成的唯一原因，通常是因為市場狀況不好，譬如出現金融危機，或是因為公司打退堂鼓的關係，並非因為執行反托拉斯法。

合併案的審查程序，是一幕幕律師和經濟學家在金錢與關說的旋轉門裡，和未來的同事辯論的場景。

司法部已經揮手讓許多合併案通過，使得那些產業少到只有四家，甚至三家主要競爭者，形成寡占甚至雙占的高度集中化現象。據庫沃卡教授說：「併購執法機構的目光狹隘班班可考。資料顯示，經過合併後剩下大約五家企業的產業，幾乎立於不敗之地，無人能挑戰，導致集中化的現象普遍增加。」[66]他提出全面詳實的研究，證明即便經過管制機構審查，合併仍然使得物價上升。

總統可以利用司法部來阻擋合併，可是截至目前為止，他們並沒有太大意願這麼做。政府偶爾也會出手成功阻擋合併案。譬如二〇一五年，聯邦通信委員會阻止康卡斯特買下時代華納有線

圖7.5　完成合併與收購的比例

本圖顯示的是一九七九至二〇一四年間，完成合併的交易數占所有交易數的比例，樣本乃包含證券資料公司（Securities Data Corporation, SDC）合併資料庫裡的所有交易，但須滿足以下條件：(i) 收購公司在收購前的持股比例低於50%；(ii) 收購公司在收購後的持股比例高於50%；(iii) 收購公司跟收購標的都是公開發行公司（因為我們有興趣的是整個市場對公開發行公司和標的公司的反應）；(iv) 收購公司跟標的公司擁有不同識別碼；(v) 交易已經完成；(vi) 公告日前後，在證券價格研究中心（CRSP）可以取得收益資料；(vii) 可以從證券資料公司取得收購價格。

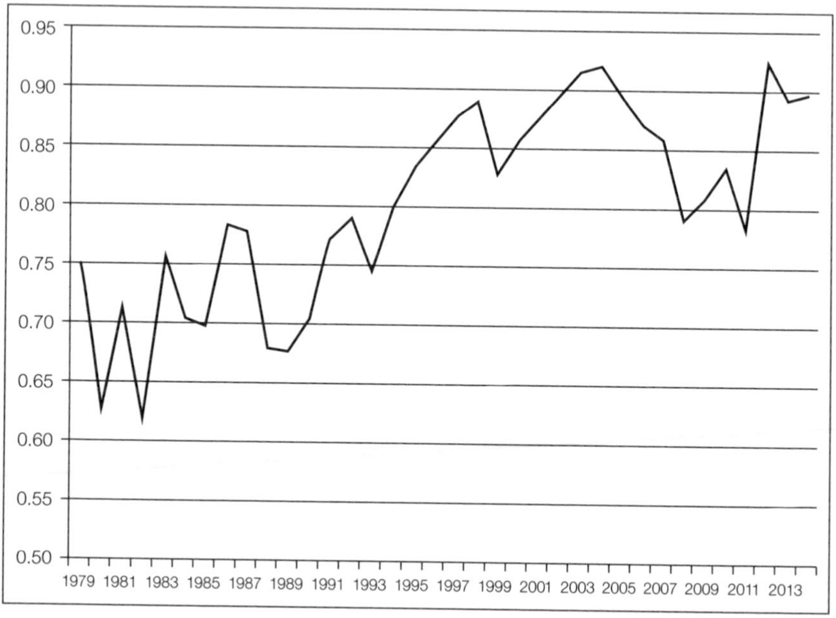

資料來源：Gustavo Grullon, Yelena Larkin, and Roni Michaely, "Are U.S. Industries Becoming More Concentrated?" (August 31, 2017). Available at SSRN: https://ssrn.com/abstract=2612047.

電視，二〇一一年時也不讓AT&T收購T-Mobile電信。這些都是歐巴馬當政時期，司法部阻擋的少數幾件知名合併案。

執法不但極為罕見，而且有選擇性。一份近期研究發現，企業若跟監管反托拉斯管制機構的政治人物交好，就比較可能在合併審查時順利通過。[67]今天，除非遇到極端的情況，譬如完全獨占，否則法院不太可能因為市場集中化提高而制止合併案。[68]最高法院的立場如今已往另一邊傾斜，寧願容許太過集中化。他們在做出「威訊通信訴多林克案」（*Verizon Communications Inc. v. Law Offices of Curtis V. Trinko LLP*）的判決時，就把話說得很清楚，聲稱說它傾向盡量減少駁回合併的錯誤，其優先性更勝於避免過度集中化。精神錯亂之輩不但充斥司法部，也完全攻占法院。

庫沃卡教授檢視過去幾十年的合併案，得到的結論是：「近期的併購管制，在挑戰合併案時表現不夠積極。」產生的整體效應是「有更多被核准的合併案證明是反競爭的」。

傷害已經造成。

馬克斯．普朗克（Max Planck）曾說：「前人屍骨已寒，科學才有可能前進。」等到受伯克影響的人都死光了，反托拉斯法的革新才有可能見到曙光。法律追求更高的公平正義，並非一條直線的道路。湯瑪斯．孔恩（Thomas Kuhn）在一九六二年寫下《科學革命的結構》（*The Structure of Scientific Revolutions*），成為有史以來被人引用最多的一本書。他不認為科學的進展是「在舊的真相之上堆疊新的真相」和矯正過去的錯誤，而主張科學是從一個典範徹底移轉到另一個典範，從常態階段走向革命階段。

反托拉斯法已經隨著每一個世代的逝去而經歷過自己的革命。是時候回來看看美國在第二次世界大戰之後帶給德國的學習了。

本章重點

- 避免任何行業的權力集中化，是《薛曼法案》背後的推力。
- 聯邦交易委員會成立後，幾十年來，反壟斷政策一直是美國政治的一塊基石，民主黨與共和黨皆然。
- 我們今日的處境，可以追溯至芝加哥學派的經濟學家。
- 繼雷根之後，沒有一位總統曾經落實《薛曼法案》和《克萊頓法》的精神或執行裡面的條文。
- 如果我們不喜歡市場上的雙頭壟斷，也應該討厭民主黨與共和黨兩黨獨大，兩黨在反托拉斯議題上暗通款曲至為明顯，令人心寒。

第八章

管制與化療

遊說、進入障礙與利潤

我不知道這位老太太是死於癌症，還是死於它的療法。

——辛達塔．穆克吉（Siddhartha Mukherjee）醫生，《萬病之王》（*The Emperor of All Maladies*）

傑夫．德蘭（Jeff Dirlam）一如往常去找當地的驗光師配隱形眼鏡，醫生在檢查時，發現他的虹膜周圍有一圈異樣的銅色。他建議傑夫馬上去看醫生。傑夫一開始被診斷罹患威爾森氏症（Wilson's disease），可是尋求第二意見卻讓他接下來兩年為了尋找線索，盲目的跌跌撞撞。

威爾森氏症是一種極為罕見的疾病，因為遺傳基因使得肝臟功能不全，導致堆積過量的銅，直到肝臟飽和，到了最後，積聚的銅會開始破壞肝臟，還會入侵眼睛和腦部。全世界每三萬人只有一人得到這種病，症狀包括神經系統損傷、嘔吐、虛弱、腹部積水和會致命的肝衰竭及死亡。

醫生的第二意見不認為是威爾森氏症，傑夫一個醫生換過一個醫生，他們手忙腳亂的想要找出病因時，傑夫的身體狀況卻開始急速惡化。他會流口水，講話口齒不清，同事也開始模仿嘲弄他。他有吞嚥困難，走路出問題，最後因為缺勤丟了工作。

傑夫搬回去與父親同住，父親帶他去看過一個又一個醫生，他順口跟某位醫生提到威爾森氏症，才終於確定最早所做的診斷正確。

為時已晚。傑夫確診後活了九個月，伴隨嚴重的神經系統症狀，再也不能吃東西或吞嚥，不能走路、說話或運用四肢。生命的最後三個月，他的嘴巴僵住，張開像棒球那麼大，一天二十四小時都這樣，連睡覺也不例外。

他死於二〇〇二年八月三十日，年方二十五歲。[1]

若能及早掌握並加以治療，威爾森氏症並不是問題。一直以來，解方就是鹽酸曲恩汀（Syprine）或青黴胺（Cuprimine）藥錠，在多數國家一錠要價大約一美元。這些藥片的售價始終這麼實惠，有個很好的理由：生產成本不高。

最早擁有青黴胺和鹽酸曲恩汀的默克藥廠（Merck），向來把價格維持的很低。可是他們在二〇〇六年把藥賣給了一家叫做艾頓（Aton）的小公司，後者開始提高價格。接著在二〇一〇年，艾頓把藥賣給了威朗製藥（Valeant Pharmaceuticals），就是在這個時候，價格開始一飛沖天。

威朗將美國的訂價提高到一年份的藥大約三十萬美元，或一個月兩萬五千美元。由於美國食品藥物管理局（FDA）的藥物核准案堆積如山，所以這兩種藥都沒有其他學名藥可替代。[2]大多數病患無力負擔，又如果他們拿不到藥的話，就會跟傑夫．德蘭一樣一命嗚呼。

威朗製藥只要收購一家公司，後面的劇本大致相同。它會解聘幾乎每一個科學家，削減研發預算，然後開始大幅抬高價格。執行長麥可．皮爾森（Michael Pearson）上任後進行了超過三十四件收購案，[3]威朗幾乎所有的藥品價格都提高了。比方說，在二〇一五年，威朗把它的糖尿病用藥二甲雙胍（Glumetza）從五百七十二美元提高到五千一百四十八美元。而治療胃食道逆流及其他胃病的胃藥奧美拉唑（Zegerid），價格則從四百二十一美元飆漲到三千零三十四美元。[4]

幾乎每個病人都被威朗製藥敲詐。威朗在一年內，就把一種治療鉛中毒的藥價提高超過二，七〇〇%，[5]而世界衛生組織已經把這種藥列入基本藥物的標準清單中。[6]當威朗在二〇一三年收購梅迪奇藥廠（Medicis），[7]連帶買下這款藥的時候，它原本的成本是九百五十美元。價格上漲後，如今美國毒物控制中心要付出大約每克五千美元來買藥，相較於過去加拿大人每克只花十五美元，中間的價差高達三三，三〇〇%。[8]這款藥的成分不貴，也可以用低得離譜的價格買到實驗室用配方。如果你從實驗室的目錄訂購這款藥，每克的成本大約〇．三三美元。

由於政府管制和官僚體制的速度問題，對手公司無法提供比較便宜的替代藥物與之競爭。美國食品藥物管理局的政策，使人幾乎不可能避開高藥價。[9]而調劑藥局能夠提供的藥物也有限，因為法律規定的關係，他們基本上不能調製市售款藥物。[10]

「有一種藥，一直以來是標準治療用藥，直到最近才能以負擔得起的價格普遍取得。」麥可．柯斯奈特（Michael Kosnett）博士這麼說，他是科羅拉多大學臨床藥理學暨毒理學系的臨床副教授。「威朗把價格抬高到天文數字，使得有致命威脅的鉛中毒兒童用藥可用性受限，實在沒有道理。」[11]

病人眼看自己的帳單和保險自付額激增的同時，時任威朗製藥執行長的皮爾森，則在二〇一五年為公司賺進一億四千三百一十萬美元。[12]他最後因為身陷詐領醫療費的指控而遭到解僱，可是大部分藥品的價格再也回不來。

指責威朗是製藥業的流氓惡棍是很容易，不過一份對三千種原廠處方藥的調查發現，自二〇一四年以來，有六十種藥的價格翻倍有餘，有二十種則漲了四倍。[13]特色藥廠所製造的藥品，其平均價格增幅在二〇一二年是一六%，二〇一三年是二九%，二〇一四年是二二%，二〇一五年則是一九%。[14]

大藥廠定期調漲價格，得到的媒體注意比不上威朗製藥的索價過高，可是藥價還是一路飆升。根據艾美仕調研公司（IMS Health）的數據，即使前十大藥品的處方量下跌二二%，但銷售額卻在二〇一四年來到五百四十億美元，比二〇一一年增加了四四%。[15]藥物支出增加的速度超過通貨膨脹、就診次數或住院率。

套句克里夫蘭醫學中心（Cleveland Clinic）藥劑長史考特．克內爾（Scott Knoer）的話：「藥廠之所以漲價的幅度遠超過通貨膨脹，是因為他們有本事這麼做。」他說：「在缺乏管制和消費者意識（因為有保險，所以消費者一般看不到價格）的情況下，漲價空間無極限。」[16]

《銀翼殺手》（*Blade Runner*）現在被視為科幻小說的經典之作，可是它初次上映時的票房慘不忍睹。這部電影如今被譽為曠世傑作，顯目的看板和閃亮的霓虹廣告占據了二〇一九年洛杉磯的天際線。導演雷利．史考特（Ridely Scott）曾經做過廣告業，深諳品牌的威力。

在第一版的《銀翼殺手》裡，哈里遜．福特（Harrison Ford）穿梭於陰暗多雨的未來，背景閃爍著廣告看板的微光。史考特探索的是一種深層的恐懼，那就是企業將控制我們的生活。這個主題遍布於幾個世代以來的科幻小說。《魔鬼終結者》（*Terminator*）裡有賽博坦公司（Cyberdyne Systems），《機器戰警》（*Robocop*）裡有全能消費品企業（Omni Consumer Products），而《銀翼殺手》裡有泰瑞公司（Tyrell Corporation）。當哈里遜．福特在電影裡的角色執行格殺複製人的可怕任務時，你可以看到美國無線電公司、貝爾電話公司、可口可樂、雅達利（Atari）、青島啤酒和高斯公司（Koss Corp.）的廣告，不勝枚舉。

不少出現在電影裡的公司，上映後不久便消失於世，很多不是破產，不然就是被競爭者給殲滅。在《銀翼殺手》裡露臉，結果成為一種被遺忘的預兆，影評裡甚至開始出現「《銀翼殺手》的商業詛咒」這種說法。[17]

史考特所描繪的是擁有完全優勢，甚至有些是居於獨占地位的企業。一九八二年時，雅達利占有八成家用遊戲機市場。電影上映不到一年，該公司在一次家用遊戲機市場大崩盤後，把賣不出去的遊戲傾倒在新墨西哥州的垃圾掩埋場，公司遭到分割，最後走向破產的命運。耳機製造商高斯公司在一九八四年依《破產法》（Bankruptcy Code）第十一章訴請重整。食物調理機的先驅美膳雅（Cuisinart）不久後也聲請破產。美國無線電公司不見了，貝爾電話公司是大型電信獨占企業，最後也被政府給拆解。

並非所有品牌都消失。在一九八二年版電影裡，哈里遜・福特飾演的角色啜飲著約翰走路（Johnnie Walker），這個品牌就跟一杯上等威士忌一樣歷久彌新。可口可樂還活著，而青島啤酒仍然是中國最受歡迎的啤酒。

有很多公司在最新續集《銀翼殺手2049》（*Blade Runner 2049*）裡花錢買置入性廣告：約翰走路、索尼（Sony）、寶獅（Peugeot）和可口可樂。[18]時間會告訴我們，哪些品牌能存活下來。

可以確定的是《銀翼殺手》詛咒並不存在。這部電影證明，雖然企業非常適合扮演電影反派角色，可是談到存活這件事情，他們往往毫無招架能力。譬如說，一九五五年的《財星》（*Fortune*）全球五百大企業，到了二〇一一年只有六十七家企業還名列其中。[19]《銀翼殺手》上映的一九八二年，擠進《富比士》（*Forbes*）全球富豪榜的前四百大美國富豪，到了二〇一二年只有不到一成的人還在榜上。[20]

資本主義的核心是動態的、易變的、大膽犯難的。總是會有年輕的企業帶著新的創新產品冒出頭來，挑戰老品牌。雅達利的隕落代表任天堂（Nintendo）與Sega的崛起，高斯的虧損就是索尼的賺頭。創新和致富的欲望驅動著新創公司。從歷史上來看，品牌向來隨著多變的品味與科技而起起落落。

唯一能讓獨占企業永垂不朽的是政府，因為只有政府才能阻礙那種能挫傷每個企業巨頭的創新性與競爭性。誠如奧地利經濟學家海耶克所言：「私人形成的獨占企業幾乎從來不曾完成大業過，能長期存續或有辦法無視潛在競爭者的更是幾希。不過，國家級的獨占企業，則始終都在國家的保護下，因此得以免受潛在競爭和有效的批評。」[21]

講到獨占企業，大家想到的是擁有地區有線電視系統的康卡斯特、電腦作業系統市占率超過九成的微軟、搜尋引擎市占率接近九成的Google。不過，市場上的獨占地位經常來自專利與智慧財產權，以藥品為例，往往每一種藥都有專利與智財權。

專利讓製藥業者享有一段無人競爭的時期，作為創新的獎勵，以鼓勵藥廠投資成本高昂又需要多年時間才能回收的研發工作。專利背後的邏輯很完備，藥廠也會因此投入數十億美元尋找能延長生命的特殊解方。

專利有著悠久歷史，而且通常最繁榮先進的國家才會發出專利權。城市國家威尼斯便是在富庶程度接近頂峰之際的一四七四年，制定第一個專利法，「對本市製造出任何迄今在轄區內尚未有人做過的巧妙新發明的人」，[22]給予十年保護。威尼斯商人不論走到歐洲任何地方，都會提出類似要求，來保護他們的創新。

在英格蘭，自十三世紀以來便有君主發出的專利證，對某項發明或交易授予一種類似獨占地位的經濟特權。英格蘭在許多技術與產業上均落後歐洲大陸許多，專利可以鼓勵工匠移居英格蘭，帶來新的技術。

伊莉莎白女王統治時期的十六世紀，授予專利變得非常普及，開始涵蓋君王選中的每一個領域，整個現有產業，包括諸如鹽、鋼鐵、卡片、水杯等基本用品，都在專利權授予的範圍內。大衛．休謨（David Hume）在他所寫的《英國史》（*The History of England*）中，說道：「這些獨占者是如此的需求無度，以至於在某些地方，他們把鹽價從一英斗十六便士，提高到十四或十五先令*。」[23]隨著這種做法變得愈來愈惡劣，英國人起而抗議，要求國會矯正歪風。

英格蘭在一六二四年通過《壟斷法》（Statute of Monopolies）中止所有的獨占權，但專利權得以豁免於外，以保護發明者享有其作品的權利，為期十四年。當美國成為獨立的共和國，其憲法的第一條第八項便規定，國會有權「保障作者及發明人，於一定期限內，對其各自的著作及發明，享有排他專屬的權利，以促進科學和實用技藝的發展」。國會在一七九〇年頒訂《專利法》（Patents Act），給予十年期限去利用新發明。處於大革命期間的法國則在隔年通過一道專利法。

誠如英國授予鹽業專利權的時候所發現的，專利權也有黑暗面，而且常常被當成壓榨消費者的手段。以藥廠為例，就是因為有專利，他們才能敲詐病人。該款藥物沒有競爭對手的時間愈長，企業收取高額天價的時間就愈久。

以有害社會的方式運用智慧財產權法的舉動，始於一九八〇年代初期。無獨有偶，有效獨占權的範圍被擴大之時，不平等的現象也開始加劇。

一九七〇年代以前，智慧財產權還是一個不起眼的法律領域。從一九〇〇到一九八二年，專利的數量增加一三八%。而一九八二年以後所擴張的專利數量，到二〇一四年為止上升幅度是驚人的四一六%。[24]爆炸的不只是專利數量，專利權涵蓋領域也拓展到出乎建國之父的本意。過去數十年來，著作權保護範圍已經延伸至未出版的作品上，登記著作權的要求條件下降，而著作權的保護期間也從二十八年延長到著作人終身再加上七十年。[25]

增加的專利權，有將近半數是品質不高的專利和軟體，在現行法律下，甚至沒有強制執行的可能。儘管如此，它們扼殺了創新，也帶給社會巨大的成本負擔（見圖8.1）。[26]

美國專利法的困境，有部分拜華特．迪士尼（Walt Disney）所賜。即使米老鼠現在已經將近九十高齡，而且早就應該屬於公有領域，供人自由使用，可是，每當米老鼠的著作權即將到期之際，迪士尼就會花費數百萬美元遊說國會予以展延。這些年下來，著作權的年限已經變得愈

---

* 譯注：一先令等於十二便士。

圖8.1 美國每年發出的專利權總數（1900-2014）

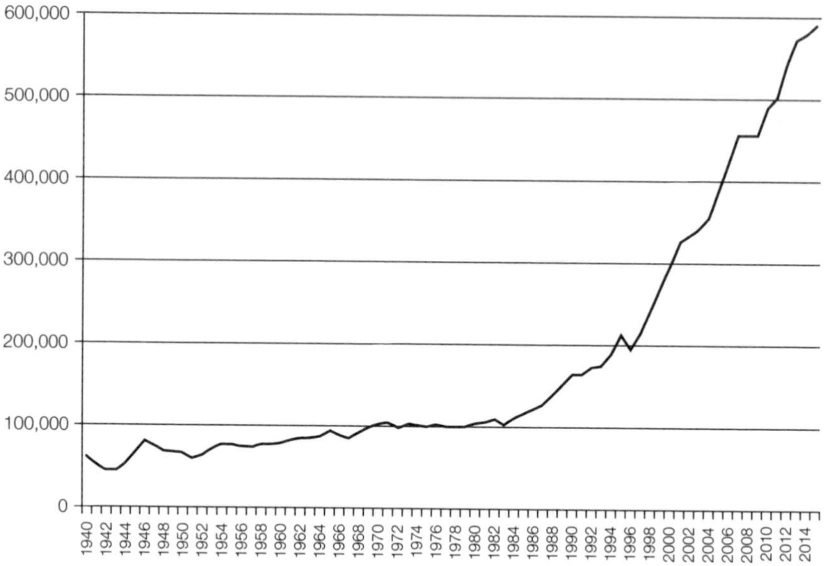

來愈長，最近一次的裁判發生在一九九八年，國會通過《著作權期限延期法案》（Copyright Term Extension Act），將著作權的擁有期限從七十五年提高到九十五年。該法案就是眾所周知的《米老鼠保護法》（Mickey Mouse Protection Act）。

十足諷刺的是，迪士尼在著作權法規上得到永久展延，但該公司自己的電影有超過五十部取材自公有領域的童話或故事：《愛麗絲夢遊仙境》（*Alice in Wonderland*）、《阿拉丁》（*Aladdin*）、《冰雪奇緣》（*Frozen*）和《獅子王》（*The Lion King*）。如果安徒生有能力遊說國會的話，他也會無止境的展延他的著作權。[27]

無止境的展延專利權與著作權，帶

給社會負擔。布林克．林賽（Brink Lindsey）和史蒂芬．特萊斯（Steven M. Teles）曾經廣泛為文討論著作權法的效果，在此引用他們的話：「智慧財產權的現況對整體經濟成長來說也許有壞處，可是它非常有效的把大量財富傾注給少數天之驕子。」他們指出：「在娛樂業、軟體業與製藥業，因為著作權與專利權保護所創造出來的壟斷力，促進產業集中化，也膨脹了企業獲利。結果，所得和財富比起沒有保護時更高度集中在金字塔頂端。」

濫用專利權與著作權，讓社會付出了無法小覷的代價。

美國每年花超過三兆美元在醫療照護上，其中有一成用於藥物。美國人平均一年花超過一千美元買處方藥，比第二名的國家加拿大多出四〇％，而且是德國的兩倍。[28]《美國醫學會雜誌》（*The Journal of the American Medical Association*）上有一份非常廣泛的調查，針對成本增加的原因進行研究：「製造商之所以能把藥價訂得很高，最重要的因素，就是在食品藥物管理局核准的獨占權及專利權保護下所得到的市場專屬權。」[29]學名藥是藥價之所以下跌的主要原因，可是想要取得它們，卻會遭到非常多商業策略與法律策略的拖延。

製藥業曾有一度被稱作專利藥產業，這個說法更能正確描述它的真實業務。跟迪士尼很像，只要專利即將到期，製藥業就會對他們的藥物「重新配方」或稍微修改釋放方法，來尋求無止境的展延。[30]重新配方指的是改變該藥物到足以獲得額外的專利保護，同時又保有足夠的相同特徵，以便可以靠著先前的臨床測試結果取得食品藥物管理局的核准。沒有新的創新、新的發現，也沒有帶給病患更大的福利，可是企業卻能繼續索取高額藥價。[31]

舉個例來說，一九八三年通過的《孤兒藥法案》（Orphan Drug Act）規範罕見疾病的藥物核准，賦予藥廠更大的專屬權。理論上，這能鼓勵藥廠為市場可能不大的疾病找到解決方法。問題是孤兒藥事實上並不稀有，在全球處方藥的銷量上占二〇%。難以置信的是，二〇一四年核准的新藥中，有四四%屬於孤兒藥，而且因為訂價的關係，他們幾乎全都是最昂貴的藥。[32]如今，藥廠正在利用這些獎勵誘因敲詐病患、保險公司及政府。

專利是阻礙競爭的主要障礙，不過，對於想要在市場上推出新藥的挑戰者來說，管制法規和官僚體制才是更大的阻礙。所有新藥都要經過食品藥物管理局的核可，以便確保藥物有效且無害，這是它的基本職責。然而，學名藥不是新藥或未知的藥，它們的劑型、安全性、藥效、給藥方式、品質、功能特性及預計用途，和不受專利保護的原廠藥一模一樣。然而，食品藥物管理局對學名藥的現行核准程序，卻是極為繁瑣。

由於競爭的魔力喪失，藥廠可以對市場予取予求。平均而言，一款學名藥要花三到四年時間才能取得核可，這個過程耗時如此之久，無怪乎食品藥物管理局學名藥申請案的積案量始終居高不下。二〇一四年有將近一千六百件學名藥申請案提交到食品藥物管理局，到了該年年底，沒有一款藥獲得核准，因為前一年已經累積了超過四千七百件申請案。時間快轉到二〇一六年七月，還有四千零三十六項學名藥等著食品藥物管理局核准，然而連進入處理中的案件都少之又少。[33]

有一個受到兩黨支持的議案已經送到國會，那就是《創造與恢復公平取得等效樣品法案》（Creating and Restoring Equal Access to Equivalent Samples Act, CREATES）。這個議案會把成本較低的學名藥核准路障移除。[34]可是，因為製藥業遊說的關係，它幾乎沒有通過的可能，每次提交到國會都以失敗收場。[35]兩黨國會議員和總統一直呼籲要有更便宜的處方藥，可是卻毫無作為，原因是製藥業一年花好幾百萬美元進行遊說，力圖維持現狀。[36]

簡單的解決方法不是沒有，可是製藥業會施壓以求維持管制。有個立即解法是只要經過歐洲或加拿大管制機關核准的藥，在美國就自動核准生效。對新藥來說，這也許不是個好主意，因為可能導致製藥業為了規避嚴審而去挑選最容易通過的管制機關。可是對舊藥來說，這種制度是有道理的。[37]

當梯瓦製藥（TEVA Pharmaceutical）宣布將推出鹽酸曲恩汀和青黴胺的學名藥時，受威爾森氏症所苦的患者莫不歡欣鼓舞。他們並不明白，在實務上，推出一款學名藥只是讓市場從獨占走向雙占而已。一瓶一百顆的藥，藥價一萬八千三百七十五美元。

罹患威爾森氏症的病患很失望。「我個人是希望看到價格降更多。」威爾森氏症協會（Wilson Disease Association）的瑪莉．貴波（Mary Graper）這麼說。[38]

梯瓦製藥只是敲詐病患的許多公司之一，大多數公司的學名藥都索價不貲，他們會這麼做，是因為他們有本事這麼做。

艾米爾．費德瑞奇（Emil Freireich）是癌症研究的傳奇人物，在一九六〇年代早期曾經協助找到兒童白血病的療法。他已經高齡八十八歲，而且還在工作。費德瑞奇說：「我太有上進心了，沒辦法像個在家裡閒晃的乾癟怪老頭。」

費德瑞奇在一九五五年剛到美國國家癌症研究所（National Cancer Institute）上班時，被指派一個沒有前途的工作，換作其他人的話是不會接受的，那份工作是去白血症病房照顧病童。在當時，白血病是很可怕的疾病，等於判了死刑，大多數兒童在確診後只活八個星期，而且有九九％的人在一年內死亡。

「孩子們流血到死，白血症病房看起來好像屠宰場。枕頭套、地板、牆壁上都是血……非常恐怖。」[39]費德瑞奇覺得，他的病人會一直流血，是血小板不夠，沒辦法幫助身體凝血造成的。

他解決流血問題後，轉而開始想辦法消滅癌細胞。他先是施打兩種高毒性的藥，然後加到三種。每增加一種，孩子就病得更嚴重，有些甚至處在死亡邊緣。問題在於：他能在不殺死孩子的情況下，對癌細胞造成多大傷害？

全世界的血癌專家都認為，最人道的方式是根本不要使用任何藥物。而費德瑞奇則想要一次使用四種藥物。當實驗性治療方案獲得核准後，有些在病房協助的初級醫師拒絕參與，他們覺得費德瑞奇瘋了。然而，隨著孩子相繼死去，費德瑞奇仍然堅持下去，他修修改改治療方案，持續學習，並且做出調整。[40]

殺死試管裡的癌細胞並非難事，有數不清的化學物質可以很快的徹底殺死癌細胞。難就難在如何找到一種選擇性毒物，能夠消滅所有癌細胞，又不會殺死患者。這個重要區別就是大家所知的選擇性毒性，讓宿主服用份量剛好的毒物，以確保宿主存活，而寄生物死亡。選擇性毒性是癌症化療的基礎，也是藥物的療效所在。

費德瑞奇注意到毒性用量正確的重要性。從一個早期的病患身上，他們發現：「我們給她的劑量太高，她幾乎死於中毒……因為沒能辨認出來什麼時候該停藥，第一個病患多做了兩天化療，這件事害她差點死掉。」[41]

費德瑞奇的發現成為治療兒童白血病的基礎。今天，白血病的治癒率超過九〇%，據估計，費德瑞奇的團隊在美國至少救了十萬名白血症病童的命。[42]

選擇性毒性的應用超越了抗癌範圍。大企業把新創公司視為攻擊它們的可怕癌細胞，以至於寧願忍受痛苦，也要置之於死地。

這讓我們看到關於管制的醜陋真相：大企業雖然經常抱怨管制，但事實上就算感到痛苦惱火，它們並不介意，甚至樂見管制存在。管制造成的沉重負擔足以殺死小公司，可是還不夠強大到能殺死大公司，這其實是很理想的狀況。

化療有能力殺死包含腫瘤和正常細胞在內的幾乎每一個細胞。它殺死細胞的途徑五花八門，不過最常見的方法是破壞細胞的基因藍圖：ＤＮＡ。受損的細胞不會馬上死亡，只有在試圖複製受損的DNA時，這些細胞才會死亡。複製受損DNA有時候會觸發細胞自殺，稱為細胞凋亡，這是一種受到嚴格管制的細胞死亡形式，而其他細胞死亡方式則都是細胞壞死的各種變化型，譬如細胞經歷毒物觸發的災難性破壞，再也無法復原。通常，這會發生在細胞想要分裂成長的時候。

身體的正常組織進行自我修復的效率比腫瘤高，而癌細胞的生長則是不受控的，它們的遺傳編碼已經改變，藉此將有限的能量資源轉而用來增殖，而非用於基本的管家功能，而DNA修復就是這樣一個重要功能。我們的細胞每天都會遭到大量損傷（日常暴露在紫外線下和吃下致癌性物質），所以修復損傷的能力很重要。經過化療後，腫瘤和周圍的正常組織會有極為龐大的DNA受損。

正常組織之所以能自我修復，是因為它們擁有修復損傷所需的資源和DNA藍圖。反之，癌細胞則是以放棄修復DNA為代價，以求增殖。當它們試圖用受損的DNA來生長，就會遇到細胞凋亡或細胞壞死，這就是化療的選擇性的立基點。

比較大的公司喜歡管制，是因為它們好比正常細胞組織，因為夠大，所以有夠多的能量可以用來修復與保養。大公司不像很多小型新創那樣，處於指數性成長的階段。（有趣的是，大部分正常組織裡的癌細胞，也都是來自會快速成長的組織：腸子、皮膚、毛髮、骨髓。）這些比較小的公司需要成長，但沒有資源去修復管制帶來的過度「DNA損傷」，故而變得更容易受傷害。

大公司樂見沉重的管制壓迫，因為他們有律師、法令遵循人員和說客組成的大隊人馬可以來應付管制。另一方面來看，新創業者則沒有預算聘請律師和法令遵循主管，對想要獲利的小企業來說，這些固定成本是更為沉重的負擔。過度管制會選擇性的除掉正在攻擊大公司的小型新創，不管任何產業，這都是難以克服的進入障礙。

哥倫比亞大學商學院的教授布魯斯·格林沃德（Bruce Greenwald）曾經指出，阻礙競爭的其中一個重大因素來自管制。「除此之外，政府干預還是有益的，譬如許可證、關稅、配額、授權獨占、專利、直接補貼和各式各樣的管制手段。」[43]

就某方面來看，格林沃德是在呼應傅利曼的主張，認為一般情況下，競爭便能扼殺獨占，倘若有獨占企業存活下來，是因為法律的關係。根據傅利曼的說法：「實務上來看，獨占企業的崛起有賴政府支持所賜，就算不是普遍如此，至少是經常如此。」[44]

如今，小企業正感覺到管制的化療灼熱之苦。全美獨立工商業者聯合會（The National Federation of Independent Business）在二〇一六年的一份調查發現，在小企業的憂慮排行榜中，「不合理的政府管制」從四年前的第五名，躍升到現在的第二名，只有健保成本引發的憂慮更勝一籌。[45]

喬治梅森大學的達斯汀·錢伯斯（Dustin Chambers）、派屈克·麥克勞夫倫（Patrick A. McLaughlin）和泰勒·理查斯（Tyler Richards）已經發現，對某個特定產業的管制限制增加一〇%，就會伴隨著該產業的小企業總數下降約〇．五%，大公司則不受管制法令改變的影響。[46]問題不在於一次性的提高管制，而在於累積的效應，經過幾年的管制膨脹後，這些效果會被增強放大。管制法規對小企業的影響是不成比例的，而且速度愈來愈快。由於小企業更常見於低所得地區，所以窮人是最大的輸家。

美國的管制法規已經爆炸。最完整的新管制法規資料來源是由美國政府責任署所維護的聯邦法規資料庫（Federal Rules Database）。過去六十年來，美國的人口成長九八%，同時間，管制法規增加了八五〇%。[47]這二十二年來，聯邦機構已經頒布超過八萬八千份最終規則（Final Rules）。[48]到二〇一六年為止，管制法規的字數也已擴張至一億零四百六十萬字，而欽定版聖經不過七十八萬三千一百三十七字。[49]

通過法案的是國會，不過大多數管制法規的成長來自政府機構。國會每通過一項法律，聯邦政府就會頒布十六項新的管制法規。在會計年度二〇〇五到二〇一四年間，聯邦機構發布了三萬六千四百五十七份最終規則。於此同時，正式上訴小型企業署（Small Business Administration），請求協助應付聯邦管制人員的申請案，在二〇一二到二〇一四年間增加了六五%。如果你把超過九萬個州政府及地方政府的管制法規都算進來的話，每一級政府都會讓企業經營更形困難。

你不能光用法規頁數來衡量管制的負擔，聯邦公報裡並非每一頁都跟制定規則有關。為了解決這個問題，喬治梅森大學的研究人員彙整了一套叫做RegData的資料庫，分析公報的文

圖8.2 聯邦公報的頁數（1936-2015）

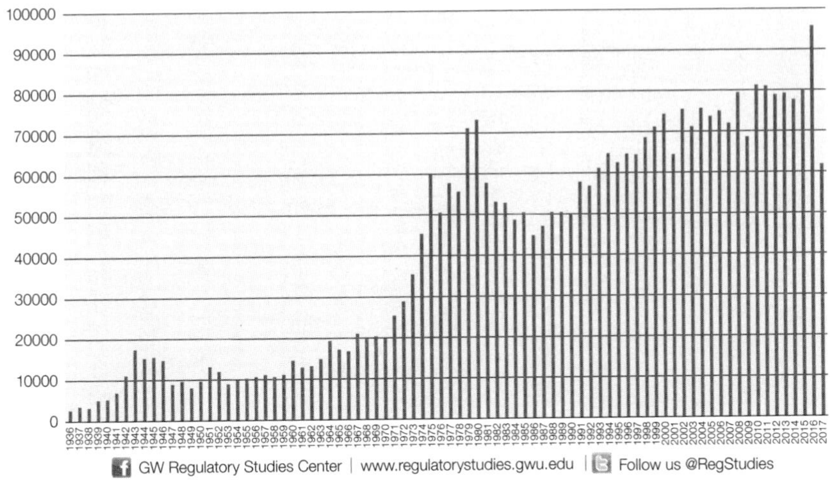

資料來源：GW管制研究中心。

本，並且找出諸如「應」（shall）、「必須」（must）、「不得」（may not）和「要求」（required）等命令字眼，以估算特定產業的管制程度。這套資料庫證實管制的負擔日益沉重。

過度管制有能力阻礙成長，製造進入障礙，並且扼殺潛在競爭者。克雷頓大學（Creighton University）的詹姆斯・貝利（James Bailey）和黛安娜・湯瑪斯（Diana Thomas）分析RegData資料庫和美國企業統計報告（Statistics of US Businesses）的公司成立數與就業人數資料（見圖8.2）。他們發現：「在一九九八到二〇一一年間，管制比較嚴格的產業，新公司成立數較少，就業人數的成長率也比較慢。大公司甚至成功遊說政府官員提高管制，使得比他們小的競爭對手成本增加。」[50]他們也發現，管制對於抑制小企業就業人數成長的效果更勝於大企業。

管制與高獲利的相關性在各個國家都成立。經濟學家法比歐・斯基安塔雷利（Fabio Schiantarelli）檢視經濟合作暨發展組織國家，發現高進入障礙導致較高的價格加成，也能說明新創家數較少的經濟體何以喪失活力。[51]這正是美國現在正在發生的狀況，因為產業已經變得集中化了。

管制能有效扼殺每一個新進者，如果你對此仍有存疑的話，看看發生在銀行業的狀況吧！根據聯邦公報，在二〇〇九到二〇一三年間只有七家新銀行成立。[52]

幾乎沒有新競爭者的主要原因在於鋪天蓋地的新管制法規。曼哈頓管理學院（Manhattan Institute）的一份研究斷定，《陶德法蘭克法案》（Dodd-Frank Act）已經製造出一群受保護的金融機構，資產規模在五十億美元以上。這項法案未能拆解美國最大的銀行，或終結銀行大到不能倒的現象，它做的事情只有阻礙新的競爭。[53]

就跟費德瑞奇的發現一樣，《陶德法蘭克法案》的毒性是有選擇性的，會使比較小的銀行動彈不得。這是為什麼在治療癌症時，慎選藥物並校準劑量是不可或缺的必要條件，可是談到管制，卻連這一點都沒有考慮到。

過去十五年來，社區銀行和信用合作社幾乎每一種個人貸款與商業貸款的損失率都比大銀行低。儘管信用合作社和中小型銀行只占全部銀行總資產的二四%，但小企業的貸款卻有六成是它們供應的。[54]

小銀行消失重創了他們的客戶。當小銀行關門大吉或被收購，仰賴其貸款的小企業也會跟著消失，以至於連幾乎沒有經濟規模的產業也已經集中化。根據亞特蘭大聯邦儲備銀行（**Federal Reserve Bank of Atlanta**）的資料，二〇〇五年前十大住宅營造公司的市場占有率只有二五％。不過，經濟衰退之後，給小型建設公司的貸款枯竭，在小銀行倒閉的那些區域裡，大型營造廠的市占率上升了。

《陶德法蘭克法案》已經被戲稱為《律師、會計師和顧問的二〇一〇年充分就業法》，[55]對已經養了大批法令遵循人員的大型銀行來說，這法案很累贅煩人，可是不至於致命。對小銀行來說，卻是一種無法跨越的進入障礙。

摩根大通銀行的執行長傑米・戴蒙（**Jamie Dimon**）曾說，《陶德法蘭克法案》幫大銀行建起一條「護城河」。[56]在二〇一五年的一場法說會上，時任高盛執行長的勞埃德・布蘭克芬（**Lloyd Blankfein**）解釋了較高的管制成本如何扼殺競爭。布蘭克芬先生說：「更嚴密的管制與更高的技術要求，已經使進入障礙達到近代史上的最高點，如果你沒有相當的市場占有率，口袋要夠深才能留在這一行。」[57]

大銀行從來沒這麼好命過，執行長們笑得合不攏嘴。戴蒙在二〇一八年的六月時這麼說：「幾年前我說你們能享有銀行業的黃金時代，大家還以為我在開玩笑，我是說，你們即將進入銀行業的黃金時代。你們會有個銀行業的黃金時代。」[58]

二〇一〇年四月，新聞媒體「政客」（Politico）引述高盛集團一名說客的談話，說道：「我們不反對管制，我們支持管制。我們跟管制機關是夥伴關係。」也就不令人意外了。[59]

穆迪和標準普爾成為幫凶，把有毒的次級貸款評為AAA，引發了經濟大蕭條以來最嚴重的金融危機，可是十年後，信用評等市場還是完全被這兩家公司所主宰。

這兩家信評機構控制美國八〇%和歐洲九三%的債券評等市場。它們能獨占鰲頭，並非因為它們最優秀傑出。金融危機期間，它們把次級垃圾藏在AAA等級的債券商品裡，卻能全身而退，沒有因此退出這一行，而金融危機過後，即便對信評機構的需求孔急，也沒有新進者加入市場。

進入的障礙在於管制。一九七五年，美國證券交易委員會創造出一群受保護的信評機構，叫做「國家認可統計評等機構」（Nationally Recognized Statistical Rating Organization, NRSRO）。美國政府大筆一揮，輕而易舉的創造出一個雙占市場。從此以後，這兩家大型信評機構就有了法律與行政官僚幫它們的業務設下保護藩籬，而且因為管制機構主要用它們的評等來衡量風險，使得這藩籬更為高大了。

債券發行人被迫花錢為他們的債券取得評等，發行人之所以需要評等，是因為大多數投資公司只買進有國家認可統計評等機構評等的債券。法律規定，任何在美國發行的地方政府債券，都必須經過這兩家機構的評等，這表示財務困難的縣市最後往往為了取得評等，付出高額費用給這種可以躺著幹的雙頭壟斷公司。為了找錢送給穆迪和標準普爾，地方政府常常只能解聘老師、關閉學校。[60]

政府御賜的進入障礙，創造出一門妙不可言的生意。寫寫評等報告幾乎不需資本投資，然而，不管是誰，只要想發行債券，就得付錢給信用評等機構。就是因為管制，才會出現這等完美的買路錢行當。它們擁有巨大無比的訂價權，有能力以超出通貨膨脹的速度提高收費。過去這三年，穆迪的資本報酬率是超級高的七七％，標準普爾甚至更高，達到八四％，相較之下，沃爾瑪這類企業的資本報酬率是一一％，蒂芙尼（Tiffany）是一二％。即便Google這種獨占企業，也只有二四％的投資報酬率。

「在密西根培養一名擁有武裝突襲步槍的民兵，都還比成為一家國家認可統計評等機構來得容易。」信用研究機構CreditSights的執行長格倫・雷諾茲（Glenn Reynolds）這麼說。

針對管制造成的競爭障礙，穆迪和標準普爾的辯護之詞，是說管制能確保評等機構的品質。過去這十年，它們也花費數百萬美元進行遊說，讓管制護城河繼續保護它們的生意，很難理解它們是怎麼正當化自己的存在。美國證交會授予國家認可統計評等機構的稱號後，並沒有維持任何形式的持續監督或品質控管，信評的名號只是政府發給它們的一張印鈔許可證罷了。

很多時候，其他債券信用評等公司的表現好多了，然而，它們發現要競爭仍是難上加難。新的信評機構必須執行信用評等業務至少三年，才能申請登錄國家認可統計評等機構。即使到那個時候，審查過程也曠日廢時。最新的一家國家認可統計評等機構機構伊根—瓊斯（Egan-Jones）在二〇〇七年獲得正式承認，已經是申請登錄的九年後。

政府不應插手指定誰才是可靠的信評機構，而管理信評機構的管制法規也毫無必要。紐約大學史登商學院的教授羅倫斯．懷特（Lawrence White）曾經指出，有超過八成的債券投資人是諸如投資銀行或共同基金等大型機構，自己就有廣泛的研究能力。他們素以知道誰能信任、誰又不能而聞名。「這讓更多的競爭成為一樁十足美事。」懷特教授說。[61]

即使有很多評論家呼籲終結國家認可統計評等機構信評制度，管制的核准封印仍然保護著標準普爾與穆迪的業務。金融危機已經過了十年，債券發行人還是必須付錢給這兩家公司以取得信用評等。

顯而易見的解決方法是叫政府抽手，不要監管信用評等，並且鼓勵多家評等機構相互競爭。截至目前為止，政府的反應是製造更多管制，進一步保衛標準普爾與穆迪的雙占地位。當《陶德法蘭克法案》通過時，採取了各式各樣措施來改進內部控制與評等的精確度。這項法案以證交會所制定的規則，更加鞏固信評機構的優勢地位，卻沒有促進市場上的良性競爭。[62]

很多人都聽過五角大廈因為奇怪的政府會計實務，而發生每支榔頭費用為四百三十五美元的有名事蹟。[63]然而時至今日，五角大廈被敲詐的程度更甚於此。

TransDigm是威朗製藥集團旗下的航太事業部門，過去十年，該公司照演同樣的戲碼，收購超過三十家企業。[64]它每買下一家公司，就會提高價格。比方說，它在二〇一三年向奇異公司買下一家製造馬達轉片的公司後，馬上將轉片的價格從六百五十四美元提高到五千四百七十四美元。當它買下哈科公司（Harco），線纜的價格便從一千七百三十七美元跳到七千八百六十三美元。

TransDigm就跟威朗一樣，收購一家公司之後，就會解聘員工，削減研發費用，把價格急速拉高到市場能承受的極限。公司裡的士氣一落千丈，在職場評價網Glassdoor上，該公司幾乎每個職位得到的都是負面評價。在某個線上評論裡，有員工警告其他人這家公司的有毒文化：「從我們被收購以後，壓力很大，士氣很低。有四分之一人力被資遣，恐怕還會資遣更多人。如果你的公司不幸被TransDigm收購，它會被榨乾，沒有人可以倖免於難。」[65]

TransDigm的獲利極為豐厚，對一個製造相對便宜零件的行業來說，相較之下，就算是擁有訂價權的指標性公司，如微軟的營業利益率是二五％，蘋果則是二七％，它的營業利益率是高得出奇的四〇％。

你不免感到疑惑：TransDigm是怎樣擺脫競爭，得到這麼高的獲益率？答案又是管制。

TransDigm供應波音或空中巴士等飛機製造商直接用於新飛機的零件。[66]航太製造是一個受到高度管制的產業，美國聯邦航空總署（Federal Aviation Administration, FAA）必須核准飛機上的每一個零件。由於申請美國聯邦航空總署核准既耗時又花錢，所以不管任何零件，飛機製造商通常只會選擇一家供應商。從他們最近的季報來看，該公司約有九〇%的產品是獨家供應，而且擁有法律上的獨占地位。由於飛機要飛得起來，就要用到這些零件，所以TransDigm擁有全然的訂價權，而且可以大肆哄抬價格。

美國聯邦航空總署就跟食品藥物管理局一樣，有動機把核准程序訂得極其繁複，因為假若飛機失事或藥物致命，所導致的職涯風險是很高的。儘管安全性是一項值得讚許的目標，但對於任何想要提供更便宜藥物或飛機零件的公司來說，管制都是難以跨越的進入障礙。

TransDigm非常清楚管制法規的要求，所以在賣零件給國防部時，會竭盡全力的規避管制。做空者指控TransDigm犯下不法行為，指出該公司的十二家子公司為了規避聯邦採購成本控制，沒有依照偽證處罰法在聯邦表格上申報他們的共同所有權。[67]這家公司會召開季會，傳授幾十種技巧來拒絕採購官員的資訊徵求說明書。[68]

當TransDigm的手段曝光，加州第十七號選區的國會議員羅・肯納（Ro Khanna）要求對該公司進行調查。在一封致美國國防部代理督察長格倫・范恩（Glenn Fine）的信中，肯納說TransDigm可能涉入「國防工業基地潛在的浪費、詐欺及弊端」。

不讓威朗專美於前，TransDigm的執行長也是美國薪資最高的高階經理人之一。過去五年，他賺進荷包的錢就有兩億七千八百萬美元。波音公司的規模大了三十倍，執行長的薪水還不到前者的一半。[69]

TransDigm就跟威朗一樣，生死大權操之在於管制。無怪乎執行長尼克・豪利（Nick Howley）和他的妻子從二〇〇八年開始，給政治候選人的資助已經超過十二萬六千美元，其中有半數，也就是六萬三千美元是送給七個跟編列國防預算有關的現任國會議員。不出所料，他們都是撥款、預算或軍事委員會的成員。[70]

威朗、穆迪、TransDigm和許許多多其他公司，是怎樣讓法律站在有利於它們的這方，將競爭摒除在外？答案很簡單：它們花大把銀子進行遊說。

遊說是美國絕大多數獨占與寡占企業的重要商業策略。它們明白，有用的法律與管制能扼殺新創公司，保護他們免受競爭，充實他們的利潤。

一份針對六千家上市公司在一九九九到二〇〇六年間申報遊說活動的詳盡調查，顯示企業的遊說活動與公司規模直接相關。他們發現：「會進行遊說的公司比較大，投資機會比較少，而且所處的產業集中化程度比較高。」[71]

遊說與政治競選支出能使管制規範往有利於己的方向改變，有數份研究發現，這類投資的報酬率十分可觀。舉個例來說，有一份研究發現，公司每花一塊錢在減稅的遊說活動上，就能得到超過兩百二十元的回收，[72]報酬率是二二，〇〇〇%。

有這麼高的報酬率，也難怪花費於遊說活動的支出會爆炸。過去十五年來，企業的政治競選支出增加三十倍，同時間，RegData資料庫的公開發行公司管制指數也提高了將近五〇%。

為了讓你對遊說的規模有個概念，二〇一七年，藥廠付錢給八百八十二個遊說集團，花費超過一億七千一百五十萬美元來反對降低處方藥的價格。[73]製藥業的遊說兵團美國藥品研究與製造商協會（Pharmaceutical Research and Manufacturers of America）在該年的第一季，就花費大約千萬美元進行遊說活動，試圖延緩學名藥的核准速度。[74]

遊說的巨額報酬也反映在股票市場上。十多年以前，顧問公司Strategas建立一個指標，檢視遊說活動是否能帶來更好的股市報酬。它們發現，投資花最多錢遊說與影響管制機構的企業股票組合，總是能打敗大盤。進行遊說的企業能依其所好扭曲遊戲規則，巴結奉承立法機關與管制機關，得到的回報絕對不淺。過去十年來，Strategas的遊說投資組合，每年都以高出五%的獲利打敗標準普爾五百指數。

「華盛頓特區是投資人應該、卻沒有考慮到的一項因素，因為股票收益取決於國會大廈的比例愈來愈高。」Strategas的政策研究部門主管丹尼爾·克里夫頓（Daniel Clifton）這麼說（見圖8.3）。[75]

圖8.3 進行大量遊說活動的企業有更高的收益

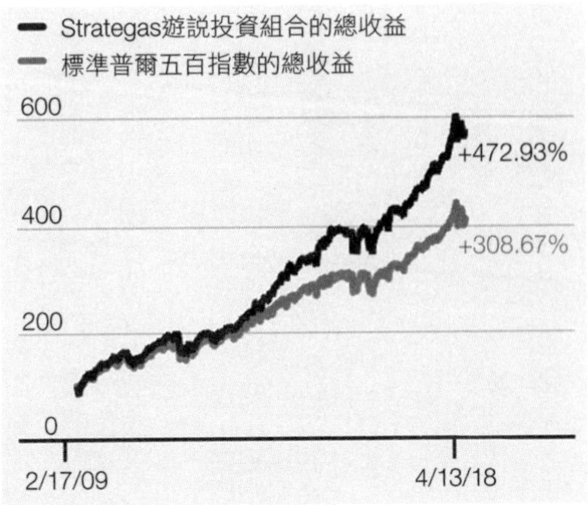

資料來源：巴隆週刊（*Barron's*）。

這也是一段對華盛頓特區有好處的親密關係。以所得中位數來看，美國最富裕的郡縣前十名中，有六個就座落於華盛頓特區周邊。[76]

波士頓大學法學院的詹姆斯．伯森（James Bessen），曾經運用RegData資料庫來檢視管制是否與更高的獲利率息息相關。他發現自從二〇〇〇年以來，企業評價與利潤的增加，有大部分是政治活動與管制造成的。過去，收益來自對機器及研發的投資，尤其是一九九〇年代期間。[77]那類支出能改善公司的產品，開創新的技術，驅動真實的經濟。今天，獲利能力的提升，有大部分來自尋租活動*與關說。

* 譯注：指在沒有從事生產的情況下，為壟斷社會資源或維持壟斷地位，從而得到壟斷利潤（亦即經濟租）所從事的一種「非生產性的尋利活動」（摘自維基百科）。

遊說、管制與利潤的相互關係，集中在少數有政治影響力的產業裡。伯森的研究發現，大部分效果都是由屈指可數的產業造成的：製藥／化工業、煉油業、交通設備／國防工業、公共事業和通訊業。當政治權力集中在一小群企業手上，這些企業就能扭曲整個經濟的財富分配。[78]

並非所有的產業都是高度管制的產業，這能說明何以有些產業集中化，有些產業則沒有。美國的啤酒市場是雙占市場，而餐飲業卻高度分散化是有原因的。百威英博和莫爾森酷爾斯控制九成啤酒市場，但我們很難想像麥當勞和漢堡王能控制整個餐飲業。原因出在酒品產業是美國管制最嚴密的產業之一。儘管新的釀酒廠如雨後春筍冒出來，但各州各郡繁複混雜的管制法規，使得酒品很難配銷到全國各地。大型酒廠受益於配銷的龐大壁壘，小型酒廠的成長卻因此受到嚴重侷限。

遊說創造出一種有違常情的反饋循環。經濟體變得愈扭曲，企業就愈有動機將那些利潤再投入於遊說活動。誠如林賽和特萊斯在他們的書《占領經濟》（*The Captured Economy: How the Powerful Enrich Themselves, Slow Down Growth, and Increase Inequality*）裡所說的：「發育不良的競爭特別棘手，因為從扭曲的市場得來的財富，會被再拿來影響政府。在其位者可以選擇投資於保護自己免受競爭，而非用來發明新產品與生產方法，或改善現有產品。」[79]

遊說的誘因愈強，政治制度就會變得更加功能不彰，而選民也就更加灰心。難怪一份市場與愛迪生研究機構（Marketplace and Edison Research）的民意調查發現，有七〇・九%的美國人認為：「美國的經濟制度受到操縱，圖利特定團體。」[80]有鑑於遊說的支出激增，而這麼做的獎勵又如此豐厚，大多數美國人的看法完全正確。

值得記住的是，當亞當．斯密在《國富論》中寫下「看不見的手」時，他不只是在頌揚自由市場，更是在譴責代表大型商家進一步謀求私利的政府。

若不革新遊說活動，並且幫助小企業減少進入障礙，他們留在市場上奮戰到底的希望就不大，而看不見的手發揮功能的機會也就很渺茫。

二〇一六年大選最後階段，高盛集團執行長布蘭克芬的臉出現在川普推出的一則廣告裡。旁白並沒有提到他的名字，可是敘述中卻描述到：「一個負責經濟決策的全球化權力結構，搶劫了我們的勞工階級，掠奪國家的財富，把錢放到少數大企業和政治實體的口袋裡。」[81]

儘管川普在競選時反對希拉蕊．柯林頓與高盛集團的往來關係，但他自己卻任由高盛集團進出旋轉門，任憑許多前銀行家來控制美國的金融政策。蓋瑞．科恩（Gary Cohn）成為第二個擔任美國國家經濟委員會（National Economic Council）主席的高盛高階主管。前高盛投資銀行家史蒂芬．班農（Stephen Bannon）被指派為川普的首席策略師，而高盛合夥人史蒂芬．姆欽（Steven Mnuchin）則被任命為財政部長。川普的經濟顧問安東尼．史卡拉穆奇（Anthony Scaramucci）曾經擔任高盛財富管理副總裁。[82]

高盛集團是截至目前為止華盛頓旋轉門的最大贏家，在金融危機和紓困期間，至少有四打前

圖8.4　高盛與聯邦政府之間的旋轉門

資料來源：https://steemit.com/corporatism/@geke/gekevenn-goldman-sachs-updated.

任員工、說客或顧問在華盛頓及全世界的最高權力範圍內運作，這還不包括階級較低的職位，也是充斥著高盛集團的員工。[83]

亨利・鮑爾森（Henry Paulson）在一九七四年加入高盛集團，隨後在一九九九年成為高盛的董事長暨執行長。二〇〇七至二〇〇八年金融危機發生時，是鮑爾森負責決定援救哪些銀行，高盛銀行自然活了下來。他緊急核准一筆八百五十億美元的紓困金給保險巨擘美國國際集團，美國國際集團則償還欠高盛集團信用違約交換的一百三十億美元作為回報。[84]旋轉門給高盛集團的回報真是驚人（見圖8.4）。

就算金融危機過後，提摩西．蓋特納（Timothy Geithner）成為歐巴馬總統的財政部長，根據《資訊自由法》（Freedom of Information Act）所取得的紀錄，他仍然每天跟高盛集團執行長通話。從他的官方行程來看，他跟布蘭克芬碰面的頻率，比包括白宮發言人及參議院多數黨領袖在內的國會領導人還高。[85]

難怪高盛集團可以心想事成，鮮少面對任何監督。前紐約聯邦儲備銀行檢查員卡門．瑟加拉（Carmen Segarra）被派到高盛監督其行為。她擔任檢查員期間，留存了在那裡的四十小時錄音，證明其他聯準會員工有不當行為，為了保護這家銀行而刻意不申報它們所目睹的歪風惡行。

高盛集團是怎樣從競選活動中的惡魔化身，變身成政府的核心分子？

經濟學家和政治學家用「管制俘虜」（regulatory capture）一詞，來描述原本應該監管企業的政府機構反被公司接管的過程。超過兩個世紀以前，亞當．斯密就在《國富論》裡點出這個問題：「公民政府的設立原本是為了保障財產安全，但實際作用卻是保護富人而非窮人，或是保護那些有一點財產的人，而非一無所有者。」他指出：「擴大市場、縮小競爭，向來符合商人的利益。」

一八九二年，即將成為司法部長的企業律師理查．奧爾尼（Richard Olney），建議某家鐵路公司的總裁查爾斯．珀金斯（Charles E. Perkins）就反對《州際商業法》持相反態度：

隨著委員會的功能如今已受法院約束，它可以、也會對鐵路業有大用。它滿足大眾大聲疾呼政府監管鐵路業的要求，同時，這監管又幾乎完全有名無實。猶有甚者，這種委員會的資格愈老，你會發現它愈傾向於從商業及鐵路業的觀點看事情。因此，它會成為鐵路公司和人民之間的一種屏障，保護鐵路業的利益不受倉促粗暴的立法不友善的對待……不要摧毀委員會，而是去利用它，才是智慧的表現。[86]

奧爾尼的議論有先見之明，而且料中了自此之後幾乎所有管制機關的命運。根據非營利團體「公眾公民」（Public Citizen）的一份報告，歐巴馬任命了五十六位所謂的「逆旋轉門公職者」（**reverse revolvers**），也就是直接從他們將要監管的產業挖角過來的人。柯林頓任命了六十四位「逆旋轉門公職者」，而小布希則任命了九十一位。[87]川普誓言「抽乾泥沼」，美國人因此把票投給他，希望華盛頓的旋轉門生態有所改變，然而適得其反。川普任命的聯邦管制官員，剛好都是應該要受到監管的執行長、說客及律師們。[88]

高盛集團只是管制俘虜的冰山一角。當金融危機來襲時，華爾街沒有一人遭到起訴，讓美國人感到驚愕不已。會這樣是有充分理由的：管制機關裡大部分高階職位都是由前任銀行家所率領。

許多華爾街大銀行如高盛集團、摩根大通和花旗集團，會提供「黃金降落傘」給轉戰政府機關的高階主管。這黃金降落傘是不能明說的交換條件，以助長華盛頓的腐敗。舉個例來說，財政部長傑克・盧（Jack Lew）加入歐巴馬政府前夕，就收到花旗集團給他超過一百萬美元的離職分紅。他的薪酬包裹裡明確指出，這筆支出取決於他是否能在某個政府管制機關裡取得高位而定。而當來自拉札德投資銀行（Lazard）的前投資銀行家安東尼奧・魏斯（Antonio Weiss）被任命為財政部長，他的財務揭露資訊顯示，若他為了前往政府機構任職而離開拉札德，會收到後者付給他的兩千一百萬美元。[89]

不管你檢視哪個產業，製藥業也好，基因改造作物、金融服務或電信通訊產業也好，政府都已經被它本應管制的企業給俘虜了。

講到華盛頓的遊說活動，拜耳與孟山都是兩大金主，二〇一七年，拜耳花了一千零五十萬美元，而孟山都則花了六百五十萬美元（見圖8.5）。[90]

所有政府機關都受到管制俘虜之苦。即便獨占權的特許也有產業旋轉門效應，看看授予獨占地位給取得專利者的美國專利商標局（US Patent and Trademark Office, USPTO）。布拉托集團（Brattle Group）的哈里斯・塔巴科維奇（Haris Tabakovic）和芝加哥大學的湯瑪斯・沃爾曼（Thomas Wollmann）的研究顯示，會轉戰私人企業的專利審查人，其審查行為與不會去的人大相逕庭。前者核准通過的專利數量比同儕多，尤其是核准給最後聘用他們的公司。[91]

圖8.5　孟山都與聯邦政府之間的旋轉門

資料來源：https://steemit.com/corporatism/@geke/gekevenn-monsanto-updated.

不平等的現象愈演愈烈，政府並非被動的旁觀者，而是主動的參與者，施惠給富人與強權，照顧有背景、有人脈者的利益，把社會往不公不義的方向扭曲。政府非但沒有鼓勵競爭與創新，反而扼殺了成長。不均等的擴大並非來自亞當．斯密的看不見的手，而是來自政府的手。

反對獨占與托拉斯的老羅斯福總統所說的這番話值得記住：「只要企業的政治活動不停，管制就不會有效。要終止這種現象無法一蹴可幾，也不是一件簡單的事，但是可以成功的……」[92]儘管他說這些話已經是一百多年以前，但情況沒有多大改變。

本章重點

- 市場上的獨占地位經常來自專利與智慧財產權。
- 過度管制會選擇性的除掉正在攻擊大公司的小型新創，不管任何產業，這都是難以克服的進入障礙。
- 唯一能讓獨占企業永垂不朽的是政府，因為只有政府才能阻礙那種能挫傷每個企業巨頭的創新性與競爭性。
- 遊說、管制與利潤的相互關係，集中在少數有政治影響力的產業裡。
- 不平等的現象愈演愈烈，政府並非被動的旁觀者，而是主動的參與者，施惠給富人與強權，照顧有背景、有人脈者的利益。

第九章 壟斷千層糕

市場被少數業者壟斷，少數業者的股份又被更少數幾家巨頭壟斷

如果我們不能容忍政治權力上的君王，也就不應該容忍一個箝制生活必需品的生產、運輸與銷售的君王。

——約翰・薛曼

摩根是美國銀行家。他以資助同時代的超級明星科學家，如特斯拉及愛迪生，還有籌劃組成奇異公司的合併案而著稱於世。他的居所是紐約市第一棟接上電力的住宅，他也砸下重金累積大量私人藝術收藏。他鼓舞信心也激起恐懼。他會用銳利的眼神瞪著你看，有一個人曾說，跟摩根一起開會，讓人覺得「好比一股狂風吹進屋裡」。摩根去世時，紐約證券交易所休市半天向他致敬，過去，它只會為了向辭世的君王及總統致敬而關閉。[1]

在「鍍金時代」，摩根是「老闆們的老闆」，一九〇七年大恐慌時，他單憑一己之力挽救國家免於經濟崩潰。當紐約證券交易所下跌五〇％，全國各地的銀行又接著發生擠兌現象，引起了大恐慌。摩根運籌帷幄，用他自己的錢，還有跟富有的友人及機構周轉來的現金，支撐住銀行體系。當美國自己的國庫無力挽救，是他提供流動性給這個國家。這引起舉國憤慨：一個人怎麼能擁有如此廣大無邊的權力與控制力？

摩根以資助經營不善的公司聞名，他會取得過半數股權，接著派自己的經理和董事趁虛而入，積極把經營重心放在獲利能力上。摩根就像巴菲特，是合併之王，深知沒有太多競爭的大型企業就是最好的投資。他靠著合併產業內的企業，一舉消滅競爭，築起獨占護城河，這種在產業裡四處合併公司的手段，就是人稱的「摩根化」。

在一八〇〇年代後期，美國的地方性商店幾乎清一色由家族或企業家擁有及經營。老爸老媽的店星羅棋布於全國各地的大街上，而且產業都是小規模生產。可是不過短短幾年，摩根化就使得美國資本主義的基本紋理出現變化。人們向托拉斯企業購買他們的日常用品，而後者又是由遠在華爾街的銀行家所擁有。

美國鋼鐵公司（United States Steel）是世上第一個十億美元公司，這家公司是在摩根的指揮下，合併二十世紀初三大鋼鐵廠而創立的。美國鋼鐵公司成立於一九〇一年，第一年就控制了美國將近七成的鋼鐵產量。它引來反托拉斯律師的注意，試圖將之拆解卻功敗垂成。美國鋼鐵公司迄今屹立不搖，已經超過一百一十七年。

同一年，摩根也成立北方證券公司（Northern Securities Company），這是一家鐵路托拉斯，控制大多數美國主要鐵路。在一場歷史性司法案件裡，老羅斯福總統的司法部提起訴訟，控告北方證券違反了反托拉斯法，這家鐵路獨占企業成軍不過三年光景，就在一九〇四年遭到拆解。儘管北方證券的業主宣稱它只是一家控股公司，並未參與商業活動，但這起訴訟案為接下來幾年其他數十件反托拉斯案的決策鋪路。老羅斯福總統因挑戰大型獨占企業而博得聲譽，不過自此之後，他再也沒有採取對抗摩根的舉動。

二十世紀前半葉的反托拉斯，是對經濟與政治權力的集中化做出反制。你只要控制了產業，就能控制政府。這場戰役決定最終應該由誰來控制產業，是私部門？還是公部門？引述老羅斯福的話：「那些已經被我們籠統稱之為托拉斯的大企業，是國家的產物，國家不但有權管控它們，而且只要出現這類管控的需要，國家更有義務一定要這麼做。」[2]

儘管今日的貧富不均戰爭仍在，但問題不在於財富，而在於控制。人們感到體制遭到操弄，有利於富人，而難就難在財富與控制往往密不可分。誠如羅伯・萊克（Robert Reich）在他的書《拯救資本主義》（*Saving Capitalism*）裡所說的：「市場上這看不見的手，連接到的是一隻富裕又強壯的手臂。」企業巨神擁有不成比例的市場影響力，能運用他們的權勢及財富主宰產業，依其所好的玩弄規則。今天，股東集中化表示許多美國人已經整個失去持有股票的好處，對於市場如何運作毫無置喙餘地。

有將近半數的美國人並未持有任何股票。根據蓋洛普調查，只有五四％的美國人在券商帳戶或透過退休儲蓄計畫持有股票。這個比例是下降的，在二〇〇八年金融危機以前是六二％。[3]直接持有公司股票的家計單位，比重則少於一四％。[4]

儘管標準普爾指數的收益率在二〇一七年達到歷史新高，但有接近半數的美國人並未享受到這些歷史性利潤。最富有的一％擁有將近五〇％的股票，而前一〇％富人擁有的股票比例超過八一％。相較之下，中產階級擁有的股票數只占八％。[5]根據最新的蓋洛普民調，年輕美國人對投資股市尤其小心翼翼。[6]許多千禧世代剛從大學畢業就遇到全球金融危機，親眼看到即便躬逢股市大漲，也有可能反之隨著慘跌不已。事實上，只有一種人口統計特徵的人的持股是成長的：有錢老人。他們是唯一禁得起冒險的人。

持股狀況因所得而傾斜。大多數窮人沒有餘錢投資，而且少有人能找到提供退休帳戶的工作，所以手上並沒有股票。持股狀況也因州而異：居住在比較窮的州的人，比較不可能投資股市。追根究柢，貧富不均既是持有股票的因，也是持有股票的果。

今天，有許多投資人在尋找機會複製鍍金時代。就跟摩根的認知一樣，擁有股票就能控制企業。最知名的當代投資人巴菲特，看起來愈來愈像新版的摩根。巴菲特投資獨占企業，如果是那些貌似競爭、但其實是地方性獨占企業的產業，對他更有吸引力。航空業就是完美的例子。

巴菲特討厭航空業，可是當產業從競爭變成勢均力敵的寡占狀態，他就願意改變心意。這麼多年來，他向來不喜歡航空業。他在二〇〇二年接受英國報紙《每日電訊報》（*The Daily Telegraph*）的一次訪問中，說道：「如果回到一九〇〇年代初期，有個資本家出現在小鷹鎮（Kitty Hawk）的話，他應該把奧維爾．萊特（Orville Wright）射下來。如此一來，他就能幫後代省下不少錢。」[7] 考慮到高昂的固定成本、工會和反覆無常的油價，他認為航空業對投資人是一場災難。看來似乎令人費解，巴菲特直到二〇一三年，都還說投資航空業是跳進「死亡陷阱」。

如今，巴菲特的公司波克夏．海瑟威擁有美國航空、聯合航空、達美航空及西南航空的股票，價值高達將近九十五億美元。他不是押寶在一家公司，而是在行使產業控制權。他們都知道他喜歡訂價權，而從他的持股數所釋放出來的訊息也很明確。波克夏．海瑟威取得各家航空的多數地位，持有的股數分別在七%到一〇%之間，巴菲特如今是這四大航空公司的第一、第二或第三大股東。他最近還說他「不排除買下一整間航空公司」。為什麼他的內心有這麼戲劇性的變化？

國會在一九七八年解除航空業管制，許多新的進入者激烈競爭市占率。這個產業因為解除管制而提升獲利能力，但卻主要因為油價及高昂的固定成本，而經歷了繁榮與蕭條交替的循環。接著合併開始了。就像《紐約時報》所說的：「這是一個並非自然競爭的產業，從受管制的卡特爾，到經歷短暫的破壞性競爭，然後成為不受管制的卡特爾，對服務品質的影響可想而知。」[8]

所有的美國航空公司合併成四大企業：美國航空、聯合航空、達美航空及西南航空。

巴菲特一直等到產業合併大功告成，每一家大航空公司各自經營一個地區性獨占事業，接著他才大手筆投資在……這全部四家公司。競爭不大表示對你的投資威脅也不大。巴菲特現在是同一個產業裡每一家主要競爭者的大股東。

新的證據顯示，同產業的公司會出現反競爭行為的共同所有權現象。這個名詞叫做水平持股，意思是由一個投資人持有互為水平競爭者的數家企業高額股份。過去四十年來，這種持股型態已經大幅增加。在一九八〇年，如果你任選兩家美國企業配對比較，其中有七五%並沒有共同大股東。到了二〇一二年，配對公司只有八%沒有共同所有權。[9]

大型投資人不再跟小額投資人對賭。賭場現在是他們開的。

所有權集中化的問題重重，因為它把整個產業的控制權抽出來，交到少數幾個玩家手上。更令人憂心的是，近期研究顯示共同所有權讓公司有動機完全避免相互競爭。

在健康的經濟體裡，企業會競相提供更好、更便宜的產品與服務給消費者。而遇到水平持股的狀況，相互競爭的公司想要取悅的是同樣的股東，故而會心照不宣、彼此共謀，靠著把整個產業的績效做大，來維持企業的高獲利。當產業（並非個別公司）賺錢，投資人就能賺到錢，而最簡單的方法就是提高消費者價格。

與其在價格或品質上激烈競爭，相互奪取市占率，不如只要把消費者的價格拉高，增加自己的利潤率就好了。這可不是理論，如今研究已經證明，共同所有權增加與較高的消費者物價息息相關。[10]

航空業就是個極好的例子，他們拿原本的基本服務一點一滴榨乾我們。托運行李或挑選座位，現在變成要額外付費的奢侈品。要不了多久，他們連使用廁所都會收錢。根據旅行研究公司IdeaWorks和租車服務平台CarTrawler對全球航空公司所做的一份調查報告，截至二〇一七年底，航空業額外收費的金額高達八百二十億美元，跟二〇一〇年的數字兩百二十六億美元相比，增加了二六四%。[11]

經濟學家艾沙、馬丁・薛曼茲（Martin Schmalz）及伊莎貝・特古（Isabel Tecu）在一篇重要的論文裡，證明水平持股使各地的機票價格提高三%到十二%。[12]這份研究控制住包括油價變化在內的大量變數，但票價還是提高了，唯一能解釋的變數就是水平持股。

在銀行業，已知有水平持股的銀行會提高收費、降低利率（人們把錢存在銀行可以拿到的收益）。有將近二五%的大型銀行是由少數幾家大型資產管理公司所持有，他們在這些銀行都沒有任何既得利益（見圖9.1）。

有鑑於五大機構投資人（貝萊德投信（Blackrock）、先鋒（Vanguard）、道富環球（State Street）、富達及摩根大通）目前擁有標準普爾五百大上市公司的八成股票，可見水平持股的弊病是牽涉廣泛的問題。

圖9.1 美國銀行的最大股東（截至2016年第二季）

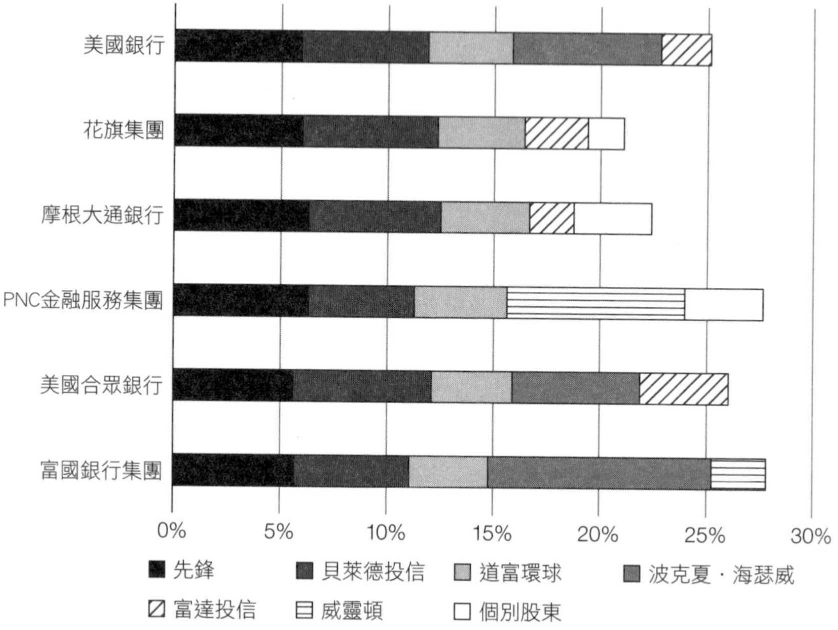

資料來源：Competition Policy International.

這是全球化的現象。在二〇一六年，貝萊德投信是滙豐銀行（HSBC）、德意志銀行、米蘭人民銀行（Banco Popolare di Milano）、西班牙對外銀行（Banco Bilbao Vizcaya Argentaria），加上倫敦富時一百指數（FTSE 100）及德國DAX指數三分之一公司的最大股東。[13]儘管貝萊德投信大部分是作為一個被動的股東，而且是以指數型基金或指數股票型基金的方式持有這些股票，但它現在是世界上最大的股東之一，擁有莫大的權力。

公司之間不必直接串通，

誘因結構的本質就足以使這類共謀具有吸引力。水平持股的觀念有助於解釋執行長們因產業績效而非公司績效獲得獎賞的奇怪生態，也能說明近年來，何以在許多產業裡，企業已經不把公司利潤再投資於擴大生產。沒有真正的競爭者，競爭的動力就會慢慢消失。

當經濟學家提出對獨占強權的憂慮時，傳統上向來聚焦於會顯露反托拉斯風險的合併。水平持股又加添了一層問題於其上。

今天，你可以擁有寡占企業，而那些寡占企業又被其他寡占企業所擁有，看起來就像一塊寡占千層糕。對巴菲特來說，航空業的寡占狀態猶如美夢成真。他就跟前輩摩根一樣，希望自己對整個產業的投資，能促使投資變少、價格變高（他鍾愛的「訂價權」）和沒有新的競爭者。

儘管有將近半數美國人並未持有任何股票，但那些有股票的人，一般也是透過機構來持股。資產管理公司可以管理退休金計畫、401(k)帳戶，或指數股票型基金或共同基金這類直接投資商品。以資本總額計，如今機構擁有的股本約占整個美國股市的八成。

機構投資人持股量如此膨脹的其中一個主要原因，是因為發生了「被動型投資」此一創造歷史的變化。在過去，財務經理會積極指揮投資。他們覺得只要透過研究、僱用聰明的數學家和經濟學家，加上花很多時間摸索市場趨勢，就能打敗大盤。這就是大家所知的主動投資，而近年來，這種做法已經遭到昂貴無效的批評。

巴菲特聲稱，投資人付給不中用的財富經理人高額管理費，已經「浪費」高達千億美元。[14]

他是習知的被動型投資，或投資指數型基金的擁護者。這些基金不會想要打敗大盤，而是仿照某個特定指數的績效，如標準普爾五百指數、羅素指數等。它們不需管理，所以比主動型基金便宜許多，而且它們透過分散化幫助投資人減少風險。

被動型投資大大造福了普通的中產階級投資人，它有那麼點像是金融界的羅賓漢故事。小投資人過去一直在付高得離譜的手續費給華爾街投資經理人，突然間得以接觸到把投資大眾化的低成本商品。過去這十年，被動型投資的表現勝過主動管理，而且需要用到的精神或技巧少很多，指數把所有工作都做完了。世界上收費最高的投資經理人，輸給區區一支人人都能投資的指數基金。

約翰．柏格（Jack Bogle）是指數型基金的教父。一九七四年，他在先鋒集團成立了世上第一支零售指數型基金。巴菲特曾經稱呼他為幫助普通投資人的英雄，他謙虛回應說：「我不是英雄，我是個……關心投資人的普通人，想要保障他們的公平待遇。」

伯格從來沒有料到，流入這個資產類型的金額如此驚人。胃口已經被養大，永不滿足，過去幾年來，金錢不斷的從主動型基金流入被動型基金，後者如今擁有美國總資產的四成，如果這個巨幅成長軌跡持續下去的話，到二〇三〇年就會達到百分之百（見圖9.2）。

回到一九七五年，先鋒基金成立之初的資產是一千一百萬美元，今天，它所管理的資金已經一飛沖天，高達五兆一千億美元。截至撰寫本文此時，它是世界上第二大資產管理公司，只輸給

圖9.2　被動管理式資產在美國市場的比重

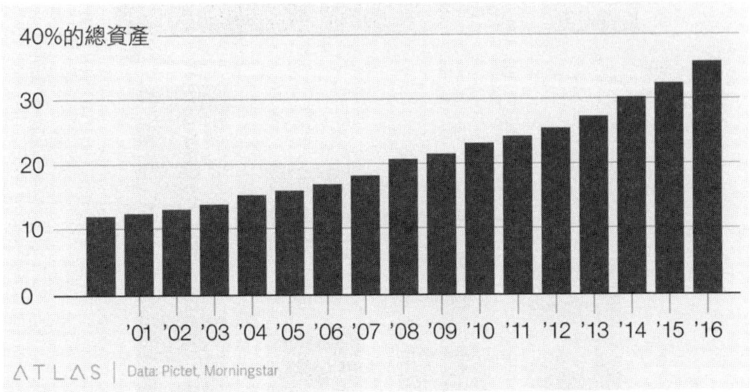

資料來源：Atlas; Data: Pictet, Morningstar.[15]

資產金額六兆兩千億美元的貝萊德投信。在二〇一四到二〇一七年間，先鋒的新基金就募集超過八千億美元，是所有競爭者總和的八．五倍。它的成長速度也比其他所有共同基金管理人加起來還要快。[16]

被動型基金廣受歡迎，已經使得頂尖基金的資產激增。圖9.3的數字顯示，「三大」指數型基金（貝萊德、先鋒和道富環球）持有將近一九％的標準普爾五百股票。

儘管廣受歡迎而且績效卓著，但被動型投資開始變得更加競爭激烈。原本為了將投資商品大眾化的金融創新，已經改頭換面成由幾個大型玩家主宰這類商品獲取管道的局面。指數股票型基金對投資人來說超級便宜，可是三大基金就掌握了超過八成市場。自從鍍金時代以來，沒有這麼龐大的權力被高度集中化。[17]

資產管理本身也已經「摩根化」。控制權，再

圖9.3 「三大」基金持有的標準普爾五百股票

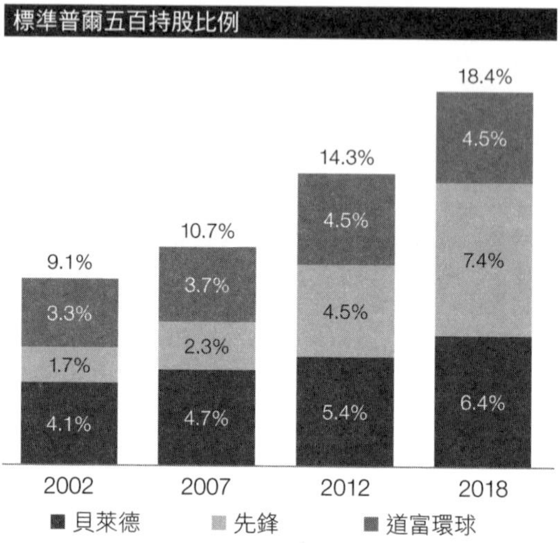

資料來源：Lazard, FactSet.

次被收攏於相對少數者的手上。億萬富翁對沖基金經理人保羅・辛格（Paul Singer）曾經說，被動式投資是「對自由市場資本主義創造成長與建立共識的前景造成破壞的一坨東西」。

凡此種種指向一個問題：公司最終要服務誰？股東對公司決策應該擁有多少控制權與影響力？一九七〇年代，傅利曼接受挑戰，試圖回答這些問題。此人後來得到諾貝爾經濟學獎，他發表一篇如今聲名狼藉的文章，從而鞏固了一則知識分子新教義。

傅利曼主張，「企業唯一的社會責任，就是增加自己的利潤」，而且「公司的執行長是企業所有權人的員工」。他這個說法的意思是，執行長是股東們「僱用」

的，必須優先服務股東，更勝於員工、消費者或社會在內的其他各方角色。這個想法不錯，合情合理。股東確實擁有公司。

公司的唯一目的是提高利潤，使股東價值極大化，這個觀念如今如此根深蒂固，以至於少有人會提出質疑。《經濟學人》主張：「傅利曼是二十世紀下半葉……說不定是整個二十世紀最具有影響力的經濟學家。」

就跟所有宗教一樣，一旦執行長們擁抱股東價值極大化的新福音，好點子往往會落入狂熱分子的虔誠雙手中。任何會拖累股東現金的事情都遭到砍除：勞工薪資、醫療照護與退休金，還有研發經費。只要能讓股價上揚，執行長們什麼事都樂於去做。他們不必開發創新產品、從競爭者處搶奪市占率、貢獻社會價值，只要抬高股價就好了。

公司較少為了長期報酬或培養員工而投資，反而短視近利於每季收益。機構投資人和對沖基金為了自己持續衝高股價的需要，對企業施壓。說來諷刺，儘管如此執迷於價值極大化，過去這五十年，資產和投入資本的實質報酬自一九六五年以來已經下跌七成五。執行長們達成提高利潤的目標，可是這麼做跟股東報酬的關係並不大。他們幫股東創造高股價，卻沒有幫公司創造高報酬（見圖9.4）。

股市行情在二〇一七年達到歷史新高，企業利潤也創下歷史紀錄。可是，所有這些現金都流到哪裡去？誰對這個重要問題做出決定？公司可以拿現金做五件事情：再投資於本業、收購另外

圖9.4　非金融企業的淨投資

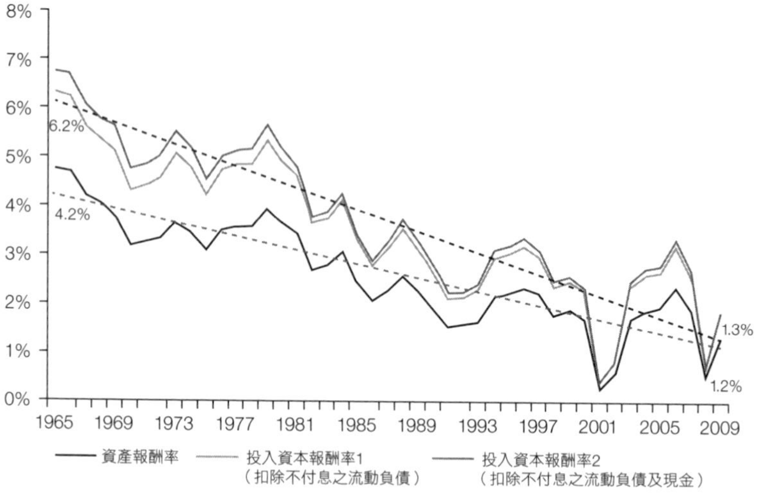

資料來源：Deloitte Shift Index.

一家公司、償付債務、發股利給股東，或者買回自家股票。

企業愈來愈少投資在自己的人員及廠房上，而把更大金額用於同類相食的股票買回，這麼做只能讓股東受益。儘管利潤創下新高，但我們已經看到對勞動力、研發及資本專案的再投資急劇下跌。一九五九到二〇〇一年間，投資占企業營收的比例平均約為二〇%，可是二〇〇二到二〇一五年間，這個比例降到只有一〇%。

元凶並不難找。有共同所有權現象的高度集中化產業，投資做得比較少，而且會把高得不成比例的現金拿來回購股份。[18] 他們沒有太大興趣增加自己產業的供給或產能，而更喜歡擁有強大的訂價權。

如果集中化產業的投資比較少，那麼

他們的現金拿來做什麼？

執行長們有各式各樣獲得報酬的方式：薪資、獎金、股票薪酬。這些形式的獎酬和五花八門的組合，原本意在提供誘因給公司領導階層，激勵他們做出對公司有利的決定，同時使不利因素降到最低。一般認為，高額的現金薪資或基本薪資不因公司績效而變動，不是一個效果足夠的誘因結構。

在一九七〇年代，執行長對勞工的薪酬比，相較今日世界各地許多國家來得平緩許多（大約三十比一）。在美國，這個薪酬比已經飆高到三百六十一比一。經理人當然應該因為肩負困難責任而獲得報償，可是很難相信今天執行長這個群體和勞工的相對價值，比起一九七〇年代高出十倍。

有部分問題在於起初管理階層薪資是依據「內部公平性」而定。一名經理人對公司的價值，乃由他或她相對於其他員工的表現而定，在一九七〇年代，隨著高階經理人薪酬顧問服務興起，焦點移轉到「外部公平性」，也就是拿同產業裡其他執行長的薪資做比較。

董事會和薪酬委員會核准跟其他同等公司做過標竿比較的薪酬待遇，可是他們會比較來比較去，陷入薪資上漲無止境的無窮迴圈。研究也證明，作為標竿的公司總是選擇把執行長薪酬極大化。[19]好比蓋瑞森．凱羅爾（Garrison Keillor）的烏比岡湖小鎮（Lake Wobegon）故事，鎮裡的孩子程度全都高於平均水準，在現今公司董事會的眼中，所有執行長都出色無雙。

執行長往往會得到股票選擇權作為薪酬獎勵，獎金經常以股票選擇權或認股權的方式與公司績效連結。股價愈高，管理階層的股票選擇權價值就愈高。而談到抬高股價，執行長們手上有個強大的工具可以影響股價，那就是股份回購。

股份回購是金融市場工程的全明星賽冠軍。所謂股份回購，就是公司用超額利潤把自家股份買回來。回購能減少流通在市場上的股份，帶動股價上漲。這個過程使每股盈餘膨脹，而這又是華爾街交易員會緊盯的數字。

公司買回的股票不是成為庫藏股，不然就是拿來發給經營高層，或是走胡迪尼（Houdini）*風格，就這麼把它們變不見。公司可以「註銷」股票，這表示市場上流通的股份變少了，結果就是價值變高了。

股份回購在一九二九年股市大崩盤後曾經是不合法的行為，因為它確實能機械式支撐股價，所以被認為是在操縱股市。不過，雷根總統於一九八二年廢止法律，讓公司有能力在不經股東核准的情況下，把現金放回自己口袋。[20]

進展順利的話，市場上的股份回購將在二〇一八年創下空前紀錄（見圖9.5）。自從金融危機以來，企業已經花了五兆一千億美元回購股份。同樣地，這些現金原本可用於薪資、研發或資本支出。就像麻州參議員伊莉莎白・沃倫（Elizabeth Warren）說的一句難忘名言，股份回購為肥貓

---

* 譯註：胡迪尼是活躍於二十世紀初的魔術師，被譽為美國最偉大的魔術師，擅長逃脫術。

圖9.5　股份回購創下新高

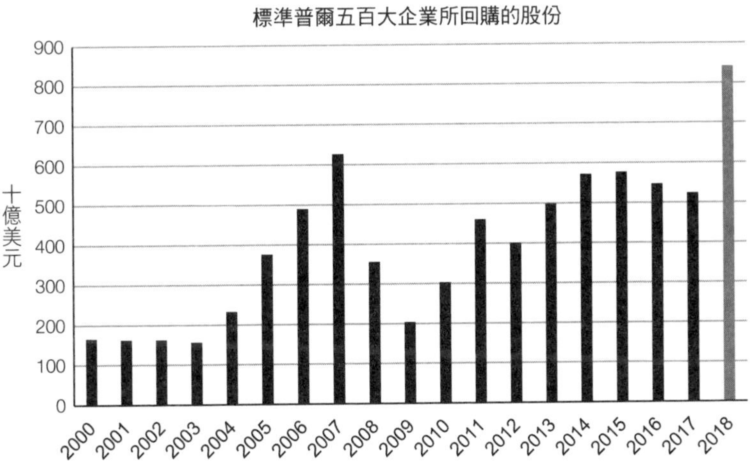

資料來源：Variant Perception.

執行長們製造出一種吃糖後的興奮感。

由於二〇一八年川普政府的減稅政策，股份回購繼續爆發。根據彭博社的訊息，來自減稅的利潤，約有六成將流向股東，只有一五%會流到勞工身上。[21]遺憾的是，對經濟體來說，大部分擁有股票的人一般是老人和有錢人，不太可能把錢拿出來花。

很多投資人認為，只有在多餘現金沒有其他更好用途時，才會拿來回購股份。他們主張，回購不是限制成長或投資支出的因，而是缺乏投資機會的果。這已經成為一種惡性循環，低投資與低工資造成低需求，然後又回過頭來導致投資削減。

麻州大學經濟學教授威廉・拉佐尼克（William Lazonick）斷言，股份回購已經讓企業產生一種短視心態。他寫道：「國民經濟出現所得不均、就業不穩定和創新能力弱化的特徵，或是我所謂『永續繁榮』的反面現象，『回購企業』這種精簡和分配的資源配置做法，要負很大的責任。」[22]

支持者則主張，股市上漲提振消費者的信心，進而增加支出並振興經濟。然而，當大多數勞工手上沒有股票，也沒看到薪資調漲時，股市繁榮不過是一種廉價的快感。

股份回購不是一種疾病，而是一種競爭稀少和反常高利潤的症狀。它們從人們的日常支出中收取過路費，然後把錢送給當代的強盜貴族們。

當摩根於一九一四年辭世時，遺留下八千萬美元的金融資產，據說洛克斐勒曾經如此表示：「而想想，他甚至算不上是個有錢人。」[23]以洛克菲勒的財富來看是如此。

其實摩根富可敵國，而且他的藝術收藏無人能比。根據摩根的傳記作家珍．施特勞斯（Jean Strouse）的計算，到一九一二年為止，摩根花在藝術上的錢就有大約六千萬美元。[24]許多他當時買進的藝術品，今天的價值已經翻升數千倍。他的房地產總價值約占美國國內生產毛額的〇．三%，以當時來計是三百九十億美元，依今天的國內生產毛額調整後，摩根的身價淨值約有五百億美元，使他成為有史以來最富有的美國人。不過，對摩根來說，他追求的不是金錢，自始至終都是控制權。

美國大眾對摩根十分敬畏與恐懼。一九〇七年的大恐慌過後，人民看到摩根隻手挽救銀行體系，才明白他的力量有多大。一九一二年，摩根遭指對美國商業施加太多控制，而被召喚到國會出席聽證會。他的態度高高在上，令人敬謝不敏。國會以創立聯準會回敬之。

威爾遜總統在一九一三年十二月二十三日簽署《聯邦準備法》（Federal Reserve Act）。他說：「我們只有兩個選擇，不是把中央管制權交給銀行家，不然就是交給政府。」[25]再也沒有人能隻手控制銀行體系。

一年後，國會於一九一四年通過《克萊頓反托拉斯法》，迎來打擊托拉斯與瓦解獨占企業的新時代。當時社會對反托拉斯的認識與今日相反，它原本意在消除控制與強權，而非僅止於維持低廉的消費者物價。該法案單挑「摩根化」或水平持股的實務做法，具體指出不應該把持有股份當成抑制競爭的工具。《克萊頓法》第七條規定：

任何公司對於從事商業之兩家或以上公司，以直接或間接方式取得其股票或其他股本資金之全部或任何部分，若當此等取得，或經由代理委託書行使表決或同意或以其他方式使用此等股權之結果，可能造成股票或其他股本資金以此等方式被取得之公司之間實質競爭之減少，或可能抑制任何地區或社區之這類商業，或對任何商業領域有形成壟斷之虞，不得為之。

摩根於一九一三年逝世，未能親見《克萊頓法》的影響。他的合夥人向華盛頓陳情不要消滅水平持股，甚至辭去包括銀行在內超過三十家公司的董事職位，只求能保留他們的股份。不管怎樣，國會還是立法禁止水平持股。

這麼多年來，《克萊頓法》約束了一個新的摩根的崛起，可是，這個法案的影響力正在衰落。如今，水平持股擴大了所有權，也使權力集中化。套句紐約大學法學院反托拉斯專家愛德華・洛克（Edward Rock）說的話：「上一次金融權力集中化到這種程度，是在摩根那個時代。」[26]摩根若還在世的話，一定很高興看到世界其實沒有多大改變。

本章重點

- 有將近半數的美國人並未持有任何股票。直接持有公司股票的家計單位，比重則少於一四%。
- 寡占企業如今不只存在於特定產業內，更會由寡占式的股東出資並擁有。它看起來就像一塊寡占千層糕。
- 股份回購在一九二九年金融市場大崩盤後曾經是不合法的行為。它被認為是在操縱股市。
- 貧富不均既是持有股票的因，也是持有股票的果。

第十章　沒人注意到的環節
市場集中化與貧富差距的關係

在丹麥的國度裡有惡事發生。
——哈姆雷特，第一幕，第四景，馬賽拉（Marcellus）對何瑞修（Horatio）說

在雷曼兄弟（Lehman Brothers）倒閉而幾乎全球銀行皆獲紓困的幾個月後，政客、商人和權威專家們堅信我們身處資本主義的危機當中，廣泛深遠的革命即將興起。他們告訴我們，世界再也回不去原來的面貌。「另一個意識型態之神已經失敗。」金融評論家泰斗馬丁．沃夫（Martin Wolf）在《金融時報》（*Financial Times*）上這麼寫。公司的運作將「從根本上改弦易轍」，奇異公司執行長傑佛瑞．伊梅特（Jeffrey Immelt）這麼說。財政部長蓋特納則說：「資本主義將變得不一樣了。」

時光荏苒，一切如常，什麼也沒變。人民帶著沸騰的失望情緒，走上街頭與市政廳。右翼有茶黨運動如雨後春筍般自發性興起，成千上萬人民在華盛頓示威抗議，質問他們從全美各地選出來的民意代表。占領華爾街運動則在左翼成長茁壯，從曼哈頓一角延燒到全國各地。這些民粹運動是一體的兩面，雙方都對紓困大銀行和付出豐厚獎金給拖垮金融體系的經營高層，但中產階級仍深受負債與失業之苦，而感到憤恨不已。可是，這場抗議的聲浪好似一陣微弱的顫抖消失了，隨後而來的是政治大地震。

二〇一六年十一月的美國大選之夜，英國人早早上床，以為希拉蕊贏定了，可是等到他們一早醒來時，美國人已經選了川普。一個徹頭徹尾的政治素人、前電視實境秀明星、公司破產次數跟結婚次數幾乎一樣多的男人，將成為下一任美國總統。英國人早該知道如此才對。幾個月以前，他們也是早早上床睡覺，以為英國會留在歐盟不走，第二天醒來才大驚失色、不可置信，發現他們以些微差距，投下多數票決定跟自己最大的貿易夥伴分道揚鑣。

這幾波選舉大地震是一次強而有力的不滿宣言。美國與英國選民已經厭倦了和比較強的對手對弈，而認為最好的舉動就是丟銅板碰運氣，看看會出現哪一面。這樣做不一定會贏，但也許能以不同的規則展開新頁。

美國人與英國人想要改變，即便縱身躍向未知也在所不惜。假使川普沒有贏得大選，也很有可能是在數十個州勝過希拉蕊的反建制派候選人伯尼．桑德斯（Bernie Sanders）出線。他的職業生涯絕大部分時間都是社會主義分子。而根據蓋洛普的調查，在美國，社會主義是政治候選人僅次於無神論、伊斯蘭教的第三大不適任特徵。

在英國，工黨選出一個極左翼領導人傑瑞米・柯賓（Jeremy Corbyn），他是政治局外人，也是一個懷舊分子，想要回到社會主義者訴求整個產業國有化的時期。他曾經要求「全面恢復」馬克思革命主義者列夫・托洛茨基（Leon Trotsky）的名譽。柯賓一當上工黨黨魁便表示：「治理國家的人已經操縱了整個經濟與商業規則，讓自己的友人們從中斂財。事實是這個制度對大多數人民來說行不通。」

桑德斯和川普事事意見不合，不過他們都告訴自己的支持者，美國經濟被操縱了，選民就因為這一點而很愛他們。

川普在一次競選活動中說：「被操縱的不只是政治制度，整個經濟也是。」川普總統在競選時告訴選民：「它被想要維持低工資的大金主操縱了。它被想要離開我們的國家、解聘我們的勞工，再把商品賣回美國，卻不用負擔後果的大企業操縱了。它被把孩子困在失敗學校的官僚們操縱了。」[1]桑德斯在競選時則主張：「過去這四十年來，華爾街和億萬富豪操縱了遊戲規則，把財富與所得重新分配給最有錢有權的人。」他又說：「我們一定要釋出一個訊息給億萬富豪階級：你們不能全部拿走。」[2]

美國與英國的選民一面倒的認為資本主義殘破失效。一份由市場與愛迪生研究機構做的民調發現，絕大多數美國人，比重高達七一%，相信美國的經濟遭到操縱。在英國，民調公司YouGov的調查則顯示，有將近三分之二英國人相信資本主義使不均等的現象惡化，而有七成五的人認為企業傷害環境、逃稅或買通政治人物。

這股民粹主義的浪潮也溢出國界。義大利有五星運動（Cinque Stelle）黨，德國有民族主義者德國另類選擇黨（Alternative for Germany, AfD），法國必須處理國民陣線（Front National）的再現，在西班牙則看到極左派的準馬克思主義政黨「我們可以黨」（Podemos）浮上檯面。法國見證了舊政治秩序的傾頹和馬克宏的崛起，蘇格蘭和加泰隆尼亞民族主義分子長時間的不滿也爆發出來，義大利的民粹主義分子則已經掌權。西方每一個資本主義民主國家的選民都說：「我們受夠了！」

選民知道資本主義有什麼地方腐化了，菁英分子也知道這件事。若普通人的反應是投票給政治局外人，那麼菁英分子的反應則是裝模作樣的閱讀重量級資本主義著作。

皮凱提的《二十一世紀資本論》（*Capital in the Twenty-First Century*）獲得離奇費解的成功，沒有什麼能比這件事情更能凸顯我們正在戮力追求病症的解方。這本七百頁的經濟著作充滿數據圖表，任誰看來都不會是一本暢銷書，裡面不像葛里遜（Grisham）的小說有謀殺案，也沒有J.K. 羅琳（J.K. Rowling）書裡的那種咒語，可是，皮凱提的書賣掉超過一百五十萬本。

大家都買了這本書，而且假裝讀過。我們還沒遇過有誰讀完整本的，這可不是信口開河，

圖10.1 美國的所得不均（1910-2015）

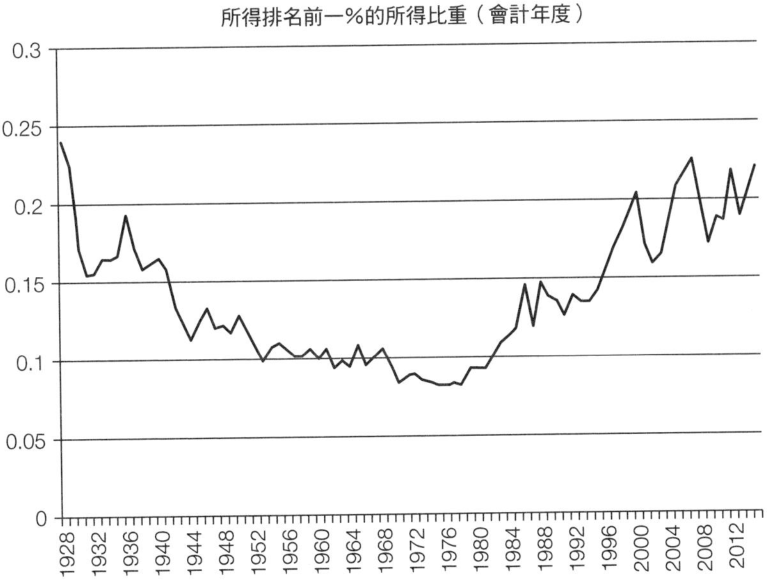

數學系教授喬丹．艾倫貝格（Jordan Ellenberg）對Kindle電子書的書籤做了一個研究，發現幾乎沒有人能讀皮凱提的書超過二十六頁。[3]

回想起來，考慮到人們憑著直覺意識到問題存在，會對這種書有興趣也是理所當然。大家成群結隊去買書，是因為書中有關不均等的圖表符合眾人印象（見圖10.1）。它們清楚顯示很多人害怕卻無法證明的事情：美國變得愈來愈不平等。有這麼好的圖表，誰還在乎書中那幾百頁文字？

這本書博得欣喜，甚至是狂喜的書評。《經濟學人》說這是一本：「風靡全世界的經濟著作。」而根據《金融時報》的說法：「皮凱提的《二十一世紀資本論》是今年轟動出版業的大事。書中有關不均等加劇的命題扣合時代精神，也使後金融危機的公共政策辯論為之一振。」勞倫斯．桑默斯（Lawrence Summers）說這份研究「已經改造了政治論述，其貢獻值得拿下諾貝爾獎」。而說不定表達最明確的是前工黨領袖埃德．米利班德（Ed Miliband），當時他說：「皮凱提就某方面來說，是人民實際感受的表徵。」誰在乎他的立論是對還是錯？他抓到一種感覺。

皮凱提的推論與修辭和馬克思的思想時有強烈應和，這對身為法國經濟學家的他來說不足為奇。他和馬克思一樣提出重大主張，認為「資本主義存在著核心矛盾」。根據皮凱提的看法，高資本報酬率無可避免的會造成經濟崩潰或革命，資本將「吞噬未來」。這些聲明使他成為左派的英雄。針對貧富差距嚴重，皮凱提的解方是對有錢人課以懲罰性稅率，以劫富濟貧，他主張把高所得者的稅率提高到八〇％，並且開徵富人稅。但這樣的訴求是在向唱詩班傳教，多此一舉。

皮凱提認為，貧富懸殊的源頭來自於缺乏成長。當結構性成長處於低谷時，資本主義就會遭遇到一種非常接近馬克思所形容的邏輯矛盾。過去累積的財富具有更高的重要性，而現今的勞工則幾乎得不到任何報償。資本增長相對於勞工的鴻溝愈大，社會就會變得更加動盪不安。誠如他在書中所寫：「企業家往往無可避免地變成收租人，愈來愈能支配那些除了勞力之外一無所有的人。資本一旦形成，自我複製的速度就會快過產量增長的速度。過去吞噬了未來。」資本主義的內在矛盾，在於如果成長低緩的話，它必將成為自己成就的受害者。

此一洞見直探不均等的源頭，博得尋找答案的人崇高的敬畏與威望。遺憾的是，他的數據在重要之處有瑕疵，而他的結論也是不完整的。

有很多記者及經濟學家揭發了他在數據上的嚴重瑕疵。《金融時報》發現，皮凱提的研究成果有著「一連串失誤，扭曲了他的發現」。他書裡的「試算表充斥著錯誤和未經解釋的條目」。經濟學教授理查．蘇奇（Richard Sutch）試圖複製他的發現未果，在一篇極具批判性的文章裡，他提到「其調和與平均數據所使用的程序、不充分的書面紀錄和試算表的錯誤，都讓人覺得惱火，凡此種種，共同創造出一幅貧富懸殊的生態圖像，誤導他人。」[4] 簡言之，皮凱提的數據是「不可靠的」。在學術論文裡，你能得到的最大譴責大約也就是這樣了。

國際貨幣基金（International Monetary Fund）無法證明他那低成長導致不均等的偉大理論。說來也不意外，皮凱提自己表明不均等的現象已經加劇，可是他甚至沒有在書裡試著證明低度成長時，資本從勞工那裡拿走更多的經濟大餅。國際貨幣基金檢視過去三十年來十九個不同的先進經濟體，發現「並無實證證據顯示整個動態往皮凱提所說的方向移動」。有些國家擁有高度成長，可是貧富不均和資本報酬率是下降的；其他國家為低度成長但不均等是減少的。成長和資本報酬率之間並無關聯。換句話說，他有關資本主義的核心結論是錯的。

儘管國際貨幣基金檢視的是歐美已開發國家，但是這個發現對開發中國家也成立。經濟合作暨發展組織已經證明，低成長與貧富不均未必跟新興市場的廣泛差距息息相關。以某個極端案例來看，巴西與印尼過去十年來強勁的經濟成長，伴隨著所得不均下降；而從另一種極端來看，中國、印度、俄羅斯和南非的經濟雖然也在強勁擴張中，卻可以看到不均等有極大的提高。[5]還是一樣，皮凱提冠冕堂皇的立論，經不起現實考驗。

既然「內部矛盾」理論完全沒有任何證據支持，那麼就可以不要理會皮凱提說了什麼。可惜的是，由於他的書賣掉一百五十萬本，成為媒體焦點，所以你要討論資本主義的話，就不能不聊聊皮凱提。如果我們想要挽救病入膏肓的資本主義，便須對病症做出正確的診斷。

皮凱提的書也許有缺陷，不過他辨認出一個真正的問題，正在侵蝕我們的集體經濟意識。讀者出於本能知道有些地方不對勁了。皮凱提的數據雖不完美，但他把正在擴大的貧富差距記錄下來，就這一點他的表現極為出色。全世界各國的經濟不均等已經在提高當中，富者更富，大多數人望塵莫及。

皮凱提是對的，過去三十年來，各國普遍存在著不均等愈演愈烈的趨勢，可是他沒能搞懂為什麼。不均等上升是症狀，但不是疾病本身。他提出資本主義的弘大理論，卻不能明白何以資本賺得會超過勞工許多的機制原理。不均等的問題是真的，但不是低度成長造成的。

與其說不均等是經濟與政治變化的起因，不如說它是結果。再者，不均等與不公平並不能畫上等號。而正是這種不均等就是不公平的感覺日益高漲，才會激起如此多政治動盪。不均等是怎麼發生的，正是皮凱提沒能辨別的困難環節。

使不均等增加的罪魁禍首不是低度成長，而是市場集中化升高和競爭已死。近期的經濟研究提供排山倒海的證據：獨占與寡占企業所擁有的經濟力與政治力，已經完全使競爭環境傾斜，有利於優勢企業對抗員工。很多產業是由極少數公司所主宰，而會跟既有大企業競爭的新創公司也變少了。招募員工時，會來競爭人才的公司比較少，又由於權力平衡已經移轉到大企業那邊，所以薪資停滯了。這些後果並非不可避免，資本主義是可以修復的。

你可以用幾個不同方法來衡量不均等，最常見的做法是檢視所得，也就是人們在特定年度所賺得的薪資。你也可以從財富來看，也就是人們過去以來所累積的總資產，包括股票、債券、房地產、藝術品等。這兩者都顯示極富與赤貧之間的鴻溝正在擴大。有錢人賺比較多，也擁有更多世界上的資產。

如果你看的是財富而非所得，就可以清楚看到傾斜的後果是怎麼形成的。這種角度非常有幫助，因為有些執行長擁有大量股份，並不會以所得來表示，可是在比較他們跟一般勞工的幸福安康時，前者的影響就很大。檢視財富不均最簡單的方法，就是看一個國家前一％、甚至前〇．〇一％的人擁有多少財富。因為如此，「一％」已經成為我們政治語彙的一部分。

瑞士信貸每年都會發表一份《全球財富報告》（*Global Wealth Report*），顯示財富以史無前例且日益升高的程度集中在一小撮人手中。[6]如該銀行所指出的：「在後危機時代，無疑的全球財富不均的程度已經升高，且持續上升中。」自二〇〇〇年以來，極富之人的富裕程度已經有所增

圖10.2　二〇一七年全球財富金字塔

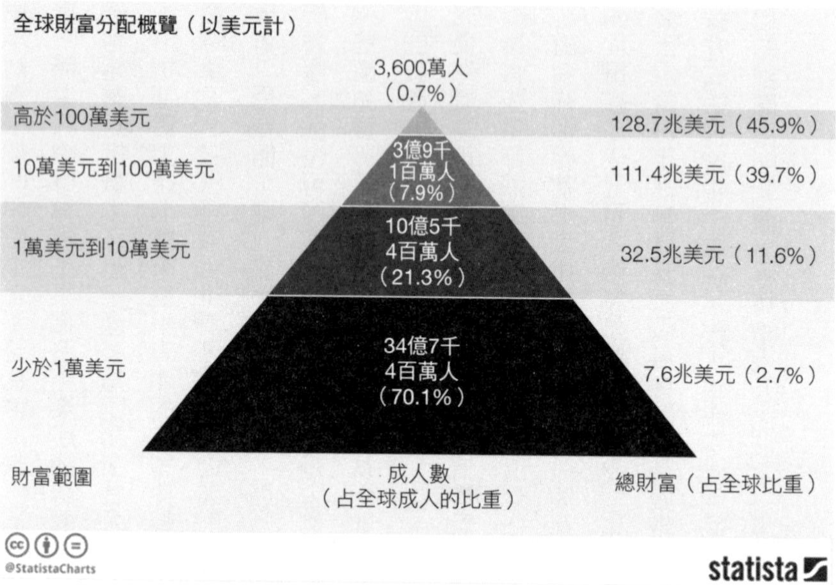

資料來源：瑞士信貸銀行二〇一七年全球財富報告。

進。根據瑞士信貸的報告，前一%全球財富擁有者，在這個世紀開始之初，擁有四五．五%的總家庭財富，可是到二〇一七年，「這是有史以來第一次，最有錢的一%如今控制了差不多超過一半，也就是五〇．一%的全球財富。」財富金字塔的頂端表現極為出色，可是金字塔底端這三十五億成人擁有的財富淨值不到一萬美元。讀者可以從圖10.2看到全球財富金字塔每一個區塊的家庭數。

截至撰寫本書之時，股票市場正處於空前高點，有錢人的日子從來沒有這麼好過。財富不均等上升的一個主要原因，是幾乎所有央行回應金融危機所祭出的政策，都把目標放在資產價格上。央行公然的試圖抬高股價與房價，創造出一種「財富效果」，希望其中有些能發揮滴漏效應。窮人手上幾乎沒有股票或債券，而中產階級擁有的又比富人少太多。故而不出所料，聯準會、歐洲中央銀行（ECB）、日本銀行（BOJ）和瑞士國家銀行（SNB）所採取的超寬鬆貨幣政策，幫那些已經持有大量股份的人拉高股市行情，也拉大貧富差距。儘管前聯準會主席班傑明．柏南奇（Benjamin Bernanke）和其他人指出，如果他們沒有採取超寬鬆貨幣政策，失業的情況會更惡化，但是自金融危機以來，這些措施已經持續實施超過十年，所產生的淨效果就是富者更富。

滴漏式貨幣政策在美國以外地區做得更是淋漓盡致。歐洲中央銀行買下公司債，直接幫已經是億萬富翁的持股人融資購併案。他們提供資金，讓百威英博的億萬富翁股東去合併南非啤酒（SAB），使他們得以控制超過一半的美國啤酒市場。瑞士國家銀行則花了八百五十億美元買下美國大企業的股票，後者發放鉅額股息給股東，也買回自家庫藏股。眾家央行買下本地獨占及寡占企業的股份，譬如微軟、Google、臉書、威訊、威士卡等，它們乾脆直接把錢匯進這些超級有錢人的銀行帳戶裡，還比較有效率！

儘管貧富不均的課題引人關注，但經濟學家檢視收入差距的標準做法，是看一個叫做吉尼係數的東西。這個指標可以顯示一個國家的所得實質分布與假使為完全平均分布的話，兩者之間的差異。它的數值範圍從零，也就是完全均等，到一，顯示所得完全不均等，也就是由一個家庭擁有全部所得的狀況。綜觀全球，我們已經看到在新興市場國家、美國、英國及澳洲的所得不均，呈現穩定上升的趨勢。歐洲則主要因為高稅率和政府對貧困家庭的移轉性支付之故，所以所得不均的上升幅度比較小。[7]高稅率可以緩和症狀，但是並未解決問題（見圖10.3）。[8]

無怪乎美國的不均等過去三十年來有極大增長。所得分布的極端值大多可清楚反映在執行長的驚人高薪上。在美國，執行長的薪酬已經高到爆表。從一九七八到二〇一三年，經過通膨調整後的執行長薪酬已經提高九三七%。相較之下，同時期一般勞工的所得成長只有少得可憐的一〇%。若要對此一變化有通透的認識，讓我們來看看，一九七八年執行長對勞工的薪資比是三十三比一，到了二〇一四年，這個比率成長到三百零三比一。[10]相較於一般勞工，以企業高管獲得的超高額報酬來看，美國是一個大異數。對英國的執行長們，這個比率是二十二；在法國是十五；而在德國則是十二。[11]不管怎麼看，美國的執行長們領的錢實在超出太多了（見圖10.4）。

你可能會想，既然一般勞工和執行長們的薪酬有如此大的差距，顯見經理人是公司裡的超級明星，而勞工的表現不佳。可是情況幾乎不是這樣。儘管有很多經營高層登上《財星》或《富比士》的封面，拿走公司股票表現的所有功勞，但過去數十年來，勞工生產力是穩定上升的。遺憾的是，員工的收入並沒有跟著生產力同步增加。勞工正在以較少的勞力生產較多的商品，公司正在賺取更高的利潤，可是好處並沒有跟勞工共享。請留意圖10.5，自一九五〇年代以來，生產力成長呈直線上升，可是從一九八〇年以來，時薪沒有提高太多。這段落差的錢並沒有憑空消失，而

圖10.3 不均等正在上升：挑選出來的吉尼係數

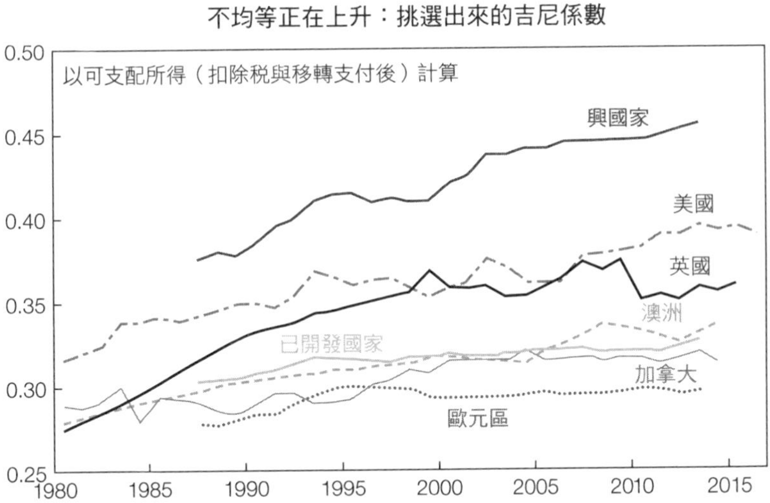

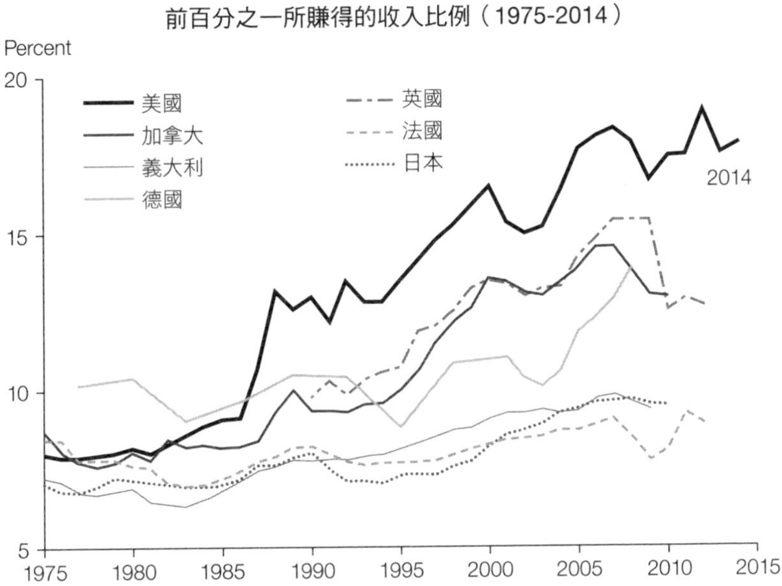

註：所有國家的數據均不含資本利得。

資料來源：Dr. Shane Oliver and AMP Capital.[9]

資料來源：http://www.presidency.ucsb.edu/economic_reports/2016.pdf.

圖10.4 執行長對勞工的薪酬比升高中（1965-2014）

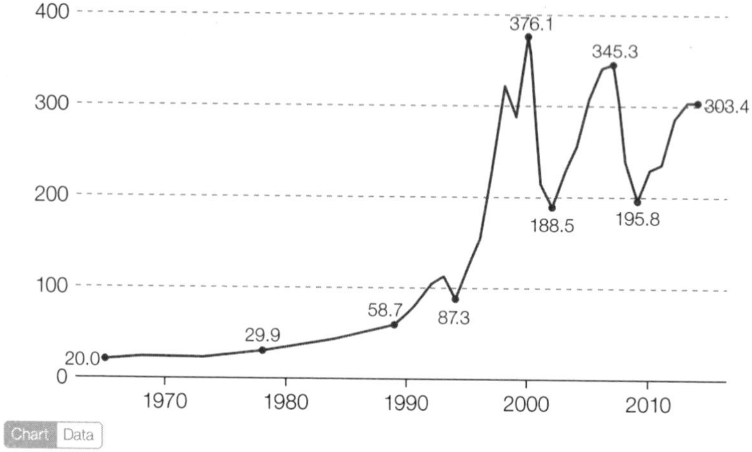

註：執行長的實質薪酬是用「已實現選擇權」的各項薪酬來計算，包括美國營業額前三百五十大企業執行長的薪水、紅利、限制性股票配股、已行使之選擇權，和長期獎金在內。

資料來源：華府智庫經濟政策研究院。

是出現在別的地方。

有些經濟學家認為，工資與生產力的缺口是一種錯覺，大部分可以解釋，譬如年終獎金沒有被納入時薪計算，而讓勞工受益的健保成本不會出現在薪資單上，還有股票選擇權也看不到。不過，這些解釋都可以不予理會。健保費、獎金與選擇權對公司來說是一種實質花費，如果公司是以成本而非工資的方式來承擔這筆花費，那麼它會表現在公司的獲利率上。若此事為真，那麼公司獲利率不會創下歷史新高，但獲利率確實破紀錄了。又如果工資與生產力之間的分歧擴大是真的，這個差異應該會清楚呈現在公司利潤上，也確實如此：利潤已經

圖10.5　勞工支薪並沒有跟上勞工的生產力

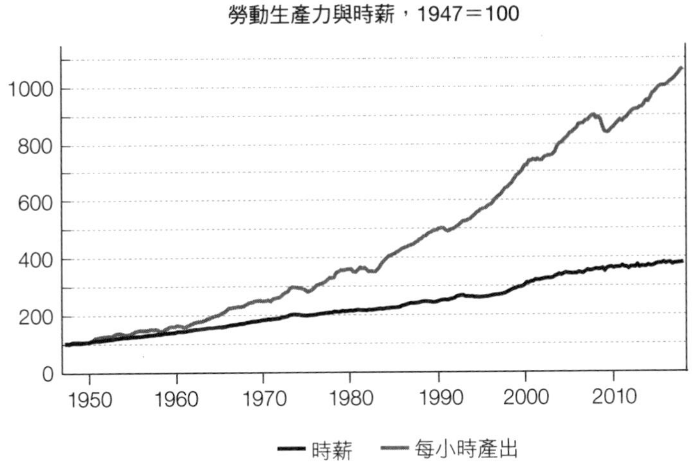

資料來源：Variant Perception.

飆高，工資卻停滯不前（見圖10.6）。

公司分走的經濟大餅比以往都大。企業利潤占國內生產毛額的比重接近歷史高點，勞工收入占國內生產毛額比重則接近歷史低點。從圖10.6你可以看到，這張圖表的形狀就像一隻大鱷魚的顎。（企業利潤會隨著經濟的衰退與擴張而自然起落，所以你必須看長期趨勢，而非短期高低。）分歧從一九八〇年代初期開始出現，當時企業利潤呈現規律的漲落，勞工薪酬則崩跌。只有在網際網路泡沫的巔峰時期，勞動市場供不應求，工資才會上漲。二〇〇一年中國開放市場並加入世界貿易組織之後，企業利潤更高的趨勢加速上揚。美國勞工發現他們必須跟加入全球勞動力池的數億名勞工競爭，值此同時，歐洲的勞工則發現他們必須跟剛剛獲得自由的

圖10.6　公司利潤與員工薪酬

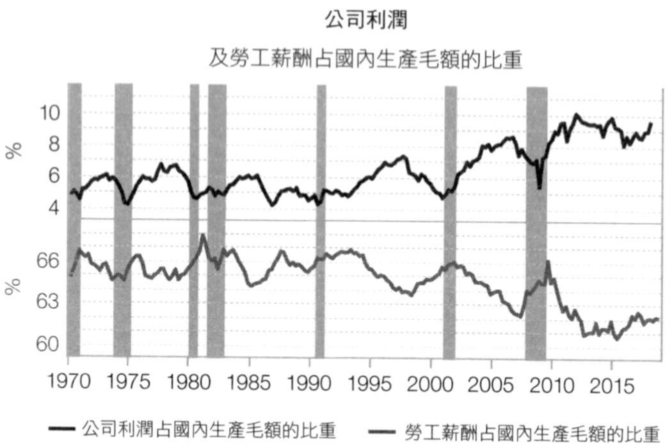

資料來源：Variant Perception.

東歐勞工競爭。企業已經取得市場力量，勞工如今卻必須面對一個全球化的世界。

企業獲利的走勢對經濟學家及投資策略分析師來說是一個謎。知名投資人傑瑞米・葛拉漢（Jeremy Grantham）曾經指出：「在金融領域，利潤是最具有均數回歸特性的數列了。如果獲利沒有回歸均值，那麼資本主義已經有什麼地方不對勁了。」

有些地方確實錯得非常離譜。在一個競爭市場裡，如果某家公司賺大錢，其他公司會受到高獲利的前景刺激而進入產業競爭。由於有更多競爭者相互爭鬥，最後獲利會下降。假使企業利潤沒有回到歷史均值，那麼資本主義是有地方嚴重失靈了。

產業集中化程度升高，是利潤沒有回到長期均值的一個強有力的理由，也能有效說明企業與勞工間的失衡現象。很多產業的勞工可選擇的雇主變少，而當產業屬於獨占或寡占型態，它們相對於勞工所擁有的市場力量是更顯著的。

一個產業的玩家數量多寡與企業利潤高低有著高度且直接的相關性。競爭者寡，公司便能擁有顯著的市場力量去提高價格，降低工資。誠如古斯塔沃．格魯隆在他對美國產業的研究中提到的，這些走勢明確無誤，「證據相當清楚，顯示產業集中度的變化和利潤率的變化有相關性，而過去二十年來，股東的財富已經有所增長。」[12]

讓我們回頭看看皮凱提的所得圖表，不過這一次，把注意力放在政府何時嚴懲獨占與寡占企業，何時又袖手旁觀。在這張圖表裡有兩個關鍵日期。直到一九三〇年代末期，反托拉斯法雖然已經就緒但沒有徹底落實。一九三七至一九三八年間，羅斯福總統開始強力執行，管制機關把大多數會提高市占率的合併案打回票。到一九八〇年代初期，情勢有所改觀，政府不再執行反托拉斯法，而美國私人企業也開始掀起連番合併潮。每一次經濟榮景都帶給企業更大的市場力量，也難怪所得不均從一九八〇年代開始再度上揚。當市場經過合併潮後變得更加集中，所得不均就會加劇。當反托拉斯法得以強力執行時，所得不均就會趨緩（見圖10.7）。

經過雷根總統主政下的反托拉斯革命，不均等現象開始加劇。芝加哥大學經濟學家山姆．佩茲曼（**Sam Peltzman**）發現，集中化程度過去幾十年來並無變化，卻在併購政策改變的同時開始上升。反托拉斯政策改變後的整個期間，集中度已有穩定增長。他提到，這種增長在消費品產業

圖10.7 美國所得不均與反托拉斯執法

資料來源：Einer Elhauge, "Horizontal Shareholding," *Harvard Law* Review 129, no. 5 (March 2016).

尤其明顯。[13]

從數十篇近期學術研究來看，產業高度集中化對不均等的作用如今變得顯而易見。二〇一五年，貝克和薩洛普發現：「市場力量有助於不均等的發展與存續。」[14]

不均等不只來自低工資，也來自人們日常生活中被收取的過路費。消費者只要一花錢，就是在付出一筆小額過路費，把薪水一點一滴移轉給賣方。商品與服務的獨占企業把多數人的可支配所得轉換成它們的資本利得、股息和高階經理人的薪酬。

遍及美國數個重要產業的證據顯示，過度的市場力量使公司得以將消費者物價提高到競爭水準以上，同時降低給供應商的支出。

財富的移轉是龐大的。一份由卡恩和瓦希森所做的研究，概述集中化產業到底如何導致不均等。他們指出，隨處可見的獨占與寡占力量所導致的總財富移轉效應，每年可能至少有上千億美元。[15]

如果產業裡有少數幾家主導廠商，那麼他們應該有能力收取比商品製造成本高出許多的要價。這正是我們發現的情況。兩位經濟學家普林斯頓大學的洛克和倫敦大學學院的艾克霍特發現，自從一九八〇年代初期反托拉斯法有所改變以來，平均加成已經急速飆高，加成的定義是商品售價高出製造成本的部分。一九八〇年的平均加成是一八%，可是到了二〇一四年，這個數字接近七〇%。較高的加成意指經濟學家所提到的「市場力量」增強，而這正是產業更加高度集中化的結果。

加成這個字眼也許聽起來很術語，不過你在日常生活中天天都會看到它。最好的例子就是奢侈品，手提包只要印上對的商標，就可以讓這塊皮革以高出製造成本許多的價格售出。你付出去的錢，有部分是拿來買地位與關聯性。不過，真正的奢侈品往往也是手工製的，品質精良而且稀有。從這個基本原理來看，在手機服務、眼鏡或健康照護上支付加成就說不過去了。

高額加成在不均等的辯論中占有舉足輕重的地位，因為它們和勞工的低工資密切相關。德洛克和克霍特指出，加成幾乎可以完全用來解釋低工資的存在。[16]他們最早的研究聚焦於美國，可是後來擴大分析範圍，發現幾乎整個已開發世界都適用。當公司可以壓榨勞工，就會有更多的經濟大餅流向企業，更少流向勞工（見圖10.8）。他們注意到：「北美和歐洲的加成增加最多，拉丁美洲和亞洲的新興經濟體則增加最少。」[17]

加成在其他已開發國家所發揮的作用類似，較高的加成會導致較高的所得不均。西恩・艾尼斯（Sean Ennis）、佩德羅・貢札加（Pedro Gonzaga）和克里斯・派克（Chris Pike）檢視加成的變化和最富有者與最貧窮者的所得變異，證明加成的存在「使最窮的二〇%的人，所得減少一四%到一九%之間」。[18]他們的結論是，有鑑於加成有利於富人且傷害了窮人，競爭也許有助於減少經濟不均等。國際貨幣基金的近期研究也證實這一點。他們指出：「在先進經濟

圖10.8　較高的加成導致較低的工資

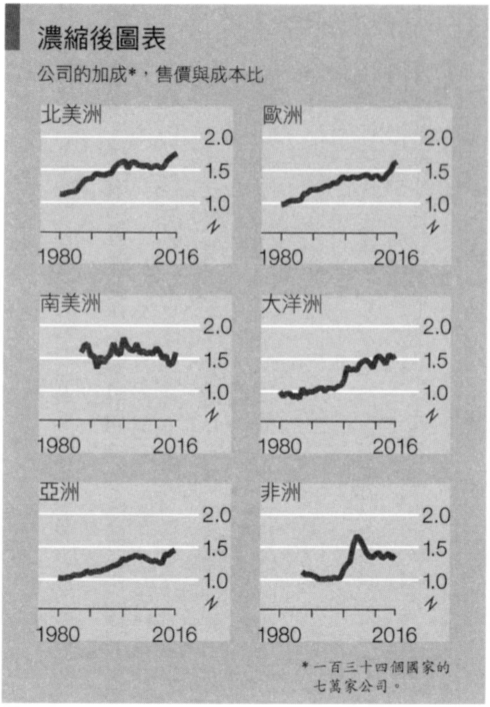

資料來源：《經濟學人》。

體，自一九八〇年以來，加成已經上揚了平均三九％。這個上揚是廣泛遍及各個產業與國家的，而且是由每個經濟部門裡加成最高的企業所驅動的。」

趨勢朝著更少數、更大型企業的方向發展，正在使得待遇豐厚的少數頂層與看著工資死氣沉沉的多數底層之間產生嫌隙。經濟學家奧托和同僚在一篇近期論文裡推斷，有著高利潤與少量員工的「超級明星」公司崛起，已經助長了所得不均的惡化。[19]

經濟不均的程度升高並非資本主義的固有特徵。貧富差距之所以擴大，是因為競爭減少之故，而這又是產業集中化和對不復存在的反托拉斯執法態度輕忽所造成的。這對新公司的創立與競爭能力、勞工獲取較高工資的能力，和消費者取得便宜商品的能力都造成巨大的影響。

既然皮凱提的診斷錯誤，他的超高所得稅率與課徵富人稅的解方也就並不合適。它好比建議癌症病患服用鴉片類藥物，也許可以使痛覺遲緩，但是無法對症下藥，根除病因。

適當的解方並非較高的稅率或是政府治理的成長，而是更多的競爭與更多的資本主義，而非更少。

經濟不均等是一個可以用反托拉斯和更大的競爭來修復的故障。

正確的解答是更強力執行反托拉斯法。政府的反托拉斯執法政策不應把所得不均當成一個明確目標。不均等本身不是壞事。建立企業的創新者將能獲得他們努力工作的好處。不過，有愈來愈大部分的不均等來自地盤穩固的獨占企業，把財富從消費者和供應商處不正當的移轉給權力高

圖10.9 自一九八〇年代以來，先進經濟體的加成已經上揚

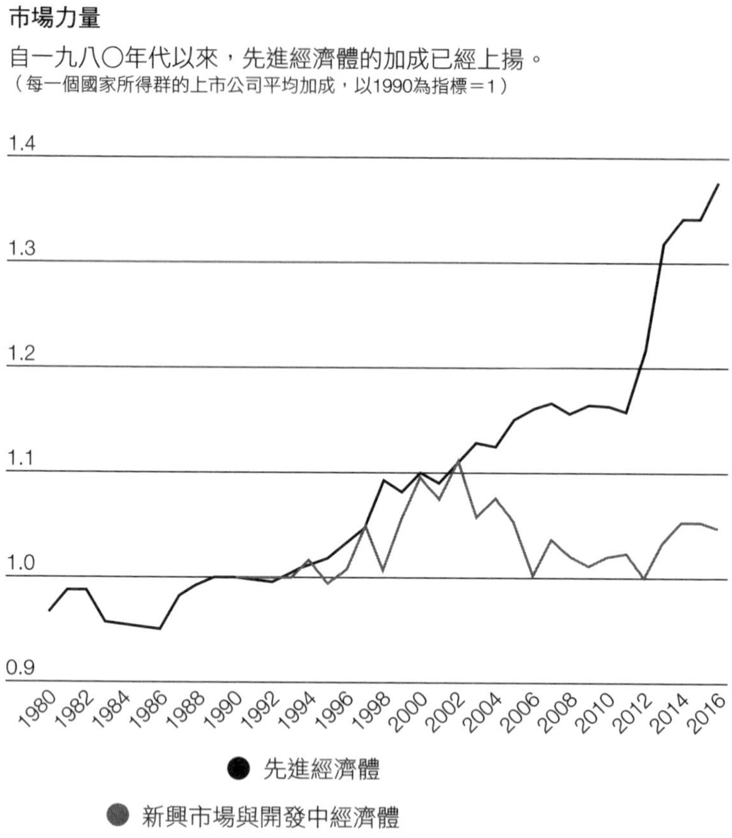

資料來源：國際貨幣基金。

漲的獨占股東。不公不義的不均等，是反托拉斯執法鬆散的副作用。修復產業集中化程度，將能減少不均等。重新將競爭引進市場，將能使美國愈演愈烈的不均等趨緩。

工資無法隨著經濟成長和生產力而提升，正在導致一場信心危機，讓人害怕美國夢已死。相信所得向上流動性或白手起家的故事，是美國人樂觀主義的精髓所在，他們懷抱著孩子的生活水準會勝過父母的理念。根據「平等機會計畫」（Equality of Opportunity Project），過去半個世紀以來，孩子賺的錢比父母多的可能性，已經從九〇%下降到五〇%。回到一九七〇年，三十歲的人有九二%賺的錢比父母同年齡的時候多。到了二〇一〇年，三十歲的人只有五〇%的人能做到這一點。而再往前看，現在只有三分之一的美國人相信下一代會過得更好。[20]

對中產階級來說，進步已經是一場難圓的夢，儘管經濟有所增長，但中產階級的所得事實上是下降的；二〇一四年，中產階級家戶的中位數所得，比二〇〇〇年減少四%。[21]

執行長和員工之間，企業和勞工之間，這日益擴大的差距已經在美國創造出兩個經濟。橋水聯合（**Bridgewater Associates**）是世上最大的避險基金，其億萬富翁創辦人雷・達里歐（Ray Dalio）寫了一篇題為〈兩個經濟：頂層四〇%與底層六〇%〉（**The Two Economies: The Top 40% and the Bottom 60%**）的文章。他提出令人信服的主張，指出你若以為能分析或了解「這一個」經濟，會犯下嚴重的錯誤，是因為我們現在有兩個經濟。財富與所得水準在極頂層與極底層之間傾斜的如此厲害，以至於「平均」指標再無意義可言。如你在圖10.10中所見，前一%的人如今擁有

圖10.10 美國淨財富比重：前一%與後九〇%的比較

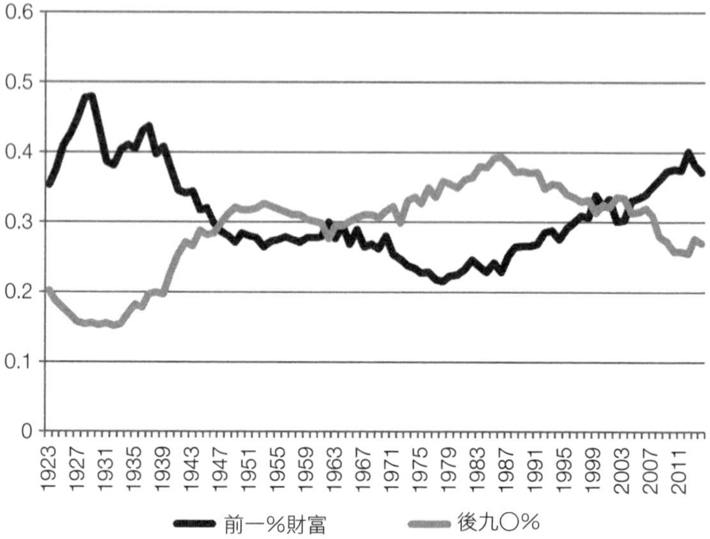

的美國財富和後面九〇%的人一樣多。上一次出現這個情況是在一九三〇年代，當時民粹主義在全世界各地風起雲湧，助長了第二次世界大戰。今天，我們正在目睹類似結果。

艾瑞克．賀佛爾（Eric Hoffer）在一九五一年寫下《群眾運動聖經》（*True Believer: Thoughts on the Nature of Mass Movements*），分析一九三〇年代的群眾運動，對於民粹運動如何開始提出一套解釋。如今，這本書的攸關性更勝以往。民粹運動各有不同面貌，不過，它們都能促發人民的力量，群起對抗某個特權菁英集團。根據橋水聯合的分析，如果你檢視第三勢力獲得的總票數，你會發現民粹主義已然風行，此刻正處於一九三〇年代後期以來的最高峰。

賀佛爾提到，革命往往不會由赤貧者掀起，而是因為經濟條件惡化所致。那些處在飢餓邊緣的人整天為了生存而掙扎，任何宏大的政治理念重要性都不及於此，所以不太可能是民粹運動的「真實信仰者」和追隨者。「新貧者」則最有可能皈依群眾運動。他們苦澀地懷想逝去的財富，把自己當前的不幸怪罪於他人。對於受圈地運動之苦的英國農民，和英國內戰（一六四一至一六五二年）前受到克倫威爾吸引的人而言，正是如此。一九三〇年代希特勒和納粹黨興起前，因戰爭與惡性通貨膨漲而失去財富的德國人，肯定也是這樣。今天，投給桑德斯、川普和英國脫歐的選票，正是「新貧者」在表達他們的不滿。他們覺得制度受到操縱，不利於他們，未來一片黯淡，不如以往光明。

歷史學家威爾．杜蘭（Will Durant）曾經提出警告，當不均等的情況過於惡化，社會將分崩離析。「文明始於秩序，因自由而成長，因混亂而滅亡。」他寫道，社會可能會發現自己分裂成有教養的少數和悲慘的多數。當多數日益壯大而且遭到拋棄，「這多數人的內在野蠻性，就是少數人掌控教育與經濟機會所要付出的部分代價。」

從許多方面來看，舊金山是美國經濟和富裕少數與被拋棄多數之間鴻溝擴大的縮影。這個城市異常繁榮，可是中產階級開始覺得自己像新貧階級。舊金山的經濟不均等在加州排名第一，城市裡前一％家庭的平均收入高達三百六十萬美元，是後面九九％家庭的四十四倍，後者的平均收入只有八萬一千零九十四美元。[22]

當矽谷的社群媒體和搜尋廣告獨占企業的利潤正在創下空前紀錄時，整體來說，灣區過去幾個月來則一直在裁員，使大多數勞工陷入就業成長嚴重趨緩的不安處境中。[23]住宅缺乏也令員工難以住得離辦公室近一點，很多人被迫長距離通勤。

過去幾年來，當地人已經在抗議不均等。Google和其他科技公司提供員工往來舊金山和往南約四十八公里的矽谷之間的交通車，正成為日益堅定的游擊式擾亂活動抗議的目標。[24]抗議者燒毀這些私人交通車的肖像，舉辦派對時，把它們當做沙包來砸毀。示威者群聚於舊金山國際機場和推特辦公室外，抗議「仕紳化」和不均等。

這些前震很容易被忽略，不過菁英階層已經開始感覺到了。去年，亞馬遜的其中一個早期投資人，屬於前〇．〇一%頂層的尼克．漢豪爾（Nick Hanauer）寫了一份公開備忘錄給「我的兆萬富翁夥伴們」。這篇文章取了一個適切的標題，叫做：「鐵耙子即將朝著……我們這些富豪而來」：

> 如果我們袖手旁觀，不去處理這觸目驚心的經濟不均等現象，鐵耙子將會朝著我們而來。沒有社會能容忍不平等如此這般不斷升高。事實上，人類歷史上還沒有過財富累積成這樣，而最後鐵耙子沒有打過來的例子。你提出一個高度不平等的社會，我就可以找到一個

警察國家或人民暴動的例子給你看。你找不到任何反例。一個都沒有。問題不在於會不會發生，而是什麼時候發生。[25]

漢豪爾並非認為革命無可避免，而是主張採取行動照顧底層的這九九%，才能改變未來的進程。

如果我們不能明辨因果，為日益升高的貧富不均問題找到解決方法，前方還有更大的地震等著我們。

本章重點

- 不均等上升是症狀，但不是疾病本身。
- 公司已經拿走的經濟大餅空前的多。
- 競爭者寡，使得公司擁有顯著的市場力量去提高價格，降低工資。
- 獨占與寡占企業所擁有的經濟力與政治力，已經完全使競爭環境傾斜，有利於優勢企業對抗員工。

結語　經濟自由與政治自由

經濟自由是政治自由的必要前提條件。

——米爾頓・傅利曼

我們必須做出選擇。我們可以擁有民主，或是我們可以讓財富集中在少數人手中，不過，我們無法兩者兼得。

——大法官路易斯・布蘭迪斯

第一次世界大戰期間，數十萬人死在戰壕裡，法國總理喬治・克里蒙梭（George Clemenceau）說：「戰爭如此重要，豈可留給諸將領自為之。」今天，資本主義如此重要，豈可留給經濟學家自為之。

縱貫本書，我們已經證明在很多產業裡，獨占企業正在壓榨勞工、阻礙供應商、提高價格、窒息經濟，並且俘虜立法機關與管制機關。若放任不管，這些公司是不會自己洗心革面的。他們歡迎更多的管制，認為這是大好機會，可為產業豎起更高的屏障。他們視看門狗和管制官員為政府指派的有力盟友。他們對反托拉斯法的威脅不以為意，因為他們已經透過自己聘請的經濟學家和律師，挾持了反托拉斯法。

既然公司不會改邪歸正，我們便須改變法律與管制。我們必須記住，反托拉斯法是由國會所頒布，由法院做出解釋。反托拉斯的決策與政策，不應該外包給經濟學家和企業豢養的假公正人士。法院的角色不是來決定經濟政策，而是執行立法機關所頒布的反托拉斯政策。

一個世紀以前，當老羅斯福總統力主公平交易並嚴管企業托拉斯時，他說：「我的意思是，我不只支持現行遊戲規則下的公平競爭，我更支持改變那些遊戲規則，以便讓同等優良的服務所獲得的機會與報酬，能有更為實質的公平對待。」

同樣地，我們必須革新遊戲規則。我們需要修改法律，制定新的反托拉斯法來服務人民。我們需要賦權給在地社區與勞工，而非遠在天邊的執行長和股東。我們需要改變日常生活態度，恢復市場力量的平衡。我們需要能改變遊戲規則的具體補救措施。

我們將在本章結語，提出正本清源的根本之道。

改革市場不能留給企業獨自面對。市場並非存在於社會和法治碰觸不到的真空當中。商業關心價格，法律關心價值。這些價值超越「效率」與「消費者福祉」。公民並非只有消費者這個單一面向，而同時是勞工、生產者、消費者和選民。

海耶克曾寫道：「就個人而言，我更寧願忍受一些這種無效率，也不要讓有組織的獨占企業控制了我的生活方式。」[1]

即便消費者福祉是唯一可接受的標準，就其本身而言也已經失敗了。獨占企業承諾效率與更低的價格，但什麼也沒給我們。值得記住班傑明・富蘭克林（Benjamin Franklin）所說的話：「任何放棄基本自由以換取一點短暫安全的人，既得不到自由，也得不到安全。」我們為了消費者福祉的承諾而放棄經濟自由，最後落得兩頭空。

我們已經迷失方向，不過，過去指引我們一條回頭路。獨占的挑戰可回溯數個世紀，我們不是第一個起身對抗的世代，在打擊特權階級、既得利益分子與獨占企業上，我們擁有悠久而強大的英美政治傳統。

一六三七年，約翰・李爾本（John Lilburne）因為印製未經英國出版同業工會（The Stationers Company）授權的書籍而被逮捕，遭到鞭笞、枷刑和用牛車拖行到西敏寺的懲罰。審判期間，他要求閱覽自己的起訴書，並和指控他的人面對面，他也拒絕認罪。他主張這些都是生而自由的英國人的天賦人權。李爾本的餘生都在為自己的理念奮戰，他啟發史上第一個群眾政治運動，也就是後來為人所知的「平等派」（Levellers）。

李爾本在一六四九年寫下第一個成文憲法，題為《人民公約》（An Agreement of the People of England）。他不僅在公約中臚列政府的權力，也納入一項權利法案來限制立法機關與行政機關的權力。李爾本《人民公約》裡的價值與理念成為美國憲法和權利法案的基礎，包括言論與宗教自由、政教分離原則、反對自證其罪的權利等。最高法院經常為了我們如今視為理所當然的權利，而援引李爾本為例。

更重要的是，李爾本不只倡導個人權利，也鼓吹自由貿易和終結獨占。李爾本的憲法裡有一項條款，聲明國會「不得以其權力去制定或延續任何法律，來限制或阻礙任何人到海外從事貿易或銷售，因本國允許自由交易。」[2]

平等派的一個重要傳承是關心保護個人不受集權壓迫。社會在他們眼中，並非分成勞工階級與有產階級，而是分成因獨占和政府施惠而得利的人和剩下的人民。李爾本和他的平等派夥伴將低工資歸咎於獨占企業與貿易限制，並且力主廢除惡習。[3]

英國內戰結束後，出版業仍然處於獨占狀態。李爾本再度被關入新門監獄（Newgate prison），他在獄中寫了一篇雄辯的文章，呼籲消滅「難以忍受的、不公不義的、專橫的獨占出版商」。李爾本抨擊由國家特許壟斷出版、傳道及國際貿易，侵犯了「英國所有自由人的共同權利」。他認為獨占企業置人民於「附庸的處境」，把他們貶抑為「奴隸」。[4]

終其一生，李爾本只要遇到挫敗，都會鼓勵他的追隨者。他寫道：「無論我們變得怎樣，都不必懷疑，後代子孫將享受我們努力的果實。」[5]

李爾本活著的時候沒能看到他的信念實現，不過我們對他深懷感激。他的理念成為美國公民生活的基石，而且已經輸出全世界。

平等派受到打壓，但他們的理念被散播到美國殖民地。許多平等派成為貴格會教友（Quakers），威廉．佩恩（William Penn）和他的追隨者把平等派的理想帶到賓州。一七七六年的賓州憲法，以權利宣言反對經濟力與政治力的集中化。「政府是，或者應當是為了人民、國家或社區的共同利益、保衛與安全而成立；不是為了任何單一個人、家庭或一群人的特定報酬或好處，後者只是群體的一部分。」[6]

美國人繼承了李爾本對獨占的憎恨，反對獨占與集權化的思路一路從李爾本沿襲到傑佛遜、傑克森、薛曼，綿延不絕。一七七六年馬里蘭州憲法宣告：「獨占是可憎的，違反自由政府精神的……我們不應受此所苦。」[7]當大陸會議發表脫離英國的《獨立宣言》時，他們跟李爾本一樣，是因為痛恨東印度公司的獨占。波士頓茶黨對該公司壟斷茶葉貿易做出回應。「切斷我們與世界各地的貿易；未經同意便向我們強行徵稅」，是他們反抗英國的眾多理由之一。詹姆斯．麥迪遜（James Madison）相信經濟權利，他在一篇文章裡提出告誡，反對「專斷的限制、豁免與獨占」。[8]

英國人和美國人反對的是基於政府特許的獨占企業。儘管今天許多獨占企業並非明確基於政府許可，但政府助其一臂之力的痕跡處處可見：核准助長有效獨占的合併案，為大企業無止境地延長專利權和著作權，還有制定友好獨占企業的管制屏障，將競爭者屏除於外。

當我們檢視歷史的弧線，會發現《薛曼法案》和《克萊頓法》不過是反對經濟力集中化的墊腳石。在「美國訴塔波可」（*United States v. Topco Associates*）一案的判決中，法官瑟古德·馬歇爾（Thurgood Marshall）如此有力的寫道：

> 一般泛指的反托拉斯法律，尤其是《薛曼法案》，是自由企業的大憲章。它們之於維護經濟自由及我們的自由企業制度的重要性，相當於人權憲章之於保護我們的基本個人權利。而這自由保障每一個企業，無論規模有多麼小，都能以活力、想像力、奉獻精神、獨創性等其所能集合的經濟實力，來堅決投入競爭。

反托拉斯並非隔絕於遙遠的過去而存在。

反對獨占企業，不僅關乎經濟和厭惡獨占企業可能索取更高的價格。從左派到右派的人物皆已提出警告，認為問題出在經濟力的集中化和缺乏經濟自由。他們告誡我們，沒有經濟自由，就不會有政治自由，而權力集中化腐蝕了兩者。

以左派來看，後來成為最高法院大法官的社會改革家路易斯·布蘭迪斯（Louis Brandeis）便積極支持為了經濟自由而戰。「民主是什麼？」布蘭迪斯在一九一二年曾說：「不只是政治和宗教自由，同時也是工業自由。」

布蘭迪斯寫了一本名為《大企業的詛咒》（*The Curse of Bigness*），對反托拉斯的重新關注也被稱為新布蘭迪斯運動。不過，反對獨占其實有著更深遠的源頭，和獨占的爭鬥並不始於布蘭迪斯，也不終於布蘭迪斯。反獨占的理由和「大」的關係不深，而完全是為了分散經濟力與政治力。[9]

擁護自由市場的首要人物傅利曼呼應布蘭迪斯，認為經濟自由和政治自由密不可分。他寫道：「經濟自由是政治自由的必要前提條件。只要讓人們在不受中央強制指揮下相互合作，被政治力波及的範圍就能縮小。」支持自由市場的主要原因並非更低的價格或消費者福祉，而是為了強化民主自由。「而且，透過分散權力，自由市場可以對任何可能的政治權力集中化的升高，發揮抵銷作用。一手掌握政治力與經濟力，是專制暴政的當然手段。」這真是個極大的歷史反諷，傅利曼的徒眾竭盡所能的使權力集中化，他們成就了一個私人暴政。

布蘭迪斯和傅利曼很幸運能在美國生活與工作，歐洲經濟學家對集中化的危險，便有著更為敏銳的看法。秩序自由主義者目睹大型托拉斯如何資助希特勒崛起。海耶克曾寫道：「唯有讓生產工具的控制權，分散在許多各自獨立運作的人手中，沒有人能擁有絕對的權力，身為個體的我們才能為自己做決定。」他接著警告：「如果所有的生產工具都被人一手掌控，不管是掌握在名義上的整體『社會』或掌握在某個獨裁者手中，擁有控制權的人就能對我們施加絕對的權力。」[10]

第二次世界大戰後，美國將其傳統輸出到歐洲，由秩序自由主義者加以發揚光大。《波茨坦條約》簽訂後的那一年，在美國對德國經濟的報告裡，有一段如此強而有力的陳述：

德國人民必須學到，民主式經濟是最有利於個人全面發展的環境……我們必須說服德國人相信，在政治上，將權力無可挽回地授予某個獨裁者或威權政體，是不牢靠的。同樣地，我們必須說服他們相信，在經濟上，允許某個私人企業對經濟其他部分取得專制權力，也是不牢靠的。

德國的重建無關效率或消費者福祉，而是攸關德國人民在政治與經濟上的全面重建。德國人沒有只被看成是消費者，而是擁有經濟生活與公民生活的完整個體。

在伯克發起的反托拉斯革命以前，最高法院承認「效率」並非反托拉斯法的唯一目標。首席大法官厄爾．華倫（Earl Warren）寫道：「國會認同為了維護零散型產業與市場，而非經常性地導致較高的成本與價格，它從有利於分散化的方向解決這些互為對立的考慮。」[11]

實際上，對大多數人來說，經濟自由的重要性遠勝過政治自由。大眾透過選舉制度，每隔幾年投一次票，可是在經濟民主裡，大家每天都可以用他們的消費選擇來投票，往往一天投好幾次。儘管這樣的自由在理論上很吸引人，可是在現實中，大多數人對於生活中許多必要的經濟決定，並沒有選擇權。獨占企業實際上就是一種經濟暴政。

如果我們想要革新資本主義，避免經濟權力集中化，便須回歸資本主義與反托拉斯的本來面目。我們必須讓正在消失的競爭重現生機，護送新進者進入市場，而且我們必須終結腐化政治的管制俘虜。

不喜歡改變的人會反對反托拉斯法進行任何有感的改革。獨占企業和他們的同夥會譴責國家干預是法西斯悄悄復辟，高嚷著政府在扭曲自由市場。保守派和真正的資本主義者必須記住，根深蒂固的獨占和寡占企業並非自由市場資本主義的勝利，而是墮落。公開競爭是自由市場的精髓，而競爭需要合理的管制。政府採取的行動並非都是在侵犯個人自由，反而是累贅的管制扼殺了經濟自由，重點在於找到適當的平衡。

我們若不選擇革新，就會被迫革命。革新是最保守的做法了。《對法國大革命的反思》（*Reflections on the Revolution in France*）是保守主義的創始文本之一，作者艾德蒙·伯克（Edmund Burke）承認，法國君主制的改革失敗種下革命的種子。法國的王權未能明白，若要自我保全，便須與時俱進。沒有革新，就沒有保存可言。

一百年前，當老羅斯福總統在對抗托拉斯時，曾說：「積極的改變是避免毀滅性改變的最好方法，革新是革命的解毒劑……社會改革並非社會主義的前兆，而是社會主義的預防措施。」老羅斯福總統一再強調，他不是反對公司，而是反對獨占及濫用權力。他跟伯克一樣提醒他的聽眾，革命是革新不成的結果。「那些反對革新的人最好記住，如果我們的國民生活帶給我們的，不過是讓少數人得到過多財富，把政治與商業的巨大成就奉送給卑鄙自私物質主義者，那麼最糟的毀滅將無可避免。」[12]

如果理想主義還不足以革新，而政治上的自利是絆腳石的話，那麼值得看看迪斯雷利的例子。

一八七〇年代，保守派首相迪斯雷利便面臨高度所得不均、快速工業化和現代企業的成長。他本可抗拒改革，但是他選擇擁抱之。迪斯雷利在擔任首相期間通過前進的法案，使得首位工黨議員亞歷山大．麥克唐納（Alexander Macdonald）做此結論：「保守派政黨在五年內為勞工階級做的事情，勝過自由派做五十年。」

迪斯雷利和保守派通過里程碑法案，改善勞工的生活。他們通過《工匠住宅法》（Artisans Dwellings Act），清除髒亂的貧民窟，興建公共住宅。他們通過《僱主與勞工法》（Employers and Workmen Act），使工會罷工合法化，並經由《工廠法》（Factory Act）立法限制婦女與兒童的工作時數。

迪斯雷利因此大受選民愛戴。他擔任兩屆首相，他的主政是保守派命運的里程碑，所推出的內政措施爭取到更廣大都市中低階層的歡迎。也難怪保守派會在一八八六到一九〇六年間主宰英國政治。

反托拉斯改革的奮戰也許辛苦，但這是革新經濟的正確道路。真正的資本主義是行得通的，因為它給了我們自由。它拓展可能性的極限，讓人人都能過得更好。它獎勵勤勞、創新與獨創性。它獎勵冒險與發明創造。

資本主義的歷史並非沒有污點，但它是我們擁有的最好制度。今天，一般人能享受到的舒適與自由遠勝過摩根和洛克斐勒。在那個年代，他們之所以能過得像帝王一般，是因為他們是第一批有電力可用的人。如今，我們把電力、電話、收音機、電視、影片、數位音樂和航空旅行視為理所當然。凡此種種，都是發明家和資助並加以普及的資本家努力的果實。

沒有競爭的資本主義和創新是遲滯的。當獨占控制了海上貿易、無線電波、有線電話、電纜系統、銀行、信評機構或電腦作業系統等市場，它們就已經掐住了創新與創意的咽喉。當健康競爭的資本主義一片欣欣向榮，才是人類精神吹響勝利號角的時刻。

改革的指導原則是什麼？鞏固經濟社會的價值應該是什麼？我們面臨的問題，有什麼樣的解決方法呢？

我們沒有全部的答案，僅在此闡述一些重要原則，並基於這些原則提出革新建言。我們希望這些原則應該都能同獲左右兩派的認同，也希望這套建言能成為國會進行改革的具體藍圖。

改革的原則

沒有競爭的資本主義就不是資本主義。資本主義並非僅止於追求資本的高報酬。投資人已經創造了獨占企業來強取更高的資本報酬，苦果則由市場和社會來承受。

效率極大化並非資本主義不可或缺的作用。資本主義的天賦是為公司、消費者及勞工創造價值。今天我們的生活比起一個世紀以前好得太多太多，不是因為我們對二十世紀經濟資源做更有效率的配置之故，創新和解決人類問題才是進步的驅力，而這都是從競爭而來。

獨占（不是大企業）是競爭的敵人。數大既不美也不醜。很多企業確實受益於經濟規模，可是幾乎不管任何情況，獨占對市場、勞工、競爭者、消費者和社會都是壞事。自然獨占才能運作的產業為數有限，而且應該為了服務公眾利益而接受管制。

競爭是資本主要的關鍵元素，因為它有助於經濟權力與政治權力的普及化。經濟自由是政治自由的前提條件。今天的獨占企業也許是仁慈的獨裁者，但獨裁就是獨裁。以歷史為鑑，我們寧願蒙受民主的無效率之害，也不願安逸於經濟與政治暴政下的效率。

市場必須維繫競爭程度，並且對新進者敞開大門。消除不必要的進入障礙，是維持競爭的唯一方法。政府的一個角色是積極執行反托拉斯法，確保政府管制不是在服務獨占企業。強力執行反托拉斯法，只是解決方法的其中一環而已。

資本主義必須支持機會均等，而非結果均等。反獨占的努力並非意在弱化競爭，或是為無法在競爭環境中存活的企業護航。其唯一的目標是確保一個能促進競爭、創新與成長的公平競技場。

資本主義無法獨立於政府和社會而存在。市場在社會與政府所制定的遊戲規則下運行。無論是基於普通法之下的契約，或是經由立法機關制定的法規，唯有規則清楚，市場才能有效發揮作用。沒有法治，就不會有不受拘束的自由市場。

解方與療法

反獨占與合併

大幅實質減少競爭者數量的合併案應加以阻止。今天，合併的執法已經死亡。有超過九成的合併案成立，幾乎不曾有提出異議的反托拉斯決策出現。公司應該是有機的成長，任何人為提高某家主導廠商市占率的合併案應該被禁止。

否決合併案的標準應該基於簡單清楚的原則。最簡單的經驗法則是如果產業裡的玩家數量少於六，便不應允許合併。你甚至可以把這個原則印在明信片背面，送給民意代表。這個原則也可以用一句話簡單的講給經濟學家聽：前四大廠商集中度比率超過六六%或赫氏指數（Herfindahl Hirschman Index, HHI）高於一千六百六十六的產業，不應允許合併。

今天，司法部和聯邦交易委員會認為赫式指數在一千五百至二千五百之間的市場屬於中度集中化，而超過二千五百的產業是高度集中化。避免產業集中化，並且在它們已經高度集中化以前便對合併案有所限制，是很重要的。

產業內至少有六家廠商的規則既清楚又容易實施。沒有清楚的標準，擁有龐大資源的企業會聘請經濟學家拿著理論模型，以效率和消費者福祉當理由，來為甚至是完全獨占的企業辯護。這種偏頗的矯飾託辭有違公眾利益。

過去造成競爭下降的合併案應予撤銷。除非我們修正過去的錯誤，否則市場無法修復。過去幾十年核准通過的合併案，已經創造出獨占企業，削弱競爭。在二十世紀當法院拆解托拉斯時，世界末日並沒有到來，社會卻受益了，而就跟標準石油的發現一樣，即便是股東一般來說也有得到好處。今天，任何經過合併而高度集中化的產業，都應該撤銷合併，加以拆解。

反托拉斯領域不能獨獨交給經濟學家掌控。反托拉斯領域已經背離初衷太遠，而完全被經濟學家一手掌控。經濟學不是一門科學，也沒有足夠能力去回答我們想要提倡什麼價值，或我們想要如何管理我們的社會。不是每個經濟學的理論或潮流都是對的，我們不應該把經濟託付給做決定不用承擔後果的御用學者。

反獨占的意義遠大於反托拉斯。競爭政策與反托拉斯法是對抗獨占的主要方法，但不是唯一方法，必須制定配套的法律與法規去阻止主導企業妨礙新廠商進入。

垂直整合必須面對重大屏障。在中度或高度集中化產業，應防止主導廠商所進行的垂直整合。

地方性獨占企業應被拆解。不應容許大型企業瓜分市場，劃定勢力範圍。比方說，《麥卡倫佛格森法》（McCarran Ferguson Act）規定保險業可豁免適用反托拉斯法，而享有獨占地位之當地州政府法規管制。同樣地，機場軸輻模式（Hub-and-Spoke Model）也創造出航空業的地方性獨占與寡占企業。應強制航空公司放棄航線，恢復競爭。

產業不應豁免於反托拉斯法的監督。工會已經特別豁免適用反托拉斯法，這是因為集體談判並不代表是貿易障礙。不過，這些年來已經有很多產業被豁免不受反托拉斯法監督，譬如保險業。不必要的例外會限制競爭，也違背了反托拉斯法的精神。

反托拉斯機構應該有更大的透明度。應強制他們報告自己的工作，說明為何決定不對當季的合併案提起反對之訴；並應強制他們每年提出報告，揭露他們所做的錯誤分析，並且逆轉先前通過的合併案。

制定新的法律，懲罰高度集中化產業裡的企業所做的掠奪式訂價。美國需要新的法律，使政府得以懲罰從事掠奪性訂價的廠商。掠奪性訂價往往發生在獨占企業提高消費者物價時，不過，它也會發生在獨占企業為了防止新進入者，而有一段時間把價格訂得低於成本。就跟反托拉斯法一樣，現行的法律並未落實或甚至沒有執法過。

反托拉斯審判應加速進行。法律之所以無法落實，部分原因在於個別訴訟案，譬如司法部起訴微軟案，歷時長達十年，而且耗費執法機構太多資源。在一九七四年以前的規定，是允許地方法院的反托拉斯判決上訴高等法院，可跳過上訴審查及自動上訴。我們必須減少頻繁的上訴。

管制法規

管制法規應服務社會，而非幫獨占企業豎立進入障礙。並不是每一個政府管制措施都會侵犯自由。在防治污染上，管制就扮演重要的角色，保障我們的安全與健康，促進共同的利益。制定規則時應有所校正，避免扼殺了小公司。

管制法規應以原則而非複雜的行政規則為基礎。簡單的原則有助於遵循法律精神，而複雜的管制法規有助於遵循法律條文，卻違背法律精神。複雜的規則會成為新進入者的沉重負擔，阻礙了競爭。舉例來說，《格拉斯—史蒂格爾法案》（Glass-Steagal Act）只有三十五頁，但過去七十年來對美國極有助益。《陶德法蘭克法案》超過二千二百頁，但已經扼殺了新創立的銀行。

管制俘虜和旋轉門是應該不計代價也要避免的邪惡。獨占者讓業界人士經由旋轉門往來任職於政府機構和業界之間，永無止境，藉以影響管制法規。應制定規則禁止產業與政府之間的人員移動，也應限制立法機關和高階官員代表公司進行遊說的能力。

應為販售第三方服務的網際網路平台建立公共運輸規則。公共運輸規則要求承運人公平透明的對待消費者。科技公司若擁有獨占地位，必須以公平、合理、非歧視的條件供所有競爭者連接其服務。若無公共運輸，具有主導性的交通或物流業者可以決定以多少成本、多快的速度去運送什麼包裹，對客戶採取歧視做法。公共運輸規則能保護競爭者享有公平機會。[13]

建立規則以降低轉換成本，減少顧客被鎖定的現象。減少或去除轉換成本的規則，能經由消滅進入障礙來促進競爭。比方說，「門號可攜」規則使得用戶可以帶著門號轉換到另外一家電信商，有助於更低的價格與競爭。

專利權與著作權

為了促進競爭，只能授予專利權與著作權一段限定期間，且不能展延。創新與創意必須得到獎勵，但是只能享有一段限定期間。即便是經由官僚體制與管制法規展延專利的壽命，就是在授予私人獨占地位，致使競爭已死。

一旦專利到期，便須鼓勵競爭。就算專利到期，也會因為管制法規、官僚及法律禁令使得許多病患就算並非不可能，也是很難取得便宜又有競爭性的學名藥。必須更快核准學名藥，並且允許從加拿大及歐洲進口學名藥，以促進競爭。

國會應該對濫用專利的領域撤除其專利保護。有將近半數的專利都是軟體及商業模式之類的東西，已經遭到「專利流氓」的濫用，以哄抬生產者與消費者的成本。

股東

員工應該配股，使勞工成為資本的擁有者。勞工與資本之間的鴻溝，有大部分肇因於絕大多數美國人並未在公司擁有任何數量足夠的股份。除非經濟的果實與勞工分享，否則市場帶來的好處只會流向執行長、經理人和非常富有的人。應透過立法與管制來鼓勵員工分股計畫。

不應准許水平持股。同一產業不應有任何股東可以買下競爭對手超過五%的股份。投資人買下某個產業內大多數主要企業的股份，唯一可能的理由就是要誘導他們共謀或合併（這項規則應該將被動投資的指數基金除外）。

應嚴格限制股份回購。如果執行長的薪酬與股價掛鉤的話，公司不得在公開市場買回自己的股份，驅使股價上揚。股票回購應該只能透過一家有組織的投標者來進行。內部人不得在股份回購後九十天內賣出股份。如果企業提撥的退休金不足的話，不得買回自己的股份。公司已經利用回購股份的方式，在內部人出脫持股的時候哄抬股價。

經理人因股票選擇權所取得之股票，應強制持有至少一年。股票選擇權膨脹了公司的獎酬，引誘人執著於短期的股價，而不重視公司的長期投資。

最後，你可以做什麼……

讀到本書末了，表示你深深關切經濟與政治。你想對問題與解決方法有更多了解。修復資本主義不能完全只靠國會和法官們，也需要你和其他無數的人的力量。

花錢的時候，盡可能選擇遠離主要廠商或獨占企業。如果你買的是當地高速網際網路、保險或甚至機票時，有時候你並沒有選擇。不過，碰到有選擇的時候，請選擇小蝦米，不要選擇大鯨魚。你還可以跟你喜歡的當地好商家做生意。在資本主義的世界，天天都是投票日，你一定要用你的錢包投下神聖的一票。

避開網路巨擘；記得，如果他們提供免費服務，你跟你的隱私就是商品。研究顯示把時間花在臉書和社群網路上，會讓你過得很悲慘。享受生活，你會更快樂。Google做了很多了不起的事，可是除了Gmail之外還有其他的郵件服務，也有別的搜尋引擎如Bing和DuckDuckGo可供選擇。你甚至可能想要去訂閱一份報紙或支持新聞業。

積極參與政治，敦促你的民意代表及議員們復原競爭。改革市場的議題不分左派右派，而是人類為了獲得更多自由、促進更健康的經濟，而須面臨的課題。如果你傾向左派，有競爭性的市場有助於減少不公不義。如果你傾向右派，恢復競爭能活化創業活動。

如果你喜歡這本書，買一本送給朋友。除非有更多人意識到資本主義已經衰弱不振，競爭正在邁向死亡，否則永無有革新之日。

致謝

強納森・坦伯：

我要在此感謝朋友們提供看法及讀後感。Ziv Gil、Turi Munthe、Roy Bahat、James Mumford、Patrick Gray、Alex Burghart、Warwick Sabin、Adeel Qalbani、Keir McGuinness及Cullen Taniguchi提供許多想法，鞭策我完成本書。我的父親Elliott Tepper以無止境的耐心閱讀初稿，而且把研究文獻寄給我看。Ziv Gil、Danny Tocatly和Zvi Limon和藹的鼓勵我，提供我一間辦公室，讓我在特拉維夫市也能寫作。無數的學者完成有關競爭、產業集中化和反托拉斯的廣泛研究，沒有他們，就不可能有這本書。他們都列在附註中，也希望讀者們能多閱讀Gustavo Grullon、Barry Lynn、Lina Khan、Marshall Steinbaum、約翰・庫沃卡、吳修銘等人的著作。Sam Hiyate始終相信這個寫作計畫，他是個很棒的經紀人和朋友。

丹妮絲・赫恩：

我想要感謝我的丈夫Ryan Glasgo給我堅定的支持，鼓勵我接下這個寫作計畫。感謝我的父母Tim Hearn和Susan Hearn，他們是勤勞工作與社會良知的楷模。感謝許多朋友為我的作品提供他們的校正與想法，包括：Karen Campbell、Katie Leninger、Mary Casas Knapp、Andy Kass和Gabriela Hernández，僅列舉其中幾位。我還要謝謝我的同事兼朋友坦伯給我機會參與這個計畫。

附注

前言　待你如垃圾，只因你別無選擇

1. http://www.bbc.co.uk/news/world-us-canada-39586391.
2. https://www.wired.com/2017/04/uniteds-greed-turned-friendly-skies-flying-hellscape/.
3. https://splinternews.com/airlines-can-treat-you-like-garbage-because-they-are-an-1794192270.
4. http://www.denverpost.com/2015/07/17/airline-consolidation-has-created-airport-monopolies-increased-fares/.
5. http://www.denverpost.com/2017/04/11/united-boycott/; https://skift.com/2017/07/14/delta-holds-an-edge-over-competitors-by-dominating-less-competitive-markets/.
6. https://www.dallasnews.com/business/business/2015/07/14/airlines-carve-us-into-markets-dominated-by-1-or-2-carriers.
7. https://www.nytimes.com/2015/11/01/opinion/sunday/how-mergers-damage-the-economy.html.
8. https://www.economist.com/graphic-detail/2016/03/24/corporate-concentration.
9. Milton Friedman and Rose D. Friedman, *Capitalism and Freedom: Fortieth Anniversary Edition* (University of Chicago Press, 2002).
10. https://www.npr.org/2016/09/06/492849471/an-economic-mystery-why-are-men-leaving-the-workforce.

第一章　巴菲特和矽谷億萬富豪都同意的事

1. Warren Buffett, *Berkshire Hathaway Letters to Shareholders, 2016* (Kindle Location 14589). Explorist Productions, Kindle Edition.
2. Ibid.
3. http://www.thebuffett.com/quotes/How-to-Think-About-Business.html.
4. Roger Lowenstein, *Buffett: The Making of an American Capitalist* (Random House, 2008).
5. https://businessmanagement.news/2017/05/05/warren-buffet-would-rather-invest-in-your-idiot-nephew-than-with-mark-zuckerberg-or-jeff-bezos/.
6. https://www.ft.com/content/fd27245a-9790-11e7-a652-cde3f882dd7b.
7. https://www.wsj.com/articles/elon-musks-uncontested-3-pointers-1519595032.
8. http://gawker.com/322852/is-peter-thiel-silicon-valleys-godfather.

9. https://www.wsj.com/articles/peter-thiel-competition-is-for-losers-1410535536.
10. Joseph A. Schumpeter, *Capitalism, Socialism, and Democracy*, 2nd ed. (Dancing Unicorn Books, 2016).
11. http://consumerfed.org/wp-content/uploads/2016/12/Overcharged-and-Underserved.pdf.
12. https://www.freepress.net/blog/2017/04/25/net-neutrality-violations-brief-history.
13. https://www.cnet.com/news/fcc-formally-rules-comcasts-throttling-of-bittorrent-was-illegal/.
14. Barry C. Lynn, *Cornered: The New Monopoly Capitalism and the Economics of Destruction* (Hoboken, NJ: Wiley, 2010).
15 https://www.salon.com/2013/07/08/how_%E2%80%9Cecon_101%E2%80%9D_is_killing_america/.
16. Michal Kalecki, *Capitalism: Business Cycles and Full Employment*, vol. 1 of *Collected Works* (Oxford, UK: Oxford University Press, 1990), 252.
17. http://investigativereportingworkshop.org/connected/story/comcast-lures-former-fcc-aides-lobby-nbc-merger/.
18. https://www.newyorker.com/tech/elements/the-oligopoly-problem.
19. *Capital Returns: Investing Through the Capital Cycle: A Money Manager's Reports 2002-15* (Palgrave Macmillan), p. 27. Kindle Edition.
20. https://www.economist.com/news/finance-and-economics/21731441-new-measure-growing-problem-what-annual-reports-say-or-do-not-about.
21. Simon Clarke, *Marx's Theory of Crisis* (Springer, July 2016), p. 255.
22. Credit Suisse, The Incredible Shrinking Universe of Stocks: The Cause and Consequences of Fewer U.S. Equities http://www.cmgwealth.com/wp-content/uploads/2017/03/document_1072753661.pdf.
23 Gustavo Grullon, Yelena Larkin, and Roni Michaely, "Are U.S. Industries Becoming More Concentrated?" (August 31, 2017). Available at SSRN: https://ssrn.com/abstract=2612047.
24. https://www.barrons.com/articles/unicorns-what-are-they-really-worth-1510974129?mod=hp_MTS&.
25. Grullon, Larkin, and Michaely, "Are U.S. Industries."
26. https://qz.com/1040046/30-firms-earn-half-the-total-profit-mde-by-all-us-public-companies/.
27. Grullon, Larkin, and Michaely, "Are U.S. Industries."
28. http://equitablegrowth.org/report/u-s-merger-policy-amid-the-new-merger-wave/.
29 http://fortune.com/2015/10/22/mba-ethics-volkswagen/.
30. http://www.nbcnews.com/id/18472476/ns/business-us_business/t/duke-cheating-scandal-shows-need-law/.
31. https://www.marketwatch.com/story/wal-mart-ceo-consumers-feeling-greater-pressure-2011-04-27.
32. http://www.saturdayeveningpost.com/2014/01/03/history/post-perspective/ford-doubles-minimum-wage.html.
33. https://www.ucg.org/world-news-and-prophecy/the-eurozone-debt-crisis-calamity-still-looms.
34. http://www.economist.com/node/9832838.

35. https://ecology.iww.org/texts/JohnBellamyFoster/CapitalismandtheCurseof EnergyEfficiency.
36. http://www.newyorker.com/magazine/2010/12/20/the-efficiency-dilemma.
37. https://www.wired.com/2011/09/att-conquered-20th-century/.
38. Tim Wu, *The Master Switch* (Alfred Knopf, 2010).

第二章 劃分地盤

1. David Critchley, *The Origin of Organized Crime in America* (New York: Taylor & Francis Group, 2009), p. 144.
2. http://americanmafiahistory.com/five-families/.
3. https://www.americanmafia.org/families/the-commission-and-the-mafia-families/.
4. Nicholas deRoos, "Examining Models of Collusion: The Market for Lysine," *International Journal of Industrial Organization* 24, no. 6 (2006): 1083-1107.
5. http://articles.chicagotribune.com/2004-06-19/business/0406190182_1_lysine-and-citric-acid-mark-whitacre-corn-syrup.
6. OECD, Report on the Nature and Impact of Hard Core Cartels and Sanctions under National Competition Laws, DAFFE/COMP (2002) (Paris: Organisation of Economic Co-operation and Development, 2003), p. 7.
7. John M. Connor, *Price-Fixing Overcharges*, rev. ed. (February 24, 2014). Available at SSRN: https://ssrn.com/abstract=2400780.
8. John Connor and Douglas Miller, "The Predictability of DOJ Cartel Fines," *Antitrust Bulletin* 56, no. 3 (September 1, 2011): 525–541.
9. Sean F. Ennis Pedro Gonzaga, and Chris Pike, "Inequality: A Hidden Cost of Market Power (March 6, 2017). Available at SSRN: https://ssrn.com/abstract=2942791.
10. https://www.economist.com/news/business/21599799-trustbusters-have-got-better-detecting-cartels-and-bolder-punishing-them-incentives.
11. https://www.economist.com/news/business/21599799-trustbusters-have-got-better-detecting-cartels-and-bolder-punishing-them-incentives.
12. https://www.theatlantic.com/magazine/archive/1982/02/have-you-ever-tried-to-sell-a-diamond/304575/.
13. http://www.bbc.co.uk/news/business-30003693.
14. http://www.telegraph.co.uk/finance/newsbysector/banksandfinance/9568087/RBS-traders-boasted-of-Libor-cartel.html.
15. Margaret C. Levenstein and Valerie Y. Suslow, "Price-Fixing Hits Home: An Empirical Study of U.S. Price Fixing Conspiracies," Ross School of Business Working Paper No. 1290, November 2015.
16. Stephen Martin, "Competition Policy, Collusion, and Tacit Collusion," *International Journal of Industrial Organization* 24, no. 6 (November 2006): 1299-1332.
17. Miguel Alexandre Fonseca and Hans-Theo Normann, "Explicit vs. Tacit Collusion: The Impact of Communication in Oligopoly Experiments" (July 3, 2011). Available at SSRN: https://ssrn.com/abstract=1937803.

18. Federico Ciliberto, Eddie Watkins, and Jonathan W. Williams, "Two Screening Tests for Tacit Collusion: Evidence from the Airline Industry" (July 29, 2017). Available at SSRN: https://ssrn.com/abstract=3012580.
19. Gary Noesser, *Stalling for Time* (Random House, 2010).
20. https://www.nytimes.com/2013/03/03/magazine/beer-mergers.html.
21. William E. Kovacic, Robert C. Marshall, Leslie M. Marx, and Halbert L. White, "Plus Factors and Agreement in Antitrust Law." *Michigan Law Review* 110, no. 3 (2011): 393-436.
22. Simon, Hermann. *Confessions of the Pricing Man: How Price Affects Everything* (Springer International Publishing, 2015). Kindle Edition.
23. Ibid.
24. http://antitrustconnect.com/2017/08/07/rejection-of-containerboard-conspiracy-claims-shows-difficulty-of-getting-an-antitrust-case-to-a-jury/.
25. https://www.healthaffairs.org/do/10.1377/hblog20170905.061802/full/.
26. Steven G. Calabresi, "The Right to Buy Health Insurance across State Lines: Crony Capitalism and the Supreme Court," 81 *U. Cin. L. Rev.* (2013)." Available at: https://scholarship.law.uc.edu/uclr/vol81/iss4/5; "Focus on Health Reform: How Competitive are State Insurance Markets?" The Henry J. Kaiser Family Foundation (October 2011), http://www.kff.org/healthreform/upload/8242.pdf; and Bob Cook, "AMA: Health Plan Market Dominance Causes 'Competitive Harm,' " *American Medical News* (December 10, 2012), http://www.ama-assn.org/amednews/2012/12/10/bisb1210.htm.
27. Luis Suarez-Villa, *Corporate Power, Oligopolies, and the Crisis of the State* (State University of New York Press, 2015), p. 63. Kindle Edition.
28. http://rafiusa.org/programs/contract-agriculture-reform/understanding-contract-agriculture/.
29. Barry C. Lynn, *Cornered: The New Monopoly Capitalism and the Economics of Destruction* (Hoboken, NJ: Wiley, 2010).
30. James M. MacDonald, "Technology, Organization, and Financial Performance in U.S. Broiler Production," Economic Information Bulletin 126, USDA Economic Research Service.
31. http://www.justice.gov/atr/public/workshops/ag2010/comments/255196.pdf.
32. http://www.chicagotribune.com/business/ct-biz-winn-dixie-tyson-chicken-prices-20180115-story.html.
33. https://www.newsweek.com/2014/04/18/death-farm-248127.html and https://www.theguardian.com/us-news/2017/dec/06/why-are-americas-farmers-killing-themselves-in-record-numbers.
34. Suarez-Villa, *Corporate Power, Oligopolies, and the Crisis of the State*, p. 63.
35. http://www.kunc.org/post/poultry-plant-workers-face-abuse-job-report-says.
36. https://www.nytimes.com/2014/03/13/opinion/kristof-the-unhealthy-meat-market.html.
37. http://www.businessinsider.com/maps-showing-regional-supermarkets-2013-6.
38. Gustavo Grullon, Yelena Larkin, and Roni Michaely, "Are U.S. Industries Becoming More Concentrated?" (August 31, 2017). Available at SSRN:

https://ssrn.com/abstract=2612047.

39. https://www.marketwatch.com/story/americas-most-successful-companies-are-killing-the-economy-2017-05-24 and https://www.census.gov/econ/concentration.html.
40. http://www.nationalhogfarmer.com/ar/numbers-fall.
41. https://www.forbes.com/sites/csr/2012/08/06/choice-at-the-supermarket-is-our-food-system-the-perfect-oligopoly/#594a687f334e.

第三章 壟斷的惡果

1. http://abcnews.go.com/Health/PainManagement/story?id=6309464&page=1.
2. http://www.digitaljournal.com/article/262552.
3. http://abcnews.go.com/Health/PainManagement/story?id=6309464&page=1.
4. http://senseaboutscience.blogspot.co.uk/2011/07/tapeworm.html.
5. http://rooseveltinstitute.org/how-widespread-labor-monopsony-some-new-results-suggest-its-pervasive/; José Azar, Ioana Elena Marinescu, and Marshall Steinbaum, "Labor Market Concentration" (December 15, 2017). Available at SSRN: https://ssrn.com/abstract=3088767.
6. http://rooseveltinstitute.org/how-widespread-labor-monopsony-some-new-results-suggest-its-pervasive/.
7. Lina Khan and Sandeep Vaheesan, "Market Power and Inequality: The Antitrust Counterrevolution and Its Discontents," *Harvard Law & Policy Review* 235 (2017). Available at SSRN: https://ssrn.com/abstract=2769132.
8. Holger M. Mueller, Paige Ouimet, and Elena Simintzi, "Wage Inequality and Firm Growth" (February 1, 2015). Available at SSRN: https://ssrn.com/abstract=2540321.
9. https://gizmodo.com/5797022/googles-secret-class-system and https://www.bloomberg.com/news/articles/2018-07-25/inside-google-s-shadow-workforce.
10. Gustave Grullon, Yelena Larkin, and Roni Michaely, "Are U.S. Industries Becoming More Concentrated?" (August 31, 2017). Available at SSRN: https://ssrn.com/abstract=2612047.
11. Bruce A. Blonigen and Justin R. Pierce, "Evidence for the Effects of Mergers on Market Power and Efficiency," Finance and Economics Discussion Series 2016-082. (Washington, DC: Board of Governors of the Federal Reserve System, 2016), https://doi.org/10.17016/FEDS.2016.082.
12. Jan De Loecker and Jan Eeckhout, "The Rise of Market Power and the Macroeconomic Implications" (August 2017). NBER Working Paper No. 23687. http://www.nber.org/papers/w23687.
13. Sarah Gordon, "Record Year for M&A with Big Deals and Big Promises." *Financial Times*, December 16, 2015, https://www.ft.com/content/0fd15156-9e5b-11e5-b45d-4812f209f861.

14. Craig Peters, "Evaluating the Performance of Merger Simulations: Evidence from the U.S. Airline Industry." *Journal of Law and Economics 49* (2006), pp. 627-649; Matthew Weinberg, "An Evaluation of Mergers Simulations," working paper, University of Georgia, 2006.
15. Matthew Weinberg, "The Price Effects of Horizontal Mergers," *Journal of Competition Law & Economics 4*, no. 2 (June 1, 2008), pp. 433-447, https://doi.org/10.1093/joclec/nhm029.
16. Orley Ashenfelter, Daniel Hosken, and Matthew Weinberg, "Did Robert Bork Understate the Competitive Impact of Mergers? Evidence from Consummated Mergers," *The Journal of Law and Economics 57*, no. S3 (August 2014): S67-S100, https://doi.org/10.1086/675862.
17. John Kwoka, *Mergers, Merger Control, and Remedies: A Retrospective Analysis of U.S. Policy* (MIT Press, 2014).
18. Joseph Kowka, "U.S. Antitrust and Competition Policy Amid the New Merger Wave," July 27, 2017, http://equitablegrowth.org/report/u-s-merger-policy-amid-the-new-merger-wave/.
19. https://news.yale.edu/2015/12/15/hospital-prices-show-mind-boggling-variation-across-us-driving-health-care-costs and http://www.healthcarepricingproject.org/papers/paper-1.
20. http://thehealthcareblog.com/blog/2017/02/28/drexit-costs-of-a-hospital-monopoly-in-one-underserved-county/.
21. http://www.modernhealthcare.com/article/20170413/NEWS/170419935.
22. https://www.economist.com/news/finance-and-economics/21725552-new-research-suggests-too-little-competition-deters-investment-americas.
23. Paul S. Dempsey and Andrew R Goetz, "Airline Deregulation and Laissez-Faire Mythology," ABC-CLIO (September 8, 1992): 252.
24. "Why It Costs So Much to Fly From These Airports," *Wall Street Journal*, August 25, 2011; https://centreforaviation.com/insights/analysis/houston-intercontinental-airport-enjoys-solid-traffic-growth-and-wins-new-key-long-haul-service-245295; https://skift.com/2017/07/14/delta-holds-an-edge-over-competitors-by-dominating-less-competitive-markets/; http://houston.culturemap.com/news/travel/11-27-12-the-most-expensive-airport-in-america-thats-houstons-iah-again/. Houston has consistently been the most expensive airport in the country, providing a cash cow for United.
25. Robert Kulick, *Ready-to-Mix: Horizontal Mergers, Prices, and Productivity*, U.S. Census Bureau, CES 17-38 (April 2017), https://ideas.repec.org/p/cen/wpaper/17-38.html.
26. Philip Howard, *Concentration and Power in the Food System: Who Controls What We Eat?* (Bloomsbury Publishing, February 25, 2016): 61.
27. https://www.justice.gov/file/486606/download.
28. https://www.nytimes.com/2017/04/07/opinion/is-it-last-call-for-craft-beer.html.
29. https://www.fool.com/investing/2017/12/24/this-analyst-thinks-a-b-inbev-stock-has-nothing-le.aspx; http://uk.businessinsider.com/r-ab-inbev-increases-profit-despite-selling-less-beer-2017-10.
30. John B. Kirkwood, "Powerful Buyers and Merger Enforcement." *Boston University Law Review 1485* (October 1, 2012); Seattle University School of Law Research Paper No. 13-04. Available at SSRN: https://ssrn.com/abstract=1809985.

31. Barry Lynn, "Breaking the Chain." *Harpers*, http://www.barryclynn.com/wp-content/Harpers_Breaking.pdf.
32. http://grist.org/food/2011-12-30-eaters-beware-Walmart-is-taking-over-our-food-system/.
33. https://www.brookings.edu/research/declining-business-dynamism-in-the-united-states-a-look-at-states-and-metros/.
34. https://aeon.co/essays/what-does-small-business-really-contribute-to-economic-growth.
35. Gustavo Grullon, Yelena Larkin, and Roni Michaely, "Are U.S. Industries Becoming More Concentrated?" August 31, 2017. Available at SSRN: https://ssrn.com/abstract=2612047.
36. Ian Hathaway, Mark Schweitzer, and Scott Shane, *The Shifting Source of New Business Establishments and New Jobs*, Economic Commentary, August 2014. http://www.clevelandfed.org/research/commentary/2014/2014-15.pdf.
37. http://money.cnn.com/2013/01/18/news/companies/boeing-dreamliner-parts/index.html.
38. https://www.pcworld.com/article/3272468/components-processors/intels-loihi-roadmap-calls-for-its-brain-chips-to-be-as-smart-as-a-mouse-by-2019.html.
39. http://fathom.lib.uchicago.edu/2/21701757/.
40. William Poundstone, *Are You Smart Enough to Work at Google?* (Oneworld Publications), pp. 15–16; Kindle Edition.
41. John C. Haltiwanger, Steven Davis, and Scott Schuh, *Job Creation and Destruction* (MIT Press, 1998).
42. R.I.M. Dunbar, "Cognitive Constraints on the Structure and Dynamics of Social Networks." *Group Dynamics: Theory, Research, and Practice* 12, no. 1 (2008): 7-16. http://dx.doi.org/10.1037/1089-2699.12.1.7.
43. Robin Dunbar, *How Many Friends Does One Person Need?: Dunbar's Number and Other Evolutionary Quirks* (Faber and Faber, 2014).
44. http://www.pewresearch.org/fact-tank/2014/02/03/6-new-facts-about-facebook/.
45. http://www.statista.com/statistics/264097/number-of-1st-level-connections-of-linkedin-users/.
46. https://www.npr.org/2011/06/04/136723316/dont-believe-facebook-you-only-have-150-friends.
47. Geoffrey West, *Scale* (Penguin Books, 2018).
48. http://voxeu.org/article/decline-high-growth-entrepreneurship; Ryan Decker, John Haltiwanger, Ron S. Jarmin, and Javier Miranda, "Where Has All the Skewness Gone? The Decline in High-Growth (Young) Firms in the U.S." (December 2015), NBER Working Paper No. w21776. Available at SSRN: https://ssrn.com/abstract=2700005.
49. Zoltan J. Acs and David B. Audretsch, "Innovation in Large and Small Firms: An Empirical." *The American Economic Review* 78, no. 4 (September 1988): 678-690. American Economic Association, http://www.jstor.org/stable/1811167.
50. Zoltan J. Acs and David B. Audretsch, "Testing the Schumpeterian Hypothesis," *Eastern Economic Journal* XIV, no. 2 (1988).
51. https://www.marketwatch.com/story/americas-most-successful-companies-are-killing-the-economy-2017-05-24.
52. https://www.bloomberg.com/news/articles/2017-10-12/google-has-made-a-mess-of-robotics.

53. http://blog.luxresearchinc.com/blog/2016/03/the-downfall-of-google-robotics/.
54. Michael A. Hiltzik, *Dealers of Lightning: Xerox PARC and the Dawn of the Computer Age* (HarperBusiness, 1999).
55. Barry C. Lynn, *Cornered: The New Monopoly Capitalism and the Economics of Destruction* (Hoboken, NJ: Wiley, 2010).
56. https://qz.com/801706/innovation-guru-clayton-christensens-new-theory-will-help-protect-you-from-disruption/.
57. Frederic M. Scherer, "Technological Innovation and Monopolization" (October 2007). KSG Working Paper No. RWP07-043. Available at SSRN: https://ssrn.com/abstract=1019023.
58. John J. McConnell, John J. Sibley, E. Steven, and Wei Xu, "The Stock Price Performance of Spin-Off Subsidiaries, Their Parents, and the Spin-Off ETF, 2001-2013," *Journal of Portfolio Management; New York* 42, no. 1 (Fall 2015): 143-152.
59. http://larrysummers.com/2016/02/17/the-age-of-secular-stagnation/.
60. Robin Döttling, German Gutierrez Gallardo, and Thomas Philippon, "Is There an Investment Gap in Advanced Economies? If So, Why?" (July 2017). Available at SSRN: https://ssrn.com/abstract=3002796.
61. Christopher Lasch, *The Revolt of the Elites and the Betrayal of Democracy* (W.W. Norton & Co., 1995).
62. https://evolution.berkeley.edu/evolibrary/article/agriculture_02.
63. http://www.pbs.org/thebotanyofdesire/potato-control.php.
64. https://www.bloomberg.com/view/articles/2017-12-21/the-banana-pocalypse-is-nigh.
65. https://www.csmonitor.com/1991/1002/02191.html.
66. https://www.theguardian.com/us-news/2018/jan/10/hurricane-maria-puerto-rico-iv-bag-shortage-hospitals.
67. https://www.theatlantic.com/business/archive/2015/11/cities-economic-fates-diverge/417372/.
68. Richard Brunell, "The Social Costs of Mergers: Restoring Local Control as a Factor in Merger Policy," *North Carolina Law Review* 85, no. 1 (2006). Available at SSRN: https://ssrn.com/abstract=992272.
69. http://abcnews.go.com/Business/Walmart-closures-leaving-small-towns-broken-residents/story?id=36559225.

第四章　壓榨勞工

1. "Silicon Valley," *American Experience* PBS Series, Season 25, Episode 3. http://www.pbs.org/video/american-experience- silicon-valley/.
2. Alex Tabarrok, "Non Compete Clauses Reduce Innovation," June 9, 2014, http://marginalrevolution.com/marginalrevolution/2014/06/non-compete-clauses.html.
3. Mike McPhate, "California Today: Silicon Valley's Secret Sauce," May 19, 2017, https://www.nytimes.com/2017/05/19/us/california-today-silicon-valley.html.

4. https://www.csmonitor.com/Technology/2011/1212/Robert-Noyce-Why-Steve-Jobs-idolized-Noyce.
5. Jim Edwards, "Emails from Google's Eric Schmidt and Sergey Brin Show a Shady Agreement Not to Hire Apple Workers," March 23, 2014, http://www.businessinsider.com/emails-eric-schmidt-sergey-brin-hiring-apple-2014-3.
6. Barry Levine, "4 Tech Companies Are Paying a $325M Fine for Their Illegal Non-compete Pact," May 23, 2014, https://venturebeat.com/2014/05/23/4-tech-companies-are-paying-a-325m-fine-for-their-illegal-non-compete-pact/.
7. Rachel Abrams, "Why Aren't Paychecks Growing? A Burger-Joint Clause Offers a Clue," September 27, 2017, https://www.nytimes.com/2017/09/27/business/pay-growth-fast-food-hiring.html.
8. Evan P. Starr, Norman Bishara, and J.J. Prescott, "Non-competes in the U.S. Labor Force," December 8, 2017, https://papers.ssrn.com/sol3/papers.cfm?abstract_id=2625714.
9. Ryan Nunn, "Leveling the Playing Field for Workers by Reforming Non-competes," May 6, 2016, https://www.brookings.edu/opinions/leveling-the-playing-field-for-workers-by-reforming-non-competes/.
10. Office of Economic Policy, US Department of the Treasury, *Non-compete Contracts: Economic Effects and Policy Implications*. March 2016. https://www.treasury.gov/resource-center/economic-policy/Documents/UST%20Non-competes%20Report.pdf.
11. Ibid.
12. Matt Marx and Lee Fleming, "Non-compete Agreements: Barriers to Entry... and Exit?" *Innovation Policy and the Economy* 12 (April 2012), p. 49, eds. Josh Lerner and Scott Stern. National Bureau of Economic Research, http://www.nber.org/chapters/c12452.pdf.
13. Phil Longman, "Why the Economic Fates of America's Cities Diverged," November 28, 2015, https://www.theatlantic.com/business/archive/2015/11/cities-economic-fates-diverge/417372/.
14. Marshall Steinbaum, "How Widespread Is Labor Monopsony? Some New Results Suggest It's Pervasive," December 18, 2017, http://rooseveltinstitute.org/how-widespread-labor-monopsony-some-new-results-suggest-its-pervasive/.
15. Nathan Wilmers, "Wage Stagnation and Buyer Power: How Buyer-Supplier Relations Affect U.S. Workers' Wages, 1978 to 2014," *American Sociological Review* 83, no. 2 (2018): 213-242, https://doi.org/10.1177/0003122418762441.
16. Jade Scipioni, "10% of Amazon's Workforce in Ohio Is on Food Stamps, Report Says," January 8, 2018, https://finance.yahoo.com/news/10-amazon-apos-work-force-ohio-162700977.html.
17. Policy Matters Ohio, "SNAP feeds Ohio," September 6, 2017, https://www.policymattersohio.org/research-policy/pathways-out-of-pov-erty/basic-needs-unemployment-compensation/snap-feeds-ohio.
18. "Contingent Workforce: Size, Characteristics, Earnings, and Benefits, April 20, 2015." The Honorable Patty Murray, Ranking Member Committee on Health, Education, Labor, and Pensions, United States Senate, The Honorable Kirsten Gillibrand, United States Senate. https://www.gao.gov/

assets/670/669899.pdf.

19. https://www.theatlas.com/charts/4yUS6B7fe.

20. https://www.theatlas.com/charts/4yUS6B7fe.

21. Dan Kopf, "Almost All the US Jobs Created since 2005 Are Temporary," December 5, 2016, https://qz.com/851066/almost-all-the-10-million-jobs-created-since-2005-are-temporary/.

22. Bloomberg, "Shift: The Commission on Work, Workers, and Technology," May 16, 2017.

23. Hanna Wheatley, "More Than Half of Self-employed Not Earning a Decent Living," August 15, 2017, http://neweconomics.org/2017/08/self_employed_not_earning/.

24. Brad Stone, "Costco CEO Craig Jelinek Leads the Cheapest, Happiest Company in the World," June 7, 2013, https://www.bloomberg.com/news/articles/2013-06-06/costco-ceo-craig-jelinek-leads-the-cheapest-happiest-company-in-the-world.

25. Connor Dougherty and Andrew Burton, "A 2:15 Alarm, 2 Trains and a Bus Get Her to Work by 7 a.m.," *New York Times*, August 17, 2017, https://www.nytimes.com/2017/08/17/business/economy/san-francisco-commute.html.

26. Nicole Wredberg, "Subverting Workers' Rights: Class Action Waivers and the Arbitral Threat to the NLRA," *Hastings Law Journal* 67, no. 3 (2016), 881-912.

27. Anna Boiko-Weyrauch, "Seattle Workers Accuse Airline Caterer of Back-tracking on Fines and Wages," October 20, 2017, http://kuow.org/post/seattle-workers-accuse-airline-caterer-backtracking-fines-and-wages.

28. Bureau of Labor Statistics, "Union Members Summary," January 26, 2017, https://www.bls.gov/news.release/union2.nr0.htm.

29. Phil Ebersole, June 12, 2012, https://philebersole.wordpress.com/2012/06/12/the-decline-of-american-labor-unions/.

30. Drew Harwell, "Hundreds Allege Sex Harassment, Discrimination at Kay and Jared Jewelry Company," February 27, 2017, https://www.washingtonpost.com/business/economy/hundreds-allege-sex-harassment-discrimination-at-kay-and-jared-jewelry-company/2017/02/27/8dcc9574-f6b7-11e6-bf01-d47f8cf9b643_story.html?utm_term=.e92c302f0d99.

31. Theodore Eisenberg and Elizabeth Hill, "A 2003 Study by Professors Eisenberg and Hill Reported Employee Win Rates in Employment Discrimination Trials of 36.4%," *Arbitration and Litigation of Employment Claims: An Empirical Comparison* 58, DIsP. RESOL. J. 44 (2003). 2014 79 80 *Berkeley Journal of Employment & Labor Law*. 同一份研究指出，在州法院的非公民權就業訴訟案例中，受僱者勝訴比例較高達五七％，這與大衛．歐本海默（David Oppenheimer）教授研究中的例證相去不遠，加州州法院審理依普通法解僱的訴訟案，受僱者勝訴比例為五〇％。反觀我個人研究強制仲裁聽證結果發現，由美國仲裁協會執行的仲裁案中，二一．四％受僱者勝訴。美國仲裁協會執行的強制仲裁案，約半數涉及就業歧視，其餘的案子多半與根據非公民權、普通法申訴有關。

32. Ceilidh Gao, "Can Companies Force Workers to Go to Arbitration?" September 19, 2017, http://www.newsweek.com/can-companies-force-workers-go-

arbitration-667623.

33. Liz Moyer, "Were You Affected by the Equifax Data Breach? One Click Could Cost You Your Rights in Court," September 8, 2017, https://www.cnbc.com/2017/09/08/were-you-affected-by-the-equifax-data-breach-one-click-could-cost-you-your-rights-in-court.html.
34. Alexander J. S. Colvin, "The Growing Use of Mandatory Arbitration," September 27, 2017, http://www.epi.org/publication/the-growing-use-of-mandatory-arbitration/.
35. Megan Leonhart, "Getting Screwed at Work? The Sneaky Way You May Have Given Up Your Right to Sue," September 27, 2017, http://time.com/money/4958168/big-companies-mandatory-arbitration-cant-sue/.
36. https://www.washingtonpost.com/news/the-watch/wp/2014/09/19/federal-appeals-court-stop-using-swat-style-raids-for-regulatory-inspections/.
37. Radley Balko, *Rise of the Warrior Cop: The Militarization of America's Police Forces* (New Yorks: PublicAffairs, 2013).
38. Dick M. Carpenter II, Ph.D., Lisa Knepper, Kyle Sweetland, and Jennifer McDonald, "License to Work: A National Study of Burdens from Occupational Licensing," Institute for Justice, https://ij.org/report/license-work-2/.

第五章　矽谷這樣侮辱人

1. https://www.theregister.co.uk/2010/12/01/google_eu_investigation_comment/.
2. http://europa.eu/rapid/press-release_IP-17-1784_en.htm.
3. https://www.wired.com/story/yelp-claims-google-broke-promise-to-antitrust-regulators/.
4. https://www.nytimes.com/2018/02/20/magazine/the-case-against-google.html.
5. http://theweek.com/articles/693488/google-monopoly--crushing-internet.
6. https://theoutline.com/post/1399/how-google-ate-celebritynetworth-com.
7. https://www.idc.com/promo/smartphone-market-share/os.
8. https://www.netmarketshare.com/browser-market-share.aspx.
9. https://www.wsj.com/articles/how-google-swayed-efforts-to-block-annoying-online-ads-1518623663.
10. https://www.rollingstone.com/politics/features/taibbi-facebook-can-we-be-saved-social-media-giant-w518655.
11. https://www.forbes.com/sites/stevendennis/2017/06/19/should-we-care-whether-amazon-is-systematically-destroying-retail/#62085ff66b1f.
12. https://www.axios.com/regulators-ftc-facebook-google-doj-advertising-5ea0f001-eca8-4f07-b7d0-6ed22782800f.html.
13. https://lpeblog.org/2017/12/06/from-territorial-to-functional-sovereignty-the-case-of-amazon/.
14. http://www.nationalreview.com/article/450476/silicon-valleys-anti-conservative-bias-solution-treat-major-tech-companies-utilities.
15. https://www.wired.com/story/heres-what-facebook-wont-let-you-post/.

16. https://www.nytimes.com/2016/11/22/technology/facebook-censorship-tool-china.html.
17. https://www.washingtonpost.com/news/volokh-conspiracy/wp/2014/12/21/facebook-should-stop-cooperating-with-russian-government-censorship/.
18. http://iasc-culture.org/THR/THR_article_2017_Fall_Pasquale.php.
19. https://www.bloomberg.com/news/articles/2018-01-02/google-s-dutch-sandwich-shielded-16-billion-euros-from-tax.
20. https://moderndiplomacy.eu/2018/05/17/the-google-tax/.
21. https://www.theatlantic.com/business/archive/2016/04/corporate-tax-avoidance/478293/.
22. https://www.theguardian.com/commentisfree/2017/nov/08/tax-havens-dodging-theft-multinationals-avoiding-tax.
23. https://cyber.harvard.edu/interactive/events/conferences/2008/09/msvdoj/smith.
24. https://www.nytimes.com/2018/02/20/magazine/the-case-against-google.html.
25. https://www.theringer.com/tech/2018/5/18/17362452/microsoft-antitrust-lawsuit-netscape-internet-explorer-20-years.
26. https://www.wsj.com/articles/inside-the-u-s-antitrust-probe-of-google-1426793274.
27. https://theintercept.com/2016/04/22/googles-remarkably-close-relationship-with-the-obama-white-house-in-two-charts/.
28. https://www.recode.net/2018/1/23/16919424/apple-amazon-facebook-google-uber-trump-white-house-lobbying-immigration-russia.
29. http://www.stateofdigital.com/eric-schmidt-at-google-hearings-close-to-monopoly-but-weve-not-cooked-anything/.
30. https://laweconcenter.org/wp-content/uploads/2018/05/manne-the_real_reaon_foundem_foundered_2018-05-02-1.pdf.
31. https://www.salon.com/2015/11/24/googles_insidious_shadow_lobby-ing_how_the_internet_giant_is_bankrolling_friendly_academics_and_skirt-ing_federal_investigations/.
32. https://www.nytimes.com/2017/08/30/us/politics/eric-schmidt-google-new-america.html.
33. https://qz.com/1206184/bill-gates-warns-silicon-valley-not-to-be-the-new-microsoft/.
34. https://www.npr.org/sections/thetwo-way/2017/06/27/534524024/google-hit-with-2-7-billion-fine-by-european-antitrust-monitor.
35. http://ec.europa.eu/competition/antitrust/cases/dec_docs/39740/39740_14996_3.pdf.
36. https://www.newyorker.com/magazine/2017/08/28/who-owns-the-internet.
37. https://www.cjr.org/special_report/facebook-media-buzzfeed.php.
38. https://www.theguardian.com/technology/2017/oct/23/facebook-non-promoted-posts-news-feed-new-trial-publishers.
39. https://www.socialmediatoday.com/social-networks/complete-list-facebooks-misreported-metrics-and-what-they-mean.
40. https://www.socialmediatoday.com/social-networks/complete-list-facebooks-misreported-metrics-and-what-they-mean.
41. https://nypost.com/2016/11/03/facebook-sued-over-its-fraudulent-ad-metrics/.
42. https://www.broadcastingcable.com/news/facebook-s-video-move-may-aid-nielsen-comscore-168497.

43. http://adcontrarian.blogspot.com/2013/06/the-75-billion-ad-swindle.html.
44. https://www.theguardian.com/technology/2017/sep/07/facebook-claims-it-can-reach-more-people-than-actually-exist-in-uk-us-and-other-countries.
45. https://www.theguardian.com/technology/2017/mar/11/tim-berners-lee-web-inventor-save-internet.
46. https://staltz.com/the-web-began-dying-in-2014-heres-how.html.
47. http://www.vulture.com/2018/02/how-facebook-is-killing-comedy.html.
48. https://medium.com/humane-tech/tech-and-the-fake-market-tactic-8bd386e3d382.
49. https://staltz.com/the-web-began-dying-in-2014-heres-how.html.
50. https://www.rollingstone.com/politics/features/taibbi-facebook-can-we-be-saved-social-media-giant-w518655.
51. https://www.theatlantic.com/technology/archive/2018/04/amazon-may-have-a-counterfeit-problem/558482/.
52. https://www.theatlantic.com/technology/archive/2018/04/amazon-may-have-a-counterfeit-problem/558482/.
53. https://www.forbes.com/sites/stevendennis/2017/06/19/should-we-care-whether-amazon-is-systematically-destroying-retail/#62085ff66b1f.
54. https://www.yalelawjournal.org/note/amazons-antitrust-paradox.
55. https://www.theguardian.com/technology/2015/jun/23/amazon-marketplace-third-party-seller-faustian-pact.
56. https://www.forbes.com/sites/retailwire/2014/10/30/is-amazon-undercutting-third-party-sellers-using-their-own-data/#700a08a953d8.
57. https://www.propublica.org/article/amazon-says-it-puts-customers-first-but-its-pricing-algorithm-doesnt.
58. https://rainforests.mongabay.com/0202.htm.
59. https://www.rand.org/pubs/research_briefs/RB77/index1.html.
60. https://www.ncbi.nlm.nih.gov/books/NBK236347/.
61. https://www.vox.com/new-money/2017/7/11/15929014/end-of-the-internet-startup.
62. David S. Evans and Richard Schmalensee, *Matchmakers: The New Economics of Multisided Platforms* (Harvard Business Review Press, 2016). Kindle Edition, locations 322-323.
63. https://www.seattletimes.com/business/tech-giants-put-the-squeeze-on-startups-squelching-their-chances-of-success/.
64. https://www.theguardian.com/technology/2017/oct/20/tech-startups-facebook-amazon-google-apple.
65. https://www.recode.net/2017/5/10/15602814/amazon-invested-startup-nucleus-cloned-alexa-echo-show-voice-control-touchscreen-video.
66. https://en.wikipedia.org/wiki/Google_data_centers.
67. https://peering.google.com/#/infrastructure.
68. http://www.dailymail.co.uk/sciencetech/article-5275893/Google-reveals-plan-build-THREE-new-undersea-cables.html.
69. http://www.wired.co.uk/article/google-facebook-plcn-internet-cable/.

70. https://www.ben-evans.com/benedictevans/2017/10/12/scale-wetxp.
71. https://www.theringer.com/tech/2018/5/18/17362452/microsoft-antitrust-lawsuit-netscape-internet-explorer-20-years.
72. https://www.sfgate.com/politics/article/Microsoft-Asked-Apple-to-Knife-the-Baby-Court-2980345.php.
73. https://promarket.org/google-facebooks-kill-zone-weve-taken-focus-off-rewarding-genius-innovation-rewarding-capital-scale/.

第六章　強盜逼收買路財

1. http://www.wired.co.uk/article/chinese-government-social-credit-score-privacy-invasion.
2. https://www.ft.com/content/6250e4ec-8e68-11e7-9084-d0c17942ba93.
3. https://www.npr.org/sections/alltechconsidered/2016/05/18/477819617/facebooks-facial-recognition-software-is-different-from-the-fbis-heres-why.
4. https://washingtonmonthly.com/magazine/january-february-march-2018/how-to-fix-facebook-before-it-fixes-us/.
5. https://www.buzzfeednews.com/article/bensmith/george-soros-just-launched-a-scathing-attack-on-google-and
6. http://www.telegraph.co.uk/news/worldnews/northamerica/usa/11155959/The-sleepy-American-suburb-turned-super-rich-playground.html.
7. https://www.thedailybeast.com/californias-new-feudalism-benefits-a-few-at-the-expense-of-the-multitude.
8. https://www.mercurynews.com/2017/03/24/san-jose-and-oakland-area-job-markets-tumble/.
9. http://www.reuters.com/article/2011/05/19/us-usa-economy-california-idUSTRE74I88V20110519.
10. https://www.ocregister.com/2016/01/31/serfs-up-with-californias-new-feudalism/.
11. https://www.paloaltoonline.com/news/2017/02/17/report-more-people-leaving-valley-than-coming-in.
12. https://www.businesswire.com/news/home/20110506005600/en/Research-Markets-Soft-Drinks-Market-Analysis.
13. https://www.nytimes.com/2017/04/07/opinion/is-it-last-call-for-craft-beer.html.
14. Debra M. Desrochers, Gregory T. Gundlach, and Albert A. Foer, "Analysis of Antitrust Challenges to Category Captain Arrangements." *Journal of Public Policy & Marketing 22*, no. 2 (Fall 2003): 201-215, https://doi.org/10.1509/jppm.22.2.201.17635.
15. http://www.zocalopublicsquare.org/2010/09/06/how-much-do-monopolies-control/books/readings/.
16. http://newbrunswicktoday.com/article/walgreens-rite-aid-merger-agreement-terminated-after-ftc-feedback.
17. http://www.gao.gov/assets/670/667245.pdf.
18. http://www.commonwealthfund.org/publications/in-the-literature/2017/sep/health-care-market-concentration and https://www.healthaffairs.org/doi/abs/10.1377/hlthaff.2017.0556.
19. http://www.cnn.com/2010/POLITICS/04/23/sec.porn/index.html.
20. 請見https://broadbandnow.com/Fiber各州光纖滲透率。

21. http://lowendmac.com/2008/rise-of-microsoft-monopoly/. 比爾・蓋茲一九九四年在電子郵件中寫道：「我們應等到有辦法做到高度整合的那一天，那對同質性產品Notes、WordPerfect來說有其難度，Office將因此取得實質優勢。……我們達不到高度整合，就沒法與Lotus和WordPerfect/Novell競爭。」
22. http://gs.statcounter.com/social-media-stats.
23. https://marketingland.com/emarketer-facebook-dominate-15-9-pct-digital-ad-spend-growth-2017-209045.
24. https://www.lrb.co.uk/v39/n16/john-lanchester/you-are-the-product.
25. http://gawker.com/5636765/facebook-ceo-admits-to-calling-users-dumb-fucks.
26. http://ec.europa.eu/competition/antitrust/cases/dec_docs/39740/39740_14996_3.pdf.
27. http://www.antitrustinstitute.org/files/Google_DoubleClick_memo_110620071437.pdf.
28. http://fortune.com/2017/04/26/google-facebook-digital-ads/.
29. https://www.reuters.com/article/fitch-affirms-dean-foods-idr-at-bb-withd/fitch-affirms-dean-foods-idr-at-bb-withdraws-all-ratings-idUSFit8kPvMh.
30. https://www.agweb.com/article/dfa_agrees_to_pay_140_million_in_milk-price_fixing_lawsuit/ and https://hoards.com/blog-1936-dean-foods-will-pay-$30-million-after-northeast-price-fixing-lawsuit.html.
31. https://www.foodengineeringmag.com/articles/91700-dean-foods-dairy-farmers-of-america-and-national-dairy-holdings-antitrust-lawsuit-reinstated.
32. http://thehill.com/blogs/congress-blog/economy-budget/241697-the-catalyst-that-transformed-freight-rail-transport.
33. https://www.economist.com/news/briefing/21695385-profits-are-too-high-america-needs-giant-dose-competition-too-much-good-thing.
34. http://consumerfed.org/wp-content/uploads/2015/10/Bulk-Commodities-and-the-Rails.pdf.
35. https://ageconsearch.umn.edu/bitstream/164478/2/Concentration.pdf.
36. http://fortune.com/2014/06/26/monsanto-gmo-crops/.
37. https://www.reuters.com/article/us-monsanto-m-a-bayer-antitrust/bayers-monsanto-acquisition-to-face-politically-charged-scrutiny-idUSKCN11K2LG.
38. https://www.eteknix.com/amd-gain-intelpassmarkq3/.
39. https://www.nytimes.com/2017/09/06/business/intel-eu-antitrust-fine.html.
40. Michael Singer and Dawn Kawamoto. "AMD Files Antitrust Suit against Intel," CNET.com.
41. https://www.attn.com/stories/173/fear-reaper-cost-death-soaring and http://www.nfda.org/news/trends-in-funeral-service.
42. https://www.bloomberg.com/news/articles/2013-10-24/is-funeral-home-chain-scis-growth-coming-at-the-expense-of-mourners.
43. https://www.theatlantic.com/national/archive/2011/07/how-38-monks-took-on-the-funeral-cartel-and-won/242336/ and http://www.al.com/opinion/index.ssf/2016/04/why_does_alabama_allow_a_monop.html.
44. https://www.nbcnews.com/business/visa-mastercard-7-3-billion-settlement-over-credit-card-fees-881386.

45. https://www.nytimes.com/2017/04/07/opinion/is-it-last-call-for-craft-beer.html.
46. https://lpeblog.org/2017/12/06/from-territorial-to-functional-sovereignty-the-case-of-amazon/.
47. https://www.recode.net/2017/3/14/14890122/google-search-ad-market-share-growth.
48. Matthew Garrahan, "Google and Facebook Dominance Forecast to Rise," *Financial Times* (December 4, 2017), https://www.ft.com/content/cf362186-d840-11e7-a039-c64b1c09b482.
49. https://www.statista.com/statistics/241805/market-share-of-facebooks-us-social-network-ad-revenue/.
50. https://www.justice.gov/opa/pr/davita-pay-350-million-resolve-allegations-illegal-kickbacks and http://www.corpwatch.org/article.php?id=16027.
51. https://www.denverpost.com/2017/02/22/davita-dialysis-patients-lawsuit/.
52. https://www.forbes.com/sites/anaswanson/2014/09/10/meet-the-four-eyed-eight-tentacled-monopoly-that-is-making-your-glasses-so-expensive/#ce421a06b66b.
53. https://www.reuters.com/article/us-luxottica-group-m-a-essilor-usa/eyewear-mega-deal-could-hurt-u-s-consumers-but-still-be-approved-idUSKBN1D72KL.
54. https://newrepublic.com/article/144780/break-credit-reporting-racket.
55. https://qz.com/1079490/the-equifax-breach-is-proof-its-time-to-overhaul-the-credit-bureau-industry/.
56. https://www.washingtonpost.com/news/the-switch/wp/2017/09/08/what-to-know-before-you-check-equifaxs-data-breach-website/.
57. http://www.sfchronicle.com/business/article/Quest-for-easier-cheaper-online-tax-tools-11053412.php.
58. https://www.justice.gov/atr/case-document/file/498231/download.
59. https://www.warren.senate.gov/files/documents/Tax_Maze_Report.pdf.
60. https://www.nytimes.com/2017/04/17/opinion/how-the-airlines-became-abusive-cartels.html?_r=0.
61. Ron Chernow, *Titan: The Life of John D. Rockefeller, Sr.* (Vintage, 1998), p. 208.
62. https://www.forbes.com/sites/christinenegroni/2017/11/28/airlines-on-track-to-nickel-and-dime-travelers-for-record-82b-in-extra-fees-in-2017-study-says/#3e03d00b4792.
63. https://www.salon.com/2014/04/03/your_cellphone_company_is_robbing_you_blind_partner/.
64. https://www.wired.com/2010/06/wireless-oligopoly-is-smother-of-invention/.
65. https://www.economist.com/news/united-states/21603078-why-thieves-love-americas-health-care-system-272-billion-swindle.
66. http://www.gao.gov/assets/670/667245.pdf.
67. https://www.forbes.com/sites/realspin/2017/06/28/health-cares-crushing-lack-of-competition/#405e998f14ff.
68. https://www.healthcaredive.com/news/hospital-competition-consolidation-macra/441679/.

69. Lina Khan and Sandeep Vaheesan, "Market Power and Inequality: The Antitrust Counterrevolution and Its Discontents" (April 22, 2016), *Harvard Law & Policy Review 235* (2017). Available at SSRN: https://ssrn.com/abstract=2769132.
70. http://www.latimes.com/business/hiltzik/la-fi-hiltzik-healthcare-mergers-20160527-snap-story.html.
71. https://www.statnews.com/2017/09/06/hospital-mergers-monopolies/.
72. http://www.hallrender.com/2016/01/20/common-themes-emerge-as-ftc-challenges-three-hospital-mergers-in-two-month-period/.
73. http://www.bendbulletin.com/opinion/5118579-151/letter-congress-should-repeal-safe-harbor-provision.
74. http://www.motherjones.com/kevin-drum/2010/07/problem-gpos/.
75. Pharmaceutical Care Management Association, "That's What PBMs Do" (Washington, DC: PCMA, March 14, 2016).
76. http://prospect.org/article/hidden-monopolies-raise-drug-prices.
77. https://www.fiercepharma.com/special-report/big-3-distributors.
78. https://www.marketwatch.com/story/growing-share-of-big-three-drug-wholesalers-gets-attention.
79. https://www.forbes.com/sites/nathanvardi/2017/11/06/states-focus-on-incentives-of-wholesalers-and-pharmacies-in-drug-price-fixing-probe/#3dd205ba402b.
80. https://www.drugabuse.gov/related-topics/trends-statistics/overdose-death-rates.
81. https://www.dailykos.com/stories/2017/12/18/1725603/-The-Corporations-That-Created-The-Opioid-Epidemic-Continue-To-Evade-Responsibility.
82. https://www.theguardian.com/global-development/poverty-matters/2011/jun/02/abcd-food-giants-dominate-trade.
83. https://www.avclub.com/the-writers-guild-is-not-happy-about-the-disney-fox-dea-1821301494.
84. htt/medium.com/@PeterGonzalezNY/how-technology-is-transforming-the-title-insurance-market-739e23b0503.
85. https://www.forbes.com/forbes/2006/1113/148.html#10b59ec45266.
86. http://www.gao.gov/new.items/d07401.pdf.
87. https://www.nytimes.com/2015/05/12/opinion/the-title-insurance-scam.html.
88. Edward N. Wolff, "Household Wealth Trends in the United States, 1962 to 2016: Has Middle Class Wealth Recovered?," NBER Working Paper No. 24085, November 2017, http://www.nber.org/papers/w24085.

第七章　托拉斯與納粹

1. https://www.theatlantic.com/magazine/archive/1881/03/the-story-of-a-great-monopoly/306019/.
2. Edward J. Renehan Jr., *Commodore: The Life of Cornelius Vanderbilt* (Basic Books, 2019). Kindle Edition.
3. T. J. Stiles, *The First Tycoon: The Epic Life of Cornelius Vanderbilt* (Alfred A. Knopf, 2009).

4. https://www.theatlantic.com/magazine/archive/1881/03/the-story-of-a-great-monopoly/306019/.
5. Ron Chernow, *Titan* (Vintage Books, 1998).
6. Matthew Josephson, *The Robber Barons* (Harcourt, 1934).
7. *Theodore Roosevelt: Ultimate Collection* (Madison & Adams Press, 2017).
8. Patrick Gaughan, *Mergers and Acquisitions:An Overview* (Harper Collins, 1991).
9. http://law.jrank.org/pages/4362/Antitrust-Law-Sherman-Act-Early-Enforcement.html.
10. Theodore J. St. Antoine, "Connell: Antitrust Law at the Expense of Labor Law," *Virginia Law Review* 62 (1976): 603-631.
11. Chernow, *Titan*.
12. http://archive.org/stream/crossroadsoffree007728mbp/crossroadsof-free007728mbp_djvu.txt.
13. Klaus Peter Gugler, Dennis C. Mueller, and B. Yurtoglu, Burcin, "The Determinants of Merger Waves" (January 2006). WZB: Markets and Politics Working Paper No. SP II 2006-01. Available at SSRN: https://ssrn.com/abstract=507282.
14. George J. Stigler, "Monopoly and Oligopoly by Merger," *American Economic Review* 40 (May 1950): 23-34.
15. Lina Khan and Sandeep Vaheesan, "Market Power and Inequality: The Anti-trust Counterrevolution and Its Discontents" (April 22, 2016), *Harvard Law & Policy Review 235* (2017). Available at SSRN: https://ssrn.com/abstract=2769132.
16. https://www.theatlantic.com/business/archive/2017/06/word-monopoly-antitrust/530169/.
17. Diarmuid Jeffreys, *Hell's Cartel: IG Farben and the Making of Hitler's War Machine* (Metropolitan Books, 2008).
18. https://www.bayer.com/en/carl-duisberg.aspx.
19. https://www.bayer.com/en/carl-duisberg.aspx.
20. Jeffreys, *Hell's Cartel*.
21. https://archive.is/20120415021424/; http://www.mazal.org/archive/nmt/07/NMT07-C001.htm.
22. https://www.ushmm.org/wlc/en/article.php?ModuleId=10007077.
23. https://www.jewishvirtuallibrary.org/i-g-farben-trial-1947-1948.
24. Jeffreys, *Hell's Cartel*.
25. 一九四六年七月二十六日，紐倫堡審判，法官勞勃．傑克森（Robert Jackson）所寫的起訴書摘要，可於以下網址取得：http://www.law.umkc.edu/faculty/projects/ftrials/nuremberg/Jacksonclose.htm.
26. Franz Leopold Neumann, *Behemoth: The Structure and Practice of National Socialism 1933-1944* (Oxford University Press, 1944; reprint, Octagon, 1983).
27. Wyatt Wells, *Antitrust and the Formation of the Postwar World* (Columbia University Press, 2003).
28. Arthur Schweizer, *Big Business in the Third Reich* (Indiana University Press), 1964.

29. Herbert Block,"Industrial Concentration versus Small Business: The Trend of Nazi Policy," *Social Research* 10, no. 2 (May 1943): 175-199.
30. Franz Neumann, Herbert Marcuse, and Otto Kirchheimer, *Secret Reports on Nazi Germany: The Frankfurt School Contribution to the War Effort*, edited by Raffaele Laudani (Princeton University Press, 2013).
31. Philip C. Newman, "Key German Cartels under the Nazi Regime," *The Quarterly Journal of Economics* 62, no. 4 (1948): 576-595. JSTOR, www.jstor.org/stable/1881766.
32. Neumann, Marcuse, and Kirchheimer, *Secret Reports*.
33. https://newrepublic.com/article/104346/standard-oil-axis-ally.
34. Wells, *Antitrust*.
35. Jeffreys, *Hell's Cartel*.
36. Ibid.
37. Wells, *Antitrust*.
38. Ibid.
39. Wendell Berge, *Cartels: Challenge to a Free World* (Beard Books – Business Classic, 2000 reprint). Originally published 1944.
40. The Potsdam Declarations, Tripartite Agreement by the United States, the United Kingdom, and Soviet Russia concerning Conquered Countries, August 2, 1945. At http://www.ibiblio.org/pha/policy/1945/450802a.html.
41. Wells, *Antitrust*.
42. John M. Kleeberg, *German Cartels: Myths and Realities*, http://www.econ.barnard.columbia.edu/~econhist/papers/Kleeberg_German_Cartels.pdf.
43. Wells, *Antitrust*.
44. *A Year of Potsdam: German Economy Since Surrender*, prepared by the Economics Division, Office of Military Government for Germany (US). United States War Department, 1946.
45. A. Pelle, *The German Roots of the European Community's Cartel Regulation: From a Historical and Theoretical Perspective* (LAP Lambert Academic Publishing, 2011).
46. F.A. Hayek, *The Road to Serfdom* (University of Chicago Press, 2007), pp. 93-94.
47. Simon Tilford, "Is EU Competition Policy an Obstacle to Innovation and Growth?," http://www.cer.eu/sites/default/files/publications/attachments/pdf/2011/essay_competition_st_20nov08-1359.pdf.
48. https://www.economist.com/europe/2015/05/09/of-rules-and-order.
49. Ignacio Herrera Anchustegui, Competition Law Through an Ordo-liberal Lens (March 1, 2015). Available at SSRN: https://ssrn.com/abstract=2579308 or http://dx.doi.org/10.2139/ssrn.2579308.

50. Robert H. Bork and Ward S. Bowman Jr, "The Crisis in Antitrust," *Columbia Law Review* 65, no. 3 (1965).
51. Steven C. Salop, Symposium on Mergers and Antitrust. *Economic Perspectives* 1, no. 2 (Fall 1987): 3-12.
52. Milton Friedman,"The Business Community's Suicidal Impulse," *Cato Policy Report* 21, no. 2 (March/April 1999).
53. Richard A. Posner, "The Chicago School of Antitrust Analysis," *University of Pennsylvania Law Review* 127, no. 4 (April 1979): 925-948.
54. http://keever.us/greenspanantitrust.html.
55. Robert H. Bork, "The Goals of Antitrust Policy," *American Economic Review* 57 (1967): 242.
56. B.Y. Orbach, "The Antitrust Consumer Welfare Paradox," *Journal of Competition Law and Economics* 7, no. 1 (2001): 133-164. [nhq019]. doi: 10.1093/joclec/nhq019.
57. Alan A. Fisher, Frederick I. Johnson, and Robert H. Lande, "Price Effects of Horizontal Mergers," https://papers.ssrn.com/sol3/papers.cfm?abstract_id=1134826.
58. Barry C. Lynn, *Cornered: The New Monopoly Capitalism and the Economics of Destruction* (Hoboken, NJ: Wiley, 2010).
59. Lynn E. Browne and Eric Rosengren, "The Merger Boom: An Overview," Conference Series [Proceedings] 31 (1987): 1-16.
60. https://www.alternet.org/story/83668/in_the_last_gilded_age%2C_people_stood_up_to_greed_--_why_aren%C3%A2%E2%82%AC%E2%84%A2t_we.
61. Lynn, *Cornered*.
62. http://www.ibtimes.com/obamas-latest-executive-order-designed-break-monopolies-boost-market-competition-2354605.
63. Gustavo Grullon, Yelena Larkin, and Roni Michaely, "Are U.S. Industries Becoming More Concentrated?" (August 31, 2017). Available at SSRN: https://ssrn.com/abstract=2612047.
64. https://www.propublica.org/article/these-professors-make-more-than-thousand-bucks-hour-peddling-mega-mergers.
65. Grullon, Larkin, and Michaely, "Are U.S. Industries Becoming More Concentrated?"
66. https://promarket.org/economists-totality-evidence-underscores-concentration-problem-u-s/.
67. https://promarket.org/study-politically-connected-firms-likely-receive-favorable-merger-reviews-antitrust-regulators/; Mihir N. Mehta, Suraj Srinivasan, and Wanli Zhao, "Political Influence and Merger Antitrust Reviews" (September 13, 2017). Available at SSRN: https://ssrn.com/abstract=2945020.
68. Orley Ashenfelter, Daniel Hosken, and Matthew Weinberg, "Did Robert Bork Understate the Competitive Impact of Mergers? Evidence from Consummated Mergers," *The Journal of Law and Economics* 57, no. S3 (August 2014): S67-S100. https://doi.org/10.1086/675862.

第八章　管制與化療

1. http://www.jeffslegacy.com/book.html and http://www.wilsonsdisease.org/for-patients-families/stories.
2. https://www.vanityfair.com/news/2016/06/the-valeant-meltdown-and-wall-streets-major-drug-problem.

3. https://en.wikipedia.org/wiki/Valeant_Pharmaceuticals.
4. https://www.nytimes.com/2016/07/31/business/how-valeant-cashed-in-twice-on-higher-drug-prices.html.
5. http://fortune.com/2016/10/17/valeant-new-drug-price-hikes/.
6. https://www.consumeraffairs.com/news/valeant-increases-price-on-lead-poisoning-drug-by-2700-but-american-kids-dont-need-it-anyway-110416.html.
7. https://www.streetinsider.com/Corporate+News/Imprimis+Pharma+(IMMY)+Announces+Lower-Cost+Option+to+Valeants+(VRX)+Lead+Poisoning+Treatment/12136830.html.
8. https://www.forbes.com/sites/emilywillingham/2016/10/16/cost-for-valeants-lead-poisoning-treatment-increased-7250-in-six-years/#22903eef26a8.
9. https://www.prnewswire.com/news-releases/imprimis-pharmaceuticals-announces-availability-of-lower-cost-option-for-the-treatment-of-lead-poisoning-300345605.html.
10. Naren P. *Tallapragada*, "Off-Patent Drugs at Brand-Name Prices: A Puzzle for Policymakers," *Journal of Law and the Biosciences* 3, no. 1 (April 2016): 238-247, https://doi.org/10.1093/jlb/lsw008.
11. http://uk.businessinsider.com/valeant-2700-price-increase-on-lead-poisoning-drug-2016-10?r=US&IR=T.
12. http://uk.businessinsider.com/pearson-salary-2015-2016-4.
13. http://www.bloomberg.com/news/articles/2016-02-02/shkreli-not-alone-in-drug-price-spikes-as-skin-gel-soars-1-860.
14. https://qz.com/514553/massive-unexpected-drug-price-increases-are-happening-all-the-time/.
15. https://www.scientificamerican.com/article/analysis-drugmakers-take-big-price-increases-on-popular-meds-in-u-s/.
16. http://www.modernhealthcare.com/article/20171228/NEWS/171229930.
17. http://www.bbc.co.uk/newsbeat/article/31664223/the-curse-of-blade-runners-adverts.
18. https://www.wsj.com/articles/science-affliction-are-companies-cursed-by-cameos-in-blade-runner-1506356096.
19. https://www.nationalreview.com/2013/03/hey-wheres-my-corporate-dystopia-kevin-d-williamson/.
20. https://www.nationalreview.com/2017/09/science-fiction-corporations-not-omnipotent-capitalism-ensures-competition/.
21. F.A. Hayek, *The Road to Serfdom* (University of Chicago Press, 2007).
22. https://www.wired.com/2012/03/march-19-1474-venice-enacts-a-patently-original-idea/.
23. http://altlawforum.org/publications/a-history-of-patent-law/.
24. https://www.mercatus.org/publication/number-patents-has-exploded-1982-and-one-court-blame.
25. https://promarket.org/intellectual-property-laws-wolves-sheeps-clothing/.
26. http://www.gao.gov/assets/660/657103.pdf.
27. https://priceonomics.com/how-mickey-mouse-evades-the-public-domain/.

28. https://hbr.org/2016/07/price-gouging-and-the-dangerous-new-breed-of-pharma-companies.
29. Aaron S. Kesselheim, Jerry Avorn, and Ameet Sarpatwari, "The High Cost of Prescription Drugs in the United States: Origins and Prospects for Reform," *JAMA* 316, no. 8 (2016): 858–871, https://jamanetwork.com/journals/jama/article-abstract/2545691.
30. https://io9.gizmodo.com/5865283/three-sleazy-moves-pharmaceutical-companies-use-to-extend-drug-patents.
31. https://www.biosimilardevelopment.com/doc/the-impact-of-reformulation-strategies-on-pharmaceuticals-biologics-0001.
32. https://hbr.org/2016/07/price-gouging-and-the-dangerous-new-breed-of-pharma-companies.
33. https://americansforprosperity.org/fda-hesitant-approve-generic-drugs/.
34. https://www.healthline.com/health-news/drug-price-gouging-laws-becoming-new-trend#3.
35. http://sourceonhealthcare.org/drug-money-part-4-the-return-of-the-creates-act-fourth-times-a-charm/.
36. https://theintercept.com/2018/02/08/spending-bill-creates-act-drug-prices/.
37. https://www.forbes.com/sites/matthewherper/2017/02/10/a-6000-price-hike-should-give-drug-companies-a-disgusting-sense-of-deja-vu/#5ebf70af71f5.
38. http://www.newser.com/story/255796/sufferers-of-rare-disease-get-lesson-in-us-drug-economics.html.
39. https://www.mdanderson.org/publications/annual-report/annual-report-2015/the-man-who-helped-cure-childhood-leukemia.html.
40. http://www.davisliumd.com/why-doctors-should-read-malcolm-gladwells-david-and-goliath/.
41. https://www.theatlantic.com/business/archive/2011/06/will-the-cure-for-systemic-risk-kill-the-economy/240600/.
42. https://www.chron.com/local/history/innovators-inventions/article/Dr-Emil-Freireich-attacked-cancer-on-multiple-9135603.php.
43. Bruce C. Greenwald and Judd Kahn, *Competition Demystified: A Radically Simplified Approach to Business Strategy* (Penguin Publishing Group, 2007), p. 26.
44. Milton Friedman and Rose D. Friedman, *Capitalism and Freedom: Fortieth Anniversary Edition* (University of Chicago Press, 2002).
45. http://www.nfib.com/assets/NFIB-Problems-and-Priorities-2016.pdf.
46. https://www.mercatus.org/publications/regulation-entrepreneurship-and-firm-size.
47. https://www.uschamberfoundation.org/smallbizregs/.
48. https://www.uschamberfoundation.org/sites/default/files/CityReg%20Report_0.pdf.
49. https://townhall.com/columnists/monacharen/2017/12/29/the-new-york-times-covers-overregulation-n2427916.
50. J.B. Bailey and D.W. Thomas, *Journal of Regulatory Economics* 52 (2017): 237, https://doi.org/10.1007/s11149-017-9343-9.
51. Fabio Schiantarelli, "Product Market Regulation and Macroeconomic Performance: A Review of Cross Country Evidence," World Bank Policy Research Working Paper No. 3770; IZA Discussion Paper No. 1791. November 2005. Available at SSRN: https://ssrn.com/abstract=826453.
52. https://www.federalreserve.gov/econresdata/feds/2014/files/2014113pap.pdf.

53. https://www.manhattan-institute.org/sites/default/files/R-NG-0417.pdf.
54. https://ilsr.org/vanishing-community-banks-national-crisis/.
55. http://mjperry.blogspot.com/2011/09/dodd-frank-2010-full-employment-act-for.html.
56. http://www.washingtonexaminer.com/goldman-and-jpmorgan-sit-safely-behind-the-walls-of-dodd-frank/article/2560179.
57. https://www.wsj.com/articles/regulation-is-good-for-goldman-1423700859.
58. https://www.nytimes.com/2018/06/22/business/dealbook/banks-stress-test.html.
59. https://www.washingtonexaminer.com/goldman-sachs-wants-regulation-not-laissez-faire.
60. http://business.financialpost.com/news/economy/sp-moodys-boosting-rating-fees-faster-than-inflation.
61. https://www.reuters.com/article/businesspro-us-usa-ratings-competition-a-idUSTRE55N4VU20090624.
62. https://www.fdic.gov/regulations/reform/altman1.pdf.
63. https://www.washingtonpost.com/blogs/wonkblog/post/the-pentagons-435-hammer/2011/05/19/AGoGKHMH_blog.html?noredirect=on&utm_term=.f17af71dda37.
64. "Onward and Upward:Transdigm Non-Deal Roadshow," May 2017, https://www.transdigm.com/investor-relations/presentations/.
65. https://www.glassdoor.co.uk/Reviews/TransDigm-Reviews-E22279.htm.
66. http://www.hassoninvestments.com/investment-journal-blog/2016/9/30/transdigm-compounding-value.
67. http://www.citronresearch.com/wp-content/uploads/2017/03/TDG-Citron-part-2-final-d.pdf.
68. https://www.investorvillage.com/smbd.asp?mb=4143&mn=386614&pt=msg&mid=17064056.
69. http://www.crainscleveland.com/article/20170201/NEWS01/170209988/transdigm-groups-stock-is-up-1500-the-ceos-flush-and-short-seller.
70. http://www.crainscleveland.com/article/20170404/BLOGS03/170409936/transdigm-group-ceo-is-no-stranger-to-politics.
71. Matthew D. Hill, G. Wayne Kelly, G. Brandon Lockhart, and Robert A. Van Ness, "Determinants and Effects of Corporate Lobbying," *Financial Management* 931 (2013): 944-955, https://doi.org/10.1111/fima.12032.
72. Raquel Meyer Alexander Stephen W. Mazza, and Susan Scholz, "Measuring Rates of Return for Lobbying Expenditures: An Empirical Case Study of Tax Breaks for Multinational Corporations," *Journal of Law and Politics* 25, no. 401 (April 8, 2009). Available at SSRN: https://ssrn.com/abstract=1375082 or http://dx.doi.org/10.2139/ssrn.1375082.
73. https://www.nytimes.com/2018/06/20/opinion/prescription-drug-costs-naloxone-opioids.html.
74. https://www.thestreet.com/politics/creates-act-clears-committee-vote-could-ease-way-for-generic-drug-makers-14623054.
75. https://www.barrons.com/articles/lobbying-index-beats-the-market-1524863200.
76. http://www.politifact.com/wisconsin/statements/2015/mar/02/scott-walker/scott-walker-says-most-10-richest-counties-are-aro/.

77. https://hbr.org/2016/05/lobbyists-are-behind-the-rise-in-corporate-profits.
78. https://hbr.org/2016/05/lobbyists-are-behind-the-rise-in-corporate-profits.
79. Brink Lindsey and Steven Teles, *The Captured Economy: How the Powerful Enrich Themselves, Slow Down Growth, and Increase Inequality* (New York: Oxford University Press, 2017).
80. http://cms.marketplace.org/sites/default/files/EMR23033%20Marketplace%20Wave%20Three%20Web%20Only%20Banner.pdf.
81. http://www.ibtimes.com/political-capital/donald-trump-said-goldman-sachs-had-total-control-over-hillary-clinton-then.
82. http://thehill.com/blogs/pundits-blog/the-administration/309966-trump-continues-white-houses-goldman-sachs-revolving.
83. https://www.cbsnews.com/news/goldman-sachs-revolving-door/.
84. http://thinkreadact.com/goldman-sachs-revolving-door/.
85. https://www.huffingtonpost.com/2010/09/14/geithner-blankfein-pelosi_n_715334.html.
86. Daniel Carpenter and David A. Moss, eds., *Preventing Regulatory Capture: Special Interest Influence and How to Limit It* (New York: Cambridge University Press 2014).
87. http://www.citizen.org/documents/financial-services-conflict-of-interest-act-report.pdf.
88. https://www.thedailybeast.com/donald-trump-pledged-to-drain-the-swamp-instead-he-filled-it-with-industry-sharks.
89. http://thehill.com/blogs/pundits-blog/finance/247962-reforming-the-financial-services-revolving-door.
90. https://steemit.com/corporatism/@geke/gekevenn-monsanto-updated.
91. http://review.chicagobooth.edu/public-policy/2017/article/should-we-stop-revolving-door.
92. https://obamawhitehouse.archives.gov/blog/2011/12/06/archives-president-teddy-roosevelts-new-nationalism-speech.

第九章　壟斷千層糕

1. http://s3.amazonaws.com/armstrongeconomics-wp/2013/07/NYSE-Closings.pdf.
2. http://www.theodore-roosevelt.com/images/research/txtspeeches/16.txt.
3. Gallup, "U.S. Stock Ownership Down Among all but Older, Higher-income," May 24, 2017, http://news.gallup.com/poll/211052/stock-ownership-down-among-older-higher-income.aspx?g_source=link_newsv9&g_medium=topic&g_campaign=item_&g_content=U.S.%2520stock%2520ownership%2520down%2520among%2520all%2520but%2520older%2c%2520higher-income.
4. http://rooseveltinstitute.org/wp-content/uploads/2018/06/The-Shareholder-Myth.pdf.
5. Edward Wolff, "Household Wealth in the United States, 1962 to 2016: Has Middle Class Wealth Recovered?" National Bureau of Economic Research. Working Paper Series, no. 24085, 2017, http://www.nber.org/papers/ w24085.

6. Jim Norman, "Young Americans Still Wary of Investing in Stocks," Gallup, May 4, 2018, http://news.gallup.com/poll/233699/young-americans-wary-investing-stocks.aspx?g_source=link_NEWSV9&g_medium=TOPIC&g_campaign=item_&g_content=Young%2520Americans%2520Still%2520Wary%2520of%2520Investing%2520in%2520Stocks.
7. https://www.forbes.com/sites/tedreed/2013/05/13/buffett-decries-airline-investing-even-though-at-worst-he-broke-even.
8. https://www.nytimes.com/2017/04/17/opinion/how-the-airlines-became-abusive-cartels.html?_r=0.
9. Erik Gilje, Todd A. Gormley, and Doron Levit, "The Rise of Common Ownership," April 19, 2018, https://ssrn.com/abstract=3165574.
10. Einer Elhauge, "Horizontal Shareholding," *Harvard Law Review* 129 (March 10, 2016), http://www.antitrustinstitute.org/sites/default/files/Elhauge.pdf.
11. https://www.forbes.com/sites/christinenegroni/2017/11/28/airlines-on-track-to-nickel-and-dime-travelers-for-record-82b-in-extra-fees-in-2017-study-says/#3e03d00b4792.
12. José Azar, Martin Schmalz, and Isabel Tecu, "Why Common Ownership Creates Antitrust Risks," *CPI Antitrust Chronicle* (June 2017).
13. Ibid.
14. https://www.forbes.com/sites/laurengensler/2017/02/25/warren-buffett-annual-letter-2016-passive-active-investing/#1bae82286bbd.
15. https://www.theatlas.com/charts/S1lPjxkM-.
16. https://www.nytimes.com/2017/04/14/business/mutfund/vanguard-mutual-index-funds-growth.html.
17. https://www.theatlantic.com/magazine/archive/2017/09/are-index-funds-evil/534183/?utm_source=twb.
18. National Bureau of Economic Research, "Explaining Low Investment Spending," http://www.nber.org/digest/feb17/w22897.html.
19. https://www.theatlantic.com/business/archive/2017/06/how-companies-decide-ceo-pay/530127/.
20. https://www.mercurynews.com/2018/05/07/butler-who-do-stock-buy-backs-leave-behind/.
21. https://www.bloomberg.com/gadfly/articles/2018-03-05/five-charts-that-show-where-those-corporate-tax-savings-are-going.
22. https://www.brookings.edu/wp-content/uploads/2016/06/lazonick.pdf.
23. Youssef Cassis, *Capitals of Capital: The Rise and Fall of International Financial Centres* (Cambridge University Press, 2006), p. 137.
24. https://www.apollo-magazine.com/j-p-morgan-the-man-who-bought-the-world/.
25. Ron Chernow, *The House of Morgan: An American Banking Dynasty and the Rise of Modern Finance* (Gove Press, 1990).
26. https://www.theatlantic.com/magazine/archive/2017/09/are-index-funds-evil/534183/.

第十章　沒人注意到的環節

1. https://www.politico.com/story/2016/06/transcript-trump-speech-on-the-stakes-of-the-election-224654.
2. https://berniesanders.com/issues/income-and-wealth-inequality/.

3. http://www.huffingtonpost.co.uk/entry/piketty-book-no-one-read_ n_5563629.
4. Richard Sutch, "The One Percent across Two Centuries: A Replication of Thomas Piketty's Data on the Concentration of Wealth in the United States," *Social Science History* 41, no. 4 (Winter 2017): 587-613, https://doi.org/10.1017/ssh.2017.27.
5. "Divided We Stand: Why Inequality Keeps Rising," OECD, 2011, https://www.oecd.org/els/soc/49170475.pdf.
6. https://www.credit-suisse.com/corporate/en/research/research-institute/global-wealth-report.html.
7. http://www.ampcapital.com.au/article-detail?alias=/olivers-insights/august-2017/inequality-is-it-increasing.
8. 經濟學家一般會以稅後及扣除政府移轉性支出後的所得來計算吉尼係數。在很多國家，尤其是歐洲，窮人會得到政府給他們的大筆移轉性支出，所以他們算出來的指標看起來比較低。
9. www.ampcapital.com.au/article-detail?alias=/olivers-insights/august-2017/inequality-is-it-increasing.
10. http://www.epi.org/publication/ceo-pay-continues-to-rise/.
11. http://work.chron.com/ceo-compensation-vs-world-15509.html.
12. Gustavo Grullon, Yelena Larkin, and Roni Michaely, "Are U.S. Industries Becoming More Concentrated?" (August 31, 2017). Available at SSRN: https://ssrn.com/abstract=2612047.
13. Sam Peltzman, "Industrial Concentration under the Rule of Reason," *The Journal of Law and Economics* 57, no. S3 (August 2014): S101–S120, https://doi.org/10.1086/675719.
14. Jonathan Baker and Steven Salop, "Antitrust, Competition Policy, and Inequality," American University Washington School of Law Working Papers, February 25, 2015, http://digitalcommons.wcl.american.edu/fac_works_papers/41/.
15. Lina Khan and Sandeep Vaheesan, "Market Power and Inequality: The Antitrust Counterrevolution and Its Discontents" (April 22, 2016), *Harvard Law & Policy Review 235* (2017). Available at SSRN: https://ssrn.com/ abstract=2769132.
16. Jan De Loecker and Jan Eeckhout, "The Rise of Market Power and the Macroeconomic Implications" (August 2017). NBER Working Paper No. 23687 http://www.nber.org/papers/w23687.
17. Jan De Loecker and Jan Eeckhout, "Global Market Power," CEPR Discussion Paper No. DP13009, 18, Posted June 26, 2018.
18. Sean F. Ennis, Pedro Gonzaga, and Chris Pike, "Inequality: A Hidden Cost of Market Power" (March 6, 2017). Available at SSRN: https://ssrn.com/abstract=2942791.
19. David H. Autor, David Dorn, Lawrence F. Katz Christina Patterson, and John Van Reenen, "The Fall of the Labor Share and the Rise of Superstar Firms" (May 2017). NBER Working Paper No. w23396. Available at SSRN: https://ssrn.com/abstract=2968214.
20. Raj Chetty, David Grusky, Maximilian Hell, Nathaniel Hendren, Robert Manduca, and Jimmy Narang, "The Fading American Dream: Trends in Absolute Mobility since 1940," National Bureau of Economic Research Working Paper no. 22910, December 2016, http://www. nber.org/papers/w22910; Alex

Johnson, "Exit Polls: NBC News' Analysis of 2016 Votes and Voters," November 9, 2016, http://www.nbcnews.com/storyline/2016-election-day/election-%20polls-nbc-news-analysis-2016-votes-voters-n680466. Equality of Opportunity Project, http://www.equality-of-opportunity.org/.

21. http://www.pewsocialtrends.org/2015/12/09/the-american-middle-class-is-losing-ground/.
22. https://qz.com/711854/the-inequality-happening-now-in-san-francisco-will-impact-america-for-generations-to-come/.
23. http://www.mercurynews.com/2017/10/20/san-jose-san-francisco-oakland-job-losses-hammer-bay-area-employers-slash-thousands-of-jobs/.
24. https://www.theguardian.com/world/2014/jan/25/google-bus-protest-swells-to-revolt-san-francisco.
25. https://www.politico.com/magazine/story/2014/06/the-pitchforks-are-coming-for-us-plutocrats-108014.

結語　經濟自由與政治自由

1. Friedrich Hayek, *The Road to Serfdom* (New York: George Routledge & Sons, 1944), p. 204.
2. http://bcw-project.org/church-and-state/second-civil-war/agreement-of-the-people.
3. Geoffrey M. Hodgson, *Wrong Turnings: How the Left Got Lost* (University of Chicago Press, January 3, 2018).
4. Elizabeth Anderson's first Tanner 2015 lecture, "When the Market Was 'Left.'" Published as Elizabeth Anderson, *Private Government* (Princeton, 2017). http://tannerlectures.utah.edu/Anderson%20manuscript.pdf.
5. Michael Kent Curtis, "In Pursuit of Liberty: The Levellers and the American Bill of Rights," *Constitutional Commentary* 737 (1991), https://scholarship.law.umn.edu/concomm/737.
6. http://www.phmc.state.pa.us/portal/communities/documents/1776-1865/pennsylvania-constitution-1776.html.
7. Charles R. Geisst, *Monopolies in America: Empire Builders and Their Enemies from Jay Gould to Bill Gates* (Oxford University Press, 2000).
8. David J. Bodenhamer, *The Revolutionary Constitution* (New York: Oxford University Press, 2012).
9. Jonathan Sallet, "Louis Brandeis: A Man for This Season," *Colorado Technology Law Journal* (March 1, 2018), https://ssrn.com/abstract=3132482 or http:// dx.doi.org/10.2139/ssrn.3132482.
10. Carl T. Bogus, "The New Road to Serfdom: The Curse of Bigness and the Failure of Antitrust," 49 *U. Mich. J. L. Reform 1* (June 15, 2015); Roger Williams Univ. Legal Studies Paper No. 161. Available at SSRN: https://ssrn.com/abstract=2618522.
11. *Brown Shoe Co., Inc, v. United States,* 370 U.S. 294 (1962).
12. http://www.theodorerooseveltcenter.org/Blog/Item/New%20Nationalism.
13. https://openmarketsinstitute.org/wp-content/uploads/2018/05/05.30.18-DOJ-Comments-Costs-of-Regs.pdf.

BW0729

國家圖書館出版品預行編目（CIP）資料

競爭之死：高度壟斷的資本主義，是延誤創新、壓低工資、拉大貧富差距的元凶／強納森．坦伯（Jonathan Tepper）、丹妮絲．赫恩（Denise Hearn）著；吳慧珍、曹嬿恆譯．-- 初版．-- 臺北市：商周出版：家庭傳媒城邦分公司發行, 2020.01
面； 公分
譯自：The myth of capitalism : monopolies and the death of competition
ISBN 978-986-477-763-1（平裝）
1. 企業壟斷 2. 資本主義
550.187 108019784

競爭之死

高度壟斷的資本主義，是延誤創新、壓低工資、拉大貧富差距的元凶

原 書 名／The Myth of Capitalism: Monopolies and the Death of Competition
作 者／強納森．坦伯（Jonathan Tepper）
丹妮絲．赫恩（Denise Hearn）
譯 者／吳慧珍、曹嬿恆
編輯協力／林嘉瑛
責任編輯／鄭凱達
企畫選書／鄭凱達
版 權／黃淑敏
行銷業務／莊英傑、周佑潔、王 瑜、黃崇華

總 編 輯／陳美靜
總 經 理／彭之琬
事業群總經理／黃淑貞
發 行 人／何飛鵬
法律顧問／台英國際商務法律事務所 羅明通律師
出 版／商周出版
臺北市104民生東路二段141號9樓
電話：(02) 2500-7008 傳真：(02) 2500-7759
E-mail: bwp.service @ cite.com.tw
發 行／英屬蓋曼群島商家庭傳媒股份有限公司 城邦分公司
臺北市104民生東路二段141號2樓
讀者服務專線：0800-020-299 24小時傳真服務：(02) 2517-0999
讀者服務信箱E-mail: cs@cite.com.tw
劃撥帳號：19833503 戶名：英屬蓋曼群島商家庭傳媒股份有限公司城邦分公司
訂購服務／書虫股份有限公司客服專線：(02) 2500-7718；2500-7719
服務時間：週一至週五上午09:30-12:00；下午13:30-17:00
24小時傳真專線：(02) 2500-1990；2500-1991
劃撥帳號：19863813 戶名：書虫股份有限公司
E-mail: service@readingclub.com.tw
香港發行所／城邦（香港）出版集團有限公司
香港灣仔駱克道193號東超商業中心1樓
電話：(852) 2508-6231 傳真：(852) 2578-9337
馬新發行所／城邦（馬新）出版集團
Cite (M) Sdn. Bhd.
41, Jalan Radin Anum, Bandar Baru Sri Petaling, 57000 Kuala Lumpur, Malaysia.
電話：(603) 9057-8822 傳真：(603) 9057-6622 E-mail: cite@cite.com.my

封面設計／萬勝安
印 刷／鴻霖印刷傳媒股份有限公司
經 銷 商／聯合發行股份有限公司 電話：(02) 2917-8022 傳真：(02) 2911-0053
地址：新北市新店區寶橋路235巷6弄6號2樓

■2020年1月2日初版1刷

Printed in Taiwan

定價480元
ISBN 978-986-477-763-1

城邦讀書花園
www.cite.com.tw